旅游发展对城市土地利用变化的影响
——基于 GIS 与 SD 方法

陈志钢 著

国家自然科学基金面上项目（41671134）资助

科学出版社

北 京

内 容 简 介

本书采用影响分析的框架，基于 GIS 与 SD 方法，以中国优秀旅游城市广西壮族自治区阳朔县为例，探讨在旅游业快速发展背景下，其土地利用在强度、效率、结构、形态等方面的变化及存乎其间的驱动机制，尝试探寻旅游影响下城市土地利用变化的一般特征与规律，从而为旅游城市土地利用管理、旅游业发展提供政策建议。

本书可供旅游、人文地理、土地利用及城市规划等领域的研究人员、政府有关部门的决策人员和高校师生参考使用。

图书在版编目(CIP)数据

旅游发展对城市土地利用变化的影响：基于 GIS 与 SD 方法/陈志钢著.
—北京：科学出版社，2018.12

ISBN 978-7-03-058901-9

Ⅰ.①旅… Ⅱ.①陈… Ⅲ.①地方旅游业-旅游业发展-影响-城市土地-土地利用-研究-中国 Ⅳ.①F299.22

中国版本图书馆 CIP 数据核字（2018）第 218769 号

责任编辑：亢列梅 徐世钊 / 责任校对：郭瑞芝
责任印制：张 伟 / 封面设计：陈 敬

科学出版社出版
北京东黄城根北街 16 号
邮政编码：100717
http://www.sciencep.com

北京凌奇印刷有限责任公司印刷
科学出版社发行 各地新华书店经销
*
2018 年 12 月第 一 版 开本：720×1000 B5
2019 年 5 月第二次印刷 印张：11 1/2 彩插：2
字数：220 000

定价：98.00 元
（如有印装质量问题，我社负责调换）

前　　言

近年来，人类活动对土地利用的影响是国内外人地关系研究的核心课题。在我国，3S（GPS、GIS、RS）技术支持下的城镇土地利用研究逐渐走向成熟，但在其研究繁荣背景之下却是土地利用研究中旅游与土地利用关系研究的缺失。与土地利用研究的成熟和旅游业发展的欣欣向荣相比，旅游用地的研究才刚起步，国内尚没有具体探讨旅游与土地利用关系的成果，这种理论研究远远落后于社会实践的形势已不能适应旅游业蓬勃发展的需求。旅游影响下土地利用发展模式、空间形态与开发状态是怎样的？土地利用驱动过程与机制是怎样的？这些问题都迫切需要理论研究的解答。

本书遵循旅游影响研究的一般范式：因素—路径—机制—模式的研究过程，以广西壮族自治区阳朔县为例探讨旅游发展与土地利用之间的关系，具有案例的典型性、调研的可进入性等特点。本书基于 3S 技术、系统动力学的分析方法从县域、建成区两个尺度来探讨阳朔县旅游业对土地利用变化的影响。研究发现，阳朔县土地利用变化除了受到经济发展（包括旅游业）等诸多要素的驱动之外，国家风景名胜区建设用地的刚性控制对阳朔土地利用变化的速率、土地利用的模式起到重要的作用。

通过进一步研究发现，阳朔县域土地利用变化具有明显的阶段性。以 1999 年为界点，1999 年以前属于自然状态下的蔓延式扩展阶段，此后则为旅游影响下的飞地式扩展阶段。在农业发展减弱反馈、工业发展减弱反馈以及旅游业发展加强反馈的影响之下，呈现农业用地、工业用地向旅游业用地转化的过程，但这个过程由于受国家风景名胜区的有关控制，旅游业用地并没有出现过快的增长。

旅游影响下阳朔县域土地利用的变化中，在团队游客旅游空间行为、海外背包游客旅游活动行为的驱动之下，阳朔建设用地空间扩展呈聚集与扩散两种形态，而聚集与扩散均控制在一定的规模之内。总体来说，阳朔县域土地利用变化主要是"游客行为驱动—政府政策推动—中央行政权力控制"之下的变化过程。

阳朔建成区土地利用变化则以 1999 年、2003 年作为界点，呈现 1999 年以前自然状态下的缓慢扩展阶段、1999~2003 年旅游影响下较快扩张阶段及2004~2006 年旅游影响下的快速扩张阶段。从影响建成区土地利用变化的因素来看，地租与地价等市场因素、老城区改造等地方政府导向因素、1999 年西街改造与 2004 年《印象·刘三姐》演出成功等事件促进因素以及《西街管理条例》、《阳朔县城总体规划》与国家《风景名胜区管理条例》等管理控制因素起到非常重要的作用。从驱动过程来看，阳朔建成区土地利用变化在旅游经济利益驱动之下，呈现"西街土地利用变化—休闲商务区土地利用变化—功能组团土地利用变化"三个同步演进的过程。其中，竞标地租促使旅游业用地、商业用地、办公与住宅用地、农用地与林地按照距离西街的远近呈现梯级空间配置；中央政府的管制则使得建成区的土地利用变化呈现理性状态；旅游小企业主、当地居民、地方政府等利益相关者的集体选择行为形成了阳朔西街、RBD 与功能组团的空间形态变化；聚集效应则促使以旅游小企业为导向的土地利用形式成为解决旅游用地供需矛盾的重要方式。

　　总体来看，阳朔的土地利用呈现旅游驱动特色明显、建设用地变化较缓、旅地供需矛盾突出等特点，这些特点随着阳朔旅游业的迅猛发展越来越突出。在国家风景名胜区的控制之下，旺盛的旅游用地需求不能得到充分满足，在旅游发展与土地利用关系的天平之上，供需矛盾开始显现，其砝码已严重地偏向旅游用地需求一端，阳朔需要新的土地利用思路与模式来理顺未来土地利用与旅游发展之间的关系。本书基于阳朔地形特点、旅游发展特点、土地利用特点等提出，阳朔应采用土地集约利用的一般模式与旅游小企业导向的土地利用创新模式相结合的思路，认为这些土地利用模式可供类似于阳朔的旅游城市借鉴与推广。本书的研究是旅游对土地利用变化理论与实践的尝试，对同类型的旅游城市具有借鉴意义。

　　特别感谢保继刚教授、黄震方教授、马耀峰教授对本书的指导，感谢中山大学旅游学院及陕西师范大学地理科学与旅游学院的老师、同事给予我的帮助，感谢科学出版社编辑亢列梅的辛勤工作，感谢家人对我的支持与包容。

　　由于作者水平有限，书中难免有不足之处，敬请读者批评指正。

陈志钢

2018 年 4 月

目　　录

第一章　绪　　论

第一节　研究背景与问题

一、研究背景

（一）宏观背景

1. 城镇土地利用研究日渐成熟

近年来，全球土地利用、土地植被覆盖已经成为国际地圈-生物圈计划（International Geosphere-Biosphere Program，IGBP）、国际全球环境变化人文因素计划（International Human Dimensions Programme on Global Environmental Change，IHDP）以及世界气候研究计划（World Climate Research Programme，WCRP）三个国际组织的核心计划（李秀彬，1996）。1995 年，具有全球影响的两大国际组织——国际地圈-生物圈计划和国际全球环境变化人文因素计划共同制订了"土地利用/土地覆盖变化（Land Use and Land Cover Change，LUCC）科学研究计划"，并将其列为全球环境变化的核心项目。在此影响下，联合国粮食及农业组织（Food and Agriculture Organization，FAO）、联合国环境署亚太地区环境评价计划（United Nations Environment Programme，Asia-Pacific Environment Assessment Programme，UNEP-EAPAP）、政府间气候变化专门委员会（Intergovernmental Panel on Climate Change，IPCC）等都确立了与"土地利用/土地覆盖变化科学研究计划"相应的研究项目。

土地利用是指人类根据一定的社会经济目的，采取一定的生物、技术手段，对土地资源进行长期和周期性利用、改造和保护等经营，也就是把土地的自然生态系统改变为人工生态系统的过程，是一个自然、社会、经济、技术等诸要素综合作用的复杂过程，受诸多方面条件的影响和制约（庄大方等，1997；李秀彬，1996）。

自 20 世纪 60 年代起，人类开始用遥感数据来观测土地变化，80 年代以后，美国、日本与欧洲相继提出对地观测系统（earth observing system，EOS）。在遥感技术（remote sensing，RS）的支持之下，全球变化研究中的陆地表层空间特征和地表演化现代过程的研究，由于得到时空序列完整的数据支持而进入了参数化、定量化研究阶段（史培军等，1999）。90 年代以后，遥感技术、地理信息系统

（geographic information system，GIS）、全球定位系统（global positioning system，GPS）技术开始走向成熟，其研究成果更加多元化、科学化、可视化，因此 3S 技术被广泛地运用于土地变化/土地覆盖变化等研究中，特别是在时空尺度的研究。国家自然科学基金资助项目中涉及地物时空演变（特别是土地方面）的大部分采用了 3S 技术，主要采用分类模块、地理统计分析模块、空间分析模块、空间决策模块与功能等。

在 3S 技术支持之下，有关城镇土地利用的研究开始走向成熟，城镇土地利用时空特征（黎夏，2004；何春阳等，2001）、城镇土地动态变化研究（黎夏，2005；王晓栋，2000；徐涵秋等，2000）、土地利用变化的驱动力分析（陈浮等，2001；摆万奇，2000；陈百明，1997）、城镇土地适应性评价（黄杏元，1992）等成为研究的热点。2005 年，刘纪远等在国家自然基金重点项目的资助下完成了 20 世纪 90 年代我国土地利用变化遥感时空信息研究，为我国全国尺度、区域尺度的土地利用变化的动态变化与监测以及科学研究奠定了技术和数据基础。

2. 土地利用研究中旅地关系研究的缺失

"土为食之源，地为财之母"，土地是人类赖以生存和发展的基本资源，是社会经济可持续发展的重要内容。土地资源的利用要求按照经济效益、社会效益与生态效益相统一的原则进行资源的空间合理配置与制度保障。

人类对土地利用的关注包括两个方面：一是土地利用的物质空间形态和效果，如土地利用空间结构、土地利用强度与效率；二是达成相应形态、效果的机制和手段（孙弘，2004）。这两方面的研究实际上可归结为土地利用空间变化与土地管理制度设计两个大类。

第一个方面的研究成果主要集中在土地利用/土地覆盖变化方面。1990 年以来，土地利用/土地覆盖变化问题引起国际组织和世界各国的普遍关注（傅伯杰等，2001，1999；史培军等，2000a；孙根年，2000；IIASA，1999；李秀彬，1996；US-SGCR/CENR，1995；Ostubo，1994；陈泮勤，1994；Turner，1993）。阎小培等（2006）以广州为例探讨了高密度开发城市的交通系统与土地利用的关系。第二方面的研究则主要集中在土地制度方面。不同政治体制下的土地利用制度具有不同的特点，土地利用制度的变迁与优化有利于提高土地利用强度与效率。汪秀莲等（2004）研究了日本、韩国土地管理法律制度以及土地利用规划制度，为我国的土地利用规划与管理提供了借鉴方向。朱冬亮（2003）对我国社会变迁中的村级土地制度进行了研究。何芳（2003）对我国城市土地集约利用及其潜力进行了评价。艾建国（2001）对我国城市土地制度的经济问题进行了研究。宋戈（2005）对我国城镇化过程中土地问题进行了研究。赵贺（2004）初步探讨了我国城市土地利用机制问题。

自 1978 年改革开放以来，我国现代旅游业高速发展，世界旅游组织（World Tourism Organization，UNWTO）预测 2020 年我国将成为世界第一大旅游目的地国。旅游业的发展给旅游城市（旅游地）的旅游基础设施、接待设施带来了较大的压力，在此背景之下，以旅游用途为指向的用地类型开始逐渐增多。以往的研究中鲜有涉及旅游对土地利用的综合影响，城市研究中也多注重交通发展对城市地价、土地利用类型变化及城市形态的影响，工业化、城市化对土地利用驱动的研究，尚无对旅游业发展与城市土地利用相互影响关系的探讨。然而，城市发展过程中土地利用的方式、强度、形态、结构及用地的布局等都会受到越来越迅猛发展的旅游业的影响而发生变化。与土地利用研究的成熟和旅游业发展的欣欣向荣相比，旅游用地的研究起步较晚，国内缺少具体探讨旅游与土地利用关系的成果，这种研究远远落后于实践的形势已不能适应旅游业蓬勃发展的社会经济需求。

3. 旅游用地研究的复杂性

旅游用地研究的复杂性主要体现在空间形态与制度管理两个方面。旅游用地在国家土地利用类型分类标准中的模糊，加之难以从空间形态上界定旅游用地的范围与属性，因此成为当前旅游用地形态演变与土地利用方面的研究难点。同时，在分类标准上，旅游用地在类型上的归属问题，使得其难以完整地划分在一个类型中。因此，存在乡村的旅游用地属于农用地，而城市的旅游用地属于建设用地这两大类型。这种明显的交叉性与边缘性，一方面增加了旅游用地统计的难度，另一方面则割裂了旅游用地研究体系的完整性，增加了研究的难度。

实际上在旅游区至少存在三套不同体系的规划：旅游区发展规划、城镇发展规划与土地利用规划。三种规划隶属于不同的管理部门，各个部门对土地的利用目的与形式并不完全一样，在无统一权威组织的管理之下，旅游土地利用管理难以真正实现资源的优化配置。同时土地市场存在城、乡二元结构，在旅游土地产权界定不清、土地发展权得不到保障的前提下，设租、寻租活动较为活跃，旅游区的土地管理难度较大。

4. 国家级风景名胜区建设用地的严格管制

2006 年 9 月 6 日国务院第 149 次常务会议通过《风景名胜区条例》（以下简称《条例》），规定：

第十六条　国家级风景名胜区规划由省、自治区人民政府建设主管部门或者直辖市人民政府风景名胜区主管部门组织编制。

第十九条　国家级风景名胜区的总体规划，由省、自治区、直辖市人民政府审查后，报国务院审批。

国家级风景名胜区的详细规划，由省、自治区人民政府建设主管部门或者直辖市人民政府风景名胜区主管部门报国务院建设主管部门审批。

第二十七条　禁止违反风景名胜区规划，在风景名胜区内设立各类开发区和在核心景区内建设宾馆、招待所、培训中心、疗养院以及与风景名胜资源保护无关的其他建筑物；已经建设的，应当按照风景名胜区规划，逐步迁出。

从《条例》关于国家级风景名胜区规划编制与审定、建筑控制等内容可以看出，国家级风景名胜区建设用地总体控制权在中央政府，而建设用地审批权在省级政府。中央政府对国家级风景名胜区的建设用地控制非常严格，禁止开发区类型的开发，核心区禁止建设宾馆等旅游设施。

（二）微观背景

1. 阳朔县严格的耕地保护政策

阳朔县东北部和西南部分别位于海洋山脉和架桥岭山脉边缘，其山地地貌主要分为中山地貌、低山地貌、丘陵和喀斯特地貌。其中以喀斯特地貌最具特色，是当今世界上最典型的亚热带喀斯特地貌区域之一，峰丛、峰林、谷地、孤峰、平原、溶洞和地下暗河发育。全县总面积 1423km^2，石灰岩山体 513km^2，占全县总面积的 36.1%。在此地形条件的影响下，阳朔县耕地面积总量较少，1996 年阳朔县耕地面积为 271km^2，占全县总面积的 19.0%，人均耕地 0.095hm^2，低于广西的平均水平[①]。在此背景之下，阳朔县采取严格的耕地保护政策，相继出台多项耕地保护以及限制耕地流转的规章制度。

2. 阳朔县旅游用地需求的大幅提升

旅游的发展加大了对旅游基础设施、旅游服务设施的需求，宾馆、酒店以及景区旅游配套设施的用地需求加大，这种趋势在 1999 年以后表现得更加明显。在阳朔县"十一五"土地利用规划的计划用地的 48 个项目中，直接用于旅游开发的项目共计 8 个，占所有用地项目的 16.7%，占用土地面积 258hm^2，占所有项目占地面积的 16.4%。除去能提高旅游通达性的交通用地面积 724hm^2 外，直接旅游项目用地占所有用地面积的 26.3%。

3. 阳朔县较为严峻的旅地矛盾

阳朔作为漓江国家风景名胜区的重要组成部分，建设用地受到严格的限制。

---

① 《阳朔土地利用总体规划》，1996。

1983 年成为第一批国家级风景名胜区之后，阳朔县除了金宝乡不属于漓江国家风景名胜区范围之外，白沙、福利、杨堤、兴坪、葡萄、高田、普益和阳朔八个乡（镇）均在国家风景名胜区控制范围之内，风景名胜区面积占全县总面积的 85.9%。广西壮族自治区政府每年给予阳朔县 7hm² 的固定建设用地指标，但 2003 年以来阳朔建设用地指标严重不足，其中 2/3 以上的用地指标被农村居民点扩展所占用，只有不到 1/3 的指标来进行城镇建设，用地较为紧张，大型旅游项目用地均需要广西壮族自治区政府特批，不计入阳朔固定的建设用地指标之内。2004 年、2005年阳朔基本没有储备土地，2006 年建设用地指标 150 亩①，桂林市向自治区政府多争取了 100 亩，总共建设用地 250 亩。

　　随着阳朔旅游业的发展，旅游基础设施与服务设施出现明显的短缺，成为阻碍阳朔旅游业发展的主要障碍，而实际上阳朔建设用地资源严重不足，难以满足旅游发展的需要。阳朔的土地利用因旅游用地需求的持续增加，土地的供需严重失衡，土地市场处于"有价无地"的境地，使得阳朔旅游发展受到一定的掣肘。由此导致阳朔土地市场基本瘫痪，地方政府对其也无可奈何。由于尚未建立较为完备的土地市场体系，地方政府在旅游项目的用地上阻力重重。

二、研究问题

　　基于背景分析，本书提出了以下研究问题，并试图解决。

　　（1）阳朔县域与建成区土地利用的现状、过程与驱动机制是怎样的？

　　（2）阳朔县域土地利用变化的主要驱动因素是什么？驱动路径是什么？驱动机制是什么？

　　（3）旅游驱动与工业化驱动的异同是什么？

　　（4）风景名胜区控制在阳朔土地利用中的作用是什么？

　　（5）建成区土地利用变化的表现、过程以及驱动机制是什么？

　　（6）风景名胜城市土地利用的模式是什么？

第二节　研究目的与意义

一、研究目的

　　探讨城市化对土地利用的成果较多，著述较丰。随着旅游的发展，旅游接待设施的增加加强了旅游对土地利用的影响，土地利用类型、使用属性的变化是主要的表现形式。本书研究的主要目的有以下几个方面。

　　（1）以阳朔为案例探讨旅游对风景名胜城市土地利用的空间影响。

---

① 1 亩≈666.67m²。

（2）以阳朔为案例探讨旅游对风景名胜城市土地利用变化的影响。

（3）以阳朔为案例探讨在旅游影响下的县域土地利用变化的机制。

（4）以阳朔为案例探讨在旅游影响下风景名胜城市建成区土地利用变化的机制。

（5）以阳朔为案例探讨风景名胜城市土地利用的一般模式与创新模式。

二、研究意义

1. 理论意义

旅游影响下的土地利用变化与管理是土地利用理论研究的深化，是基于不同于城市化影响下的土地利用模式的尝试与创新。通过研究，本书将补充土地利用变化中旅游影响因素的领域与视角，为土地利用研究走向与旅游结合打下基础，并完善土地利用变化影响研究的体系。本书建立旅游影响下县域土地利用研究的"因素—路径—机制—模式"体系，为以后旅游影响下的土地利用研究打下基础与树立模本。

2. 实践意义

旅游的社会经济影响日益受到各级政府的重视，并成为各级政府研究与关注的重要课题。土地利用是关乎经济发展的基础，旅游业的发展加强了对多种土地的要求，商业游憩区、旅游区的旅游服务设施、旅游基础设施的土地利用均关乎旅游对土地利用的影响。研究该课题有利于为旅游设施的布局与土地利用模式提供科学的依据。在《土地利用现状分类》（GB/T 21010—2007）体系中，并没有将旅游用地作为分类标准，给以旅游业为主导产业的城市发展带来了较大的实践性问题。由于旅游用地的综合性、特殊性，尝试建立单一的用地分类体系，有利于开展旅游对城市土地利用的研究。

第二章　旅游土地研究综述

第一节　相关概念

一、土地、土地特性与分类

土地是陆地表层具有一定空间尺度的自然生态系统，是人类赖以生存的物质基础，同时也是地球上数量有限的自然资源（梁留科，2002）。人们对土地本身的认识经过了长期复杂的变化过程，其是一个由浅入深的过程，原始社会就有"天下之地"一说（全石琳，1988）。

关于土地的现代概念，各国学者都曾做过不同的解释。FAO 在 1976 年制定的《土地评价纲要》中对土地做了如下定义："土地是由影响土地利用潜力的自然环境所组成，包括气候、地形、土壤、水文和植被等。它还包括人类过去和现在的活动的结果，如围海造田、清除植被，以及反面的结果，如土壤盐碱化。然而纯粹的社会特征并不包括在土地的概念之内，因为这些特征是社会经济状况的组成部分"（毕宝德，2006）。

林超（1980）将土地看成自然综合体，认为"土地是由其相应的相互作用的各种自然地理成分（地质、地貌、气候、水文、土壤、植被等）组成的自然地域综合体，是地球表层历史发展的产物"。德国学者 Holzwarth 从环境保护的角度出发，把土地看作环境的一个重要组成部分，认为土地是自然界长期演变的产物，其发育过程相当缓慢。经过长期的演变，土地改造成适于人类居住的良好环境，满足了人类居住和动植物生活与生存的需要，并为人类提供生态服务功能，为人类的生存和发展提供了最基本的物质基础（梁留科，2002）。毕宝德（2006）认为土地的特性包括自然特性和经济特性。其中，土地自然特性是指土地的自然属性，是土地所固有的，与人类对土地的利用与否没有必然联系；土地的经济特性是人类在土地利用过程中产生的，在人类诞生以前尚未对土地进行利用时，该特性并不存在。

土地的自然特性主要包括四个方面。①位置固定性。土地的空间位置是固定的，不能移动，土地的这一特性决定了人们只能就地利用土地。②面积有限性。总体上来说，土地面积是不可再生的。土地面积的有限性迫使人们必须节约、集约地利用土地资源。③质量差异性。由于土地自身条件的差异，造成土地较大的自然条件差异。土地的自然差异性是土地级差生产力的基础，这一特征要求人们因地制宜地合理利用各类土地资源，确定土地利用的合理结构与布局，以取得土地利用的最佳综合效益。④功能永久性。在合理使用和保护的条件下，农用土地的肥力可以不断提高，非农用土地可以反复利用。

土地的经济特性主要包括四个方面。①供给的稀缺性。由于人口的不断增加和社会经济文化的发展，人类对土地利用不断扩大，而可供人类利用的土地是有限的，因此便产生了土地供给的稀缺性，并日益增强。由于土地供给的稀缺性日益增强，土地供求矛盾日益尖锐，导致一系列土地经济问题的产生。②利用方向变更的相对困难性。当土地投入某项用途之后，欲改变其利用方向，往往会造成较大甚至巨大的经济损失。③报酬递减的可能性。土地供给的稀缺性要求人们集约地利用土地。由于"土地报酬递减规律"的存在，在技术不变的条件下对单位面积土地的投入超过一定的限度，就会产生报酬递减的后果。④利用后果的社会性。土地资源具有外部性，其利用会产生外部效应，带来土地利用的社会性。

关于我国土地利用现状分类标准，1981 年 7 月中国农业区划委员会和土地资源调查专业组提出了《土地利用现状分类及其含义（草案）》。经过几年实践，于1984 年 7 月进行修改与完善，并作为一章纳入全国的《土地利用现状调查技术规程》。由于城乡经济的迅速发展，这一技术规程已经不能完全适应实际工作的需要。经过研究与修订，国土资源部于 2001 年 8 月 21 日印发了《全国土地分类（试行）》（毕宝德，2006）。

二、旅游用地与其特性

旅游用地是土地利用的一种方式。在我国土地利用类型中尚没有旅游用地大项，属于旅游用地性质的土地利用类型存在于农用地与建设用地两个大类中。在 2001 年国土资源部印发的《全国土地分类（试行）》中，与旅游有关的用地类型代码为 213、232、244，其大类为建设用地类型，而对林业旅游资源、农业旅游资源、水利旅游资源等并未单独纳入用地类型中。由于依附在土地上的建筑以及资源的特殊性、历史的遗存性、文化的传承性，旅游用地又兼备旅游系统中的客体与媒体两大性质。这种旅游用地类型在广义上主要表现为旅游接待设施用地、旅游交通用地、旅游资源用地和旅游产品用地等。这些用地类型在空间上表现为隶属于景区的建筑用地、资源用地与设施用地以及连通景区的旅游交通用地等。

广义地理解旅游用地就是旅游业用地，是指所有与旅游有关的土地利用类型的综合，包括旅游资源用地、旅游设施用地和旅游产品用地（毕宝德，2006）。旅游用地实质是吸引能力和接待能力的统一，是旅游地内最基本的最广泛的具有旅游功能的各种因素的组合（刘书楷，1996）。梁栋栋（2004a）在总结以往对旅游用地的定义后，认为可以将旅游用地理解为一个由旅游地各项与旅游相关的自然因素综合了相应人类劳动成果的自然-经济地域综合体，是自然与人类活动相互作用的动态系统。

从定义可以看出，旅游用地尚未纳入《全国土地分类（试行）》标准中，其重要性与特殊性尚未被完全认识。旅游用地除了具有一般土地类型的自然、社会经济特性外，还因土地上旅游资源的特殊性而具有不同的内涵与外延，这些特性主要包括三个方面。①旅游用地是一种特殊用地，是旅游业生存与发展的客观物质基础（梁栋栋，2004）。其特殊性不但体现在政策保护和规划保护上，而且在地貌上也显著表现出自身的特征，即宗地界线非常稀少，相对均质的地域较大。②旅游用地的土地利用率低，如容积率及建筑覆盖率都很小。除了城市旅游商业区外，其他类型的旅游用地的土地利用率均较低，在容积率上较小。③旅游用地开发成本较高且投资回收期长。

关于旅游用地的定义多从广义的角度来探讨，在实际的旅游用地的测量、计算上基本无法实现，由此给旅游用地的研究带来较大的困难，难以进行量化研究。为了研究的方便，本章按照横向与纵向两个不同的维度对旅游用地进行定义，其定义域侧重于狭义的范围。从横向维度来说，旅游用地包括两类：旅游设施用地与旅游产品用地。旅游设施用地主要包括旅游交通道路、站点等基础设施用地与旅游服务设施用地。旅游产品用地是指旅游线路上主要景点用地。从纵向维度来说，旅游用地主要包括旅游度假区用地、环城游憩带用地、风景名胜区用地、旅游商业区用地等不同类型的旅游用地类型（表2-1）。

表2-1　旅游用地分类

分类方式	用地类型		
横向	旅游设施用地	基础设施	景区交通用地
			游览线路用地
			游憩广场
			其他用地
		服务设施	餐饮设施用地
			旅游购物用地
			娱乐设施用地
			其他用地
	旅游产品用地		
纵向	旅游度假区用地		
	环城游憩带用地		
	风景名胜区用地		
	旅游商业区用地		

1. 风景名胜区土地

风景名胜区土地是旅游用地的一种形式，它是风景名胜资源和环境的载体，是包括旅游活动在内的社会经济活动的基础，还与其所支撑的地上附着物一起构成极为珍贵的自然与文化景观。相比于一般的城镇与乡村土地资源，风景名胜区土地资源外延上得以扩展，潜在价值得以扩大，从而形成不同的土地特征。相比一般的土地资源来说，风景名胜区土地资源具有生物多样性价值、历史文化价值、科研价值、美学价值、健身价值、社区发展价值、持续发展价值和游览价值等多种价值，由此也衍生出自然珍稀性、历史真实性、科学性、观赏性、保健性、社区性和持续性等特性。风景名胜区土地资源除了具有一般土地资源所具有的特点以外，在旅游发展背景下，其还被赋予了更多外延。因此，风景名胜区的土地资源在开发利用的过程中更应该独辟蹊径，因地制宜。风景名胜区土地利用规划通常包括三大法定规划系列：城市规划系列、土地利用规划系列与风景名胜区规划系列。依据我国的法律体系，城市规划是指城市人民政府为了实现一定时间内城市经济发展目标，确定城市性质、规模和发展方向，合理利用城市土地，协调城市空间布局和各项建设的综合部署和具体安排（任志远，2000）。土地利用是根据国民经济发展的需要，对土地资源在时间和空间上进行合理分配和合理组织的综合措施（董黎明等，1995）。根据 2006 年 12 月 1 日起施行的《风景名胜区条例》，"风景名胜区详细规划应当根据核心景区和其他景区的不同要求编制，确定基础设施、旅游设施、文化设施等建设项目的选址、布局与规模，并明确建设用地范围和规划设计条件"。这三个系列的规划，空间范围与侧重点也有所不同，但都强调土地使用的合理组织与安排，包括土地利用分区与用途管制，而且城市规划通过分区规划与详细规划、法定图则在中微观层次上对土地使用性质和开发强度进行控制，如具体用途、建筑密度、建筑高度和容积率等。从这个意义上说，城市规划、风景名胜区规划、土地利用规划以及其他一系列具有此类功能的空间规划，都是对一定区域范围内土地利用的宏观预测和引导，凭借国家行政权力对中微观土地使用的安排与管制（孙弘，2004）。

我国风景名胜区土地利用类型基本采用两种分类方式。一是按照全国统一的土地利用类型进行分类，一般包含林地、农用地、水体、旅游用地、未利用地和其他建设用地等。虽有学者按照风景区的用地功能将其分为四类，但是并没有得到国家的认同而成为土地分类标准①。二是当前适用范围较广的土地使用分类方式，即《风景名胜区规划规范》（GB 50298—1999）中提供的"风景区用地分类

---

① 例如，丁文魁（1993）将风景区的用地按其功能划分为四大类：第一类用地是直接为旅游者服务的"游览设施用地"；第二类用地是旅游媒介物，对应"交通与工程用地"；第三类用地是间接为旅游服务的用地，对应"居民社会用地"；第四类用地对应"风景游赏用地"，是风景区主要的保护对象和游赏对象。

表"。风景区用地分类应依照土地的主导用途进行划分和归类,在规划的不同阶段,可依据工作性质、内容、深度的要求进行划分和归类。

风景名胜区特殊的科考价值、游览价值,使得其土地使用类型不同于其他土地类型。因此,风景名胜区土地与风景名胜资源在用途上存在着不完全对应关系,地域上形成了多个使用者,包括政府、开发商和当地居民。其实质就是风景名胜区土地在《中华人民共和国土地管理法》中没有明确定位,建设用地和农用地的出让、租赁、承包、转让以及规划、建设项目的审批对风景名胜区土地的保护都有很大的冲击(李如生,2001)。

吴承照等(1991)对名山风景区旅游开发用地进行研究,认为风景名胜区旅游用地种类与结构向现代用地类型与结构转变,从而满足现代旅游需求,促进了旅游业的迅速发展。其用地结构如表 2-2 所示。

表 2-2　旅游用地种类与结构

游赏用地			硬部门用地		软部门用地
游赏地	游赏线路用地	接待服务设施用地	旅馆业用地 旅游交通运输用地 旅游商店和零售网点用地 辅助旅游活动用地	休憩娱乐地	风景名胜管理结构用地 常住人口生活用地
			高度专门化水平的旅游用地 中等专门化水平的旅游用地 低专门化水平的旅游用地		

2. 旅游度假区用地

度假区的用地类型可以包括在城市建设用地类型之中,也属于旅游用地的一种类型。度假区是旅游用地类型变化较为剧烈的类型之一。刘家明(2000)对旅游度假区的用地构成进行了较为详细的划分,并从功能分区和空间布局等方面探讨了旅游度假区的土地利用规划问题,对度假区开发规划和土地利用进行了较系统的研究(表 2-3)。

表 2-3　旅游度假区用地类型构成

用地类型	构成
直接为旅游者服务的用地	游览娱乐用地及各种绿地:自然景观、人文景观、文化活动、康体休闲活动设施等用地
	接待设施用地:宾馆、别墅、度假村、公寓、营地等住宿接待设施和餐厅、酒吧等餐饮接待设施用地
	商店及服务设施用地:商业服务中心网点、集市以及儿童照管中心、医疗理疗设施等用地
公用设施用地	交通设施和基础设施,如供电、供水和排水设施用地
间接为旅游者服务的用地	管理、居住、加工、农副业及其他用地

　　直接为旅游者服务的用地占旅游度假区用地的比例最大，其构成如下：①游览娱乐用地及各种绿地，包括自然景观游览用地、人文景观游览用地、文化活动设施（如演出广场、展览馆、影剧院、博物馆等）用地、康体休闲活动设施用地（如球类、水上活动设施、跑马场、射击场、冬季运动设施等占地）及营造良好度假环境的各种绿地；②旅游接待设施用地，包括住宿设施用地，如宾馆用地、度假别墅用地、度假山庄用地；野营用地和旅游餐饮设施用地，如各种餐厅和酒吧设施用地；③商店及服务设施用地，包括商业服务中心、网点和集贸市场用地（别墅、公寓用地是旅游度假区内发展房地产业的土地，可采取批租、租赁、转让等方式给投资者）。

　　公用设施用地占旅游度假区用地的比例较小，其构成如下：①交通设施用地，包括对外交通用地、内部交通用地、停车场用地和其他交通设施用地；②基础设施用地，主要包括给排水设施用地、污染物处理设施用地、电力和电信设施用地、煤气和暖气设施用地及加油设施用地。

　　间接为旅游者服务的用地，主要包括：①旅游度假区管理用地（除旅行社、公安部门外，不直接与游人发生关系），包括行政管理办公用地、旅游服务设施用地和公共安全机构用地（包括安全和消防）；②服务及管理人员居住用地（旅游度假区服务与管理人员及其家属集中居住的地区），包括居民住宅建筑用地、居民公共建筑用地、居住区道路、广场和绿化用地；③旅游加工业用地（担负着为旅游度假者和居民提供主、副食品的任务，同时加工生产旅游纪念品和工艺品，是无污染的工业，占地少、规模较大的旅游度假区才设置该项用地），包括主食品加工工业用地、副食品加工工业用地、地方土特产品工业用地、旅游工艺品和日用品工业用地；④医疗卫生文教用地，包括医院用地、卫生部门用地、中小学和托幼所用地；⑤农副业用地；⑥旅游度假区发展的备用地。

3. 环城游憩带用地

　　张红（2004）认为环城游憩带游憩区土地利用应根据区域内不同功能区的划分来实现对土地利用的控制，起到组织游客活动、保护游憩资源的双重目的。就一个较大的范围来讲，可能同时存在风景名胜区、森林公园、临时文化村镇或城市、主题公园、度假区等不同类型的功能空间，可以根据游憩功能是由谁来提供的以及其土地利用商业性程度的大小，将所有的游憩用地划分为商业性用地和公益性用地两种基本类型。

4. 旅游商业用地

　　目前关于旅游商业用地尚未有统一的定义，在全国土地分类指标体系上与旅游商业用地有关的类型为餐饮旅馆业用地，它是指饭店、餐厅、酒吧、宾馆、旅馆、招待所、度假村等及其相应附属设施用地，但此分类并没有包含旅游商品购物在内的用地类型。在旅游城镇、旅游化的古镇，多数店铺、餐馆、宾馆等面向旅游者，用地的功能较为单一，用地类型以及依附之上的建筑以旅游商业服务为主，这种类型用地可视为旅游商业用地。

三、几种土地利用规划的关系

余咪咪（2004）认为，风景名胜区与城市存在本质上的差别，风景名胜区土地利用规划的内容、形式与城市土地利用规划也存在较大差异。其还对土地利用规划中的总体规划、城市土地规划、风景名胜区规划的规划目标、规划对象等进行了归纳总结。

从表 2-4 可以看出，三类土地利用规划的土地构成、规划目标、规划任务等均存在较大的不同，土地利用总体规划统领其他两个规划。风景名胜区土地利用规划、城市土地利用规划可以看作是土地利用总体规划的专业化，是对总体利用规划有关功能的进一步细分与阐述。

表 2-4　三类土地利用规划的比较

土地规划	土地利用总体规划	风景名胜区土地利用规划	城市土地利用规划
规划对象	规划范围内的土地	风景名胜区的土地	城市范围内的土地
土地构成	耕地、园地、林地、牧草地、农村居民点、镇镇用地、工矿用地、交通用地、水利设施用地、养殖用地十大类	风景游赏用地、游览设施用地、居民社会用地、交通与工程用地、林地、园地、耕地、草地、水域、滞留用地十大类	居住用地、商业金融用地、公共设施用地、工业用地、仓储用地、绿化用地、市政设施用地、道路交通用地、其他用地九大类
规划目标	加强对土地利用的宏观控制和统一管理，对十分宝贵和极其稀缺的土地资源进行优化配置，为区域的可持续发展奠定基础	保护自然生态环境和景观资源，体现风景名胜区土地特有价值，实现风景名胜区的可持续发展	保护和改善城市的生产、生活和休憩环境，保护和治理自然生态环境和景观环境
规划任务	在国民经济各部门之间合理分配土地，为各部门发展创造良好的用地条件；为建立良好的生态环境和社会环境创造土地条件；为实现农业现代化创造科学的组织条件	根据风景名胜区规划的目标，在土地现状分析、土地资源评估的基础上，对风景名胜区的各类土地进行合理的资源配置，综合协调土地开发与生态环境的关系，有效控制土地使用	根据国民经济建设需要和社会经济发展中各子系统的思考以及土地本身的适用性，本着统一考虑土地资源开发利用、整治、保护的原则，合理配置各子系统所需要的土地

资料来源：有关城市土地利用规划的内容引自尹稚的《城市规划工作中的综合性土地利用规划研究》（1992），有关土地利用总体规划的内容引自彭补拙等编著的《土地利用规划学》（2003）。

第二节　旅游与土地利用研究述评

一、国外研究评述

20 世纪 30 年代初，McMurry 发表了旅游地理学的开山之作——《游憩活动与土地利用的关系》，与旅游业发展相关联的土地利用问题从此成为旅游研究者关注的问题。60 年代，Clawson 等（1960）研究了户外娱乐休闲活动的分类方法，根据人们出游距离与休闲需求类型，确立了一种简单的土地资源利用模式。70 年代末，Greer 等总结性地提出游憩型土地利用随离开客源地的距离变化的一般模式，认为旅游用地分布与旅游活动的类型密切相关，随着距离的增加，游憩活动需求下降而供给相应增加，形成到访率圆锥体，在圆锥体顶端出现旅游用地密集区域（左冰，2005）。

西方宏观层面的旅游规划比较关注当地土地利用状况和旅游地基础设施的配置方面（Helber，1995）。Inskeep（1991）在探讨旅游度假区的选址问题时认为，拥有足够可供开发利用的土地是影响度假区选址的重要因素。然而，由于大多数土地利用总体规划并没有考虑旅游开发的因素，旅游产业对土地利用格局产生的影响处于比较尴尬的境地（Peter et al., 1998）。20 世纪 90 年代以后，旅游对土地利用影响的研究进入相对较为活跃的时期，但总体来说，国外关于旅游与土地利用的研究远弱于城市化、工业化对土地利用的研究，主要原因如下：①旅游对土地利用的影响是伴随着旅游现象出现而产生的，旅游现象以及对其的研究较城市化、工业化现象及对其的研究出现得晚；②旅游统计数据、土地利用变化统计数据取得有较大的难度，难以探讨两者之间的统计关系与变化过程；③旅游关联性较强，与城镇化、工业化等具有较大的关联性，在城市土地利用研究中，一般都将旅游的作用归结到城镇化、工业化中，难以从中剥离旅游的影响。从国外的研究来看，旅游与土地利用的研究主要集中在旅游与土地利用空间形态变化，旅游对土地市场的影响，旅游与土地利用主体的关系等方面。

（一）旅游与土地利用形态的变化

旅游通过改变土地利用的用途来改变其利用方式，土地利用的用途变化决定了土地利用变化的形态。早期的城市形态学研究已经证明，在城市中很容易找到不同的土地利用空间布局形态。例如，住宿、吸引物以及相关现象的发生是集中或线性分布（Pearce，1998；Jansen，1990），旅游发展依赖的是集中而不是分散，是多功能的环境而不是单功能的环境。Weaver（1993）根据旅游活动随距离衰减的现象，将城市居民出游目的地划分为专业旅游带、中心商务区、地方邻里区、景观带和乡村外围等。从旅游影响下的土地利用形态来看，已有的研究主要集中在二个方面：一是历史街区的土地利用形态变化；二是海滨度假区土地利用形态变化；三是中央商务区（central business district, CBD）、休闲商务区（recreational business district，RBD）与旅游商务区（tourism business district, TBD）的形态变化，其中海滨度假区的土地利用形态变化是主要的研究方面，成果也较多。

在旅游对土地利用的研究中，Pearce 的研究成果较多，较有影响力的有两个：一是对巴黎不同旅游区的分区功能的研究；二是从旅游交通的角度探讨旅游对土地利用的影响的研究。Pearce（1998）在研究巴黎三个不同旅游区的分区功能与结构时证明了存在一定水平的协同，特别是由旅游而引发的商店和服务业用地形式的布局会向主要的旅游景点（区）靠近。

Pearce（2001）从旅游交通的角度研究了旅游电车轨道的发展对土地利用的影响。通过分析新西兰基督城的一条观光车道修建前后轨道沿线的土地价格、土地利用方式以及沿路零售业主的态度和行为变化后，发现观光车道的发展对基督城的土地价格和城市复兴产生一定的影响。但两个方面需要明确：一是基督城的案例研究结论不能全部应用于其他地区；二是反映土地历史变迁的地图对于此类研究非常重要。

对旅游开发引起的土地利用形态影响的研究中，以海滨度假区为案例的研究较多。例如，小体量海滨建筑区域在旅游投资的刺激下转变成高度城市化的区域（Pigram，1977），沿海岸线高密度高层建筑的建设导致耕地大量减少（Burak et al.，2004）。

海滨度假地的土地利用变化研究伴随着海滨度假地城市化的研究而进行，旅游对土地利用的影响主要表现在海滨度假地空间形态变化方面。在海滨土地利用方式改变与土地利用形态变化研究方面作出较大贡献的学者有 Smith（1992，1991）。

Smith（1992）通过记录泰国帕塔亚（Pattaya）1977～1992 年的土地利用类型与强度情况发现，随着时间的推移，海滨度假区的土地利用增多，开发强度增大。1965～1989 年，临海的一线用地的开发强度在不断增大。空间形态上呈现一线用地横向上线性延伸，同时纵向上逐渐向内陆扩展。一线用地逐渐变成旅游接待设施与商业服务设施用地，内陆则形成外来移民的居住地。旅游使得该区域从人烟稀少的海滨度假区变成了海滨城市群，旅游城市化趋势明显。

如果从理想模型（Smith 称为 typical beach resort model，TBRM）来看，海滨度假区土地利用空间形态的变化呈现八个阶段，即发展前阶段、旅游探查阶段、出现第一个酒店、带状扩张模式阶段、商业中心形成阶段、旅馆远离海滩阶段、第二条道路阶段、CBD 与 RBD 分离阶段（Smith，1992）。随着旅游的发展，芭提雅海滨旅游度假区土地利用的空间形态经历了基本没有建筑—少量建筑—较多建筑—密集建筑的发展过程。

Gilbert（1949）在 20 世纪 30 年代最早发现，旅游发展正在改变英国海滨聚落的形态，形成新的具有众多特征的海滨小镇，被认为是度假地研究的开创者。

Barrett 1958 年提出英格兰和威尔士海滨度假区的土地利用形态演化模型。其认为海滨度假区是以度假中心（resort core）为核心，并向四周呈放射状扩散的空间形态，其中度假中心位于海滩，各种商店与旅游接待设施线性分布于海滩之上，其他设施则围绕着度假中心分布。这种空间形态依据距离度假中心的远近呈现不同的分层（刘俊，2006）。

旅游对土地利用空间形态影响的一个重要的研究内容是 RBD 空间形态的变化。Stansfield 等（1970）在 RBD 的研究中发现，餐馆、各种小吃店、糖果店、娱乐以及其他的一些特色的旅游纪念品商店，在空间上呈现出一种线性分布的空间形态，这些游憩商业设施在空间聚集形成了 RBD 的空间结构。而后，Stansfield（1990）在美国开普梅（Cape May）进一步对 RBD 进行研究，发现较多小型的购物商场已经出现在原来的 RBD 区域内，RBD 已经在空间上扩展。较多以前的 CBD 变成了游客导向性的商业中心，CBD 有向 RBD 转化的趋势。Getz（1993）在尼亚加拉瀑布景区 TBD 规划的研究中发现，传统古镇正在消失，以旅游为导向的服务设施在不断地改变以前的传统商业中心的土地利用结构，随着居民的外迁、外来投资的进入，古镇的旅游商业化日益明显。

一般来说，土地空间形态的变化是土地利用变化的空间表现。土地利用空间形态的变化主要体现在土地利用强度与建筑密度方面，主要表现为横向线性扩展与纵向的内向拓展。造成土地利用空间形态变化的主要原因在于旅游发展使得游客人数、外来移民逐渐增多，造成服务于这两类群体的旅游服务设施、居住设施的数量也随之增多，从而在空间形态上形成聚集与扩散。在旅游地发育过程中，交通因素也起到重要的作用，加速了聚集与扩散的速度。

（二）旅游对土地市场的影响

旅游对土地市场的影响主要体现在地价、地租等方面，旅游业的发展使得当地经济水平得以提高，旅游开发的强度加剧了土地资源的稀缺性，由此促使土地价格与租金的上升。在旅游区的核心区域，地价、地租一般都非常高。

Hammes（1994）利用 25 年的连续数据以夏威夷比格岛（Big Island）为例，探讨了海滨旅游发展中土地市场会受到何种影响并引起土地级差地租的空间格局变化。研究发现，伴随旅游度假村的开发以及当地经济的繁荣，当地的土地市场会受到影响而发生明显改变，土地级差地租的空间格局也随之变化。在交通可达性好、开发强度大以及商业服务好的区域，级差地租大。

Christopher（1995）在尼泊尔博克拉镇（Pokhara Town）就与旅游相关的论题对当地各阶层的居民进行的大量访谈，发现"土地价格超出了当地人的承受能力"成为当地居民第二关注的问题，但其并没有深入研究土地价格上涨与旅游发展的相关性，其研究停留在现象描述阶段。

Marks（1996）以坦桑尼亚石头城（Stone Town）为例，分析了旅游发展与社区发展的矛盾以及其前途的不确定性。其研究表明，在1983～1993年的旅游开发中，商业用地的规模增长了三倍，经济利益刺激私人在全镇大量建房，新建住房占全部住房的近10%。同时海外与本地资金不断进入旅游业，酒店、客栈和家庭旅馆大幅增加，旅游者餐厅与旅行社到处涌现，新建筑与商业活动给有限的空间和基础设施带来巨大的压力，伴随的是地价的不断上涨和房屋价格的猛增，当地居民的生活质量与水平并没有因为旅游的发展而得到较大的提高。

Fossen 等（2001）以美国夏威夷与澳大利亚昆士兰作为对比案例探讨不同的土地管制方式对旅游发展的影响，并分析在旅游发展过程中不同的土地利用政策所导致的土地利用结果。其研究发现，夏威夷严格的土地管制的福特主义政策系统束缚了某些区域的旅游发展，特别是拥有怀基基海滩（Waikiki Beach）的火奴鲁鲁岛，将旅游限制在一个小的区域的发展政策导致这些区域地价攀升。与夏威夷土地集中在一些较大的土地所有者手中不同的是，昆士兰的土地非常分散地分布在一些小的土地所有者手中，土地规划中相当自由的市场方法使得大量的中小型旅游项目能够较为顺利地进入昆士兰。夏威夷与昆士兰不同的土地管理体系在土地价格上的影响随着时间的变化显而易见。严格的土地管制使得夏威夷旅游发展时期的地价飙升，尽管夏威夷州政府为了旅游发展而干涉土地的管制，使旅游发展有较为宽松的土地政策，但昆士兰土地的买卖与发展仍比夏威夷迅速得多。

总体来说，夏威夷土地开发、利用受严格的土地利用政策控制，因此旅游开发被限制在一定的地区内，土地利用密集开发。而澳大利亚的昆士兰与夏威夷的情况恰好相反，其土地利用政策宽松，土地买卖频繁，土地所有者经常更换，土地利用强度低。宽松的土地利用政策导致昆士兰旅游服务设施的供给大于旅游需求，旅游服务设施开发过度。

旅游对土地市场的影响主要通过地价、地租来体现。在旅游发展的过程中，随着旅游投资的增多，宾馆、客栈、家庭旅馆、商业中心、旅行社和旅游商铺等均需要占用土地，由于某一区域土地总量有限，加之某些区域严格的土地管制政策，土地价格、地租将随着旅游开发的强度加大而大幅度提升。按照距离中心区域距离的远近，级差地租的空间格局表现得较为明显。旅游的发展所导致的地租、地价的攀升加大了当地居民的居住成本，土地价格超出了当地居民经济的承受能力，一些旅游区的社区居民的生活水平与质量并没有因为旅游经济的发展而得到较大提高。从政府管制的政策过程来看，严格的土地管制政策降低了旅游区土地市场的活跃程度，同时使得土地价格较高；而较为宽松的土地管制政策则使旅游区土地市场较为活跃，土地价格也较低。

（三）旅游与土地利用主体的关系

旅游与土地利用关系存在于旅游开发的过程中。伴随着旅游的开发，土地利用的利益相关群体之间的关系发生了较为复杂的变化。旅游的活力在于外来投资与外来人口的进入，但这往往与当地社区产生较大冲突。总体来看，旅游与土地利用主体之间的关系较为复杂，研究多从负面关系着手，凸显旅游带来的地价与地租升高、不同土地利用主体之间的矛盾、旅游规划与土地利用规划的冲突等方面。

国外很早就开始了旅游与土地用地主体关系的研究，旅游开发直接或间接地造成了对城市土地的占用，处理不当则会引起不同利益相关群体的冲突。Wesley等（1987）讨论了美国许多地方居民对旅游目的地开发持消极态度。Markwick（2000）以马耳他（Malta）为例，通过采访描述和报纸报道，研究高尔夫球场建设所引起的环境学家、土地所有者、开发商等不同的利益群体对土地利用问题的冲突。

Alphan（2003）在探讨土耳其围海造田区域农用地的变化与土地资源的持续利用时，发现农业产量的增加、人口密度的增加、工业化、城市化、旅游业发展以及农业现代化等因素是造成围海造田区域土地利用变化的主要因素，其中旅游业的发展使得部分农用地向旅游设施用地转化。Bob（1992）在研究加拿大北安大略湖旅游与土地利用冲突时，认为旅游用地是社区冲突的因素，是不受欢迎的土地利用类型。

Maria 等（2001）在探讨巴西里亚希纽（Riachinho）盆地的环境、旅游与土地利用规划的关系时，发现快速发展的旅游业是当地经济活动的主要内容，水污染的风险随着旅游业的发展而加大。通过专题地图分析与水质分析，为土地利用规划提供政策建议，在土地利用规划中，要根据当地地下水条件来进行分区规划，将旅游活动的区域控制在远离富含地下水的区域，从而通过土地利用规划控制的形式来解决旅游活动对环境的危害。

后工业时代港口城市的发展开始向房地产、商业接待与旅游导向的土地利用发展（McCarthy et al.，2005；McCarthy，1998）。大量的文献显示，学者们希望从经济、地理与空间规划的视角解释这一过程（Breen et al.，1996，1994；Hoyle，1996；Malone，1996；Hoyle et al.，1988，1981）。许多地中海的港口城市，由于工业功能从港口区域转换出去，原来发展的道路与轨道交通等基础设施，使其经济活动依赖于船运、旅游等活动。诸如此类的许多城市将优良的区位与气候条件变成旅游开发的后续优势的资本。从 1991 年开始，地中海的港口城市重新规划土地利用，旅游功能是其中的重要功能之一，由此也引发了旅游开发与当地居民较为紧张的关系。

　　McCarthy（2004）在探讨马耳他历史港口城市的旅游导向的滨水区开发时，发现历史港口城市新的旅游导向的土地利用形式的出现带来了自然、经济与社会福利的变化。但是，经常出现旅游经济发展需求与历史遗迹保护之间的紧张局面。马耳他开发滨水区的科斯皮夸（Cottonera）项目表明，吸引旅游者、游憩投资者的需求与保护吸引旅游者与投资者的历史、环境资源的需求之间存在矛盾与压力，进而揭示单纯的土地利用空间规划系统在协调不同的土地利用主体利益与可持续发展原则时是有问题的，土地利用规划需要综合考虑多方利益需求。

　　Feick（2000）认为土地利用问题是个非常复杂和不遵循常规的问题，它需要考虑单个的、经常矛盾冲突的、观点性的、目标性的和多种可能的方案，旅游规划与土地利用规划存在较多矛盾冲突。尽管 GIS 技术能够提供重要的操作与展示空间数据的性能，但是其对有旅游参与的多决策者互动的土地发展决策帮助有限。以英属西印度群岛大开曼岛（Grand Cayman）的西海湾区为例，运用基于综合选择 GIS 与多标准分析技术技术（multicriteria analysis，MCA）相结合的空间决策支持系统（spatial decision support system，SDSS）的方法来协调旅游规划与土地利用规划，通过该方法来选取旅游接待设施发展的潜力区域，并通过不同的权重评价标准对选定区域的生态适应与经济适应性进行评价。

　　Day 等（2004）在研究特立尼达与多巴哥的喀斯特区域的土地利用与保护时发现，采石破坏了特立尼达西部许多喀斯特区域，同时城市发展与旅游开发也负有破坏之责。特别是在多巴哥西部的低地，很少有成片的喀斯特区域在保护区内遗存，人类开发（包括旅游开发）对喀斯特地形影响很大，人类活动与自然之间的矛盾冲突较大。

　　Rebekah（2001）探讨了旅游视角背景下的加拿大不列颠哥伦比亚（British Columbia，BC）的土地利用规划。BC 的土地利用规划从历史的观点来说，是没有综合各种非利益相关群体的目标单一的规划项目，影响了包括旅游与户外游憩部门背景的利益相关者，使其在土地利用中处于不利地位，揭示了旅游与游憩部门并不能确保其在 BC 自然资源中获取相应的利益。为了适应利益相关者关注土地利用规划途径中不公平性的、经常性的矛盾冲突，BC 政府推动了一项决策共享（shared dicision-making，SDM）原则的项目。决策共享的规划模型被用来发展 BC 的土地与资源管理计划（land and resource management plan，LRMP）。LRMP 接近于土地规划，在 20 世纪 90 年代被系统运用于整个 BC，其目的是在土地利用规划过程中能更多地容纳各种土地利用主体的利益需求。该研究认为 SDM 方法是适合包括旅游与游憩业在内的土地利用主体的土地规划方法。

　　Alvin（2001）在研究香港特别行政区旅游发展提升的土地利用规划时，认为旅游业是需要土地发展更多支持的产业。香港土地利用规划是其他产业规划的基础，控制着其他产业的规划，但香港很少对旅游业的发展予以管制。研究进一步认为，香港旅游业的提升发展需要更多的土地支持，香港的土地利用规划能够起到提升旅游业发展的作用。

Kuvan（2005）以土耳其安塔利亚的贝莱克（Belek）作为案例调查以旅游为目的的森林使用情况，发现林地的使用与转化是旅游发展的重要内容。旅游发展在自然资源上的消极环境影响表现在土地利用的变化上，土耳其迅速出现的大众旅游，在没有考虑保护和可持续利用自然与文化资源的前提下，受到地方政府积极鼓励与支持，由此造成了森林区域严重的环境问题，森林资源被采伐，林地被用来建设旅游接待设施。在贝莱克，所有旅游设施都建在受保护的森林公园的林地中，保护森林资源以及防止林地转化成建设用地，使得贝莱克面临来自旅游业的巨大压力。

Gunn 在美国伯班克举办的旅游研究协会（Travel and Tourism Research Association，TTRA）第 31 届年会上，发表了一篇题为"旅游是个烟囱工业吗？"的演说，提出旅游业面临三大挑战：一是难以忍受的交通拥挤，二是巨额的代价，三是对地区质量的侵蚀（张广瑞，2000）。在旅游开发背景下，无论是交通的拥挤、地区质量的侵蚀均关系到土地的利用。总体来看，土地利用主体之间的关系较为复杂，旅游开发过程中必然会引起土地利用的变化，而旅游开发又会带来一些不利的影响。因此，不同利益群体（主要为旅游开发商、农民、环境学家）在旅游开发中会因为土地利用问题产生冲突。较多的研究集中在客观描述冲突的方面，并可通过 SDM 等方法来解决土地利用主体之间的矛盾，适合不同区域特色的解决机制与机制的评估研究不足。

二、国内研究评述

国内关于旅游与土地利用的研究起步较晚，主要发端于森林公园、风景名胜区等规划设计实践中存在的旅游发展与森林公园、风景名胜区土地利用规划的矛盾。为了解决旅游设施用地与森林公园、风景名胜区的保护与发展，旅游用地被作为一个问题提出与研究。随着我国旅游的发展，这个问题在不同类型的旅游地被提出，但一直没有得到很好的解决。有关中国学位论文全文数据库（万方数据库）中能查到的最早的关于旅游与土地利用的文献为 1988 年。截至 2006 年，中国优秀硕士学位论文全文数据库、中国博士学位论文全文数据库涉及旅游用地相关问题的论文 43 篇，硕士学位论文占绝大部分，博士学位论文仅有 2 篇，这充分反映了我国尚未对旅游与土地利用问题有足够的重视（表 2-5）。

表2-5　与旅游用地有关的硕/博士学位论文

论文题目	年份	学校名称	论文类型
森林公园的发展及规划设计研究	1988	北京林业大学	硕士学位论文
阳河风景名胜区风景点系统规划	1989	华南理工大学	硕士学位论文
风景旅游区人文景观研究：理论、方法、实例	1991	北京大学	硕士学位论文
风景区规划中的目标问题研究	1991	同济大学	硕士学位论文
风景区生产力规划系统研究	1991	北京大学	硕士学位论文
辉山风景区总体规划	1992	沈阳农业大学	硕士学位论文
风景资源景观生态规划方法	1992	北京林业大学	硕士学位论文
风景环境生态规划基础	1992	同济大学	硕士学位论文
沈阳陨石森林公园中心景区规划设计	1993	沈阳农业大学	硕士学位论文
沙滩、绿带、气候——热带海滨旅游与游憩空间初探	1993	重庆建筑工程学院	硕士学位论文
海滨旅游度假区生态环境规划设计研究	1994	清华大学	硕士学位论文
花园式别墅区规划设计初探	1994	北京林业大学	硕士学位论文
旅游度假区开发战略研究	1995	重庆建筑大学	硕士学位论文
现代旅游建筑室内空间环境研究	1995	重庆建筑大学	硕士学位论文
自然、自在、自主、自助：旅游度假村设计初探	1995	重庆建筑大学	硕士学位论文
珠江三角洲城郊风景名胜区规划探讨	1996	华南理工大学	硕士学位论文
旅游度假区风景环境规划研究	1996	同济大学	硕士学位论文
旅游度假村规划设计初探	1996	清华大学	硕士学位论文
苍岩山风景名胜区规划中中小型风景名胜区规划问题探讨	1996	北京大学	硕士学位论文
旅游度假区规划的休闲体系研究	1997	同济大学	硕士学位论文
旅游度假区规划的地域性研究	1997	同济大学	硕士学位论文
国家公园资源游憩利用规划	1997	同济大学	硕士学位论文
山岳国家风景名胜区游憩设施服务设施规划	1997	北京大学	硕士学位论文
风景名胜区自然本底规划	1997	北京大学	硕士学位论文
旅游用地资源开发利用系统研究	1997	河北农业大学	硕士学位论文
南京中山陵风景名胜区保护与开发初探	2000	东南大学	硕士学位论文
旅游地评估研究——以东湖风景区为例	2000	华中师范大学	硕士学位论文
风景区旅游用地的优化配置与可持续发展研究	2000	南京大学	硕士学位论文
风景区规划中的地形的分析与利用	2001	北京林业大学	硕士学位论文
旅游发展与旅游城镇互动关系研究	2002	云南师范大学	硕士学位论文
旅游地景观生态规划与设计研究	2003	福建师范大学	硕士学位论文
不同类型旅游地的旅游用地研究	2004	安徽师范大学	硕士学位论文
抚仙湖湖区城镇与环境协调发展策略	2004	昆明理工大学	硕士学位论文

续表

论文题目	年份	学校名称	论文类型
大城市环城游憩带旅游开发与土地利用研究——以西安市为例	2004	陕西师范大学	硕士学位论文
城市游憩空间结构研究——以扬州市为例	2005	安徽师范大学	硕士学位论文
旧城历史街区型游憩商业区形成机制及规划设计研究	2005	四川师范大学	硕士学位论文
基于 RS—GIS 的九峰城市森林保护区景观生态规划研究	2006	华中农业大学	硕士学位论文
旅游景区控制性详细规划指标体系研究	2006	西北大学	硕士学位论文
旅游景区控制性详细规划指标体系研究——以广东南昆山为例	2006	中国地质大学	硕士学位论文
旅游发展对城市土地利用的影响——以肇庆市为例	2006	中山大学	硕士学位论文
珠海市房地产市场发展问题研究	2006	对外经济贸易大学	硕士学位论文
旅游用地的可持续发展研究	2002	南京农业大学	博士学位论文
中国海滨旅游度假区发展历程及影响因素比较研究	2006	中山大学	博士学位论文

资料来源：中国优秀硕士学位论文全文数据库、中国博士学位论文全文数据库；查询词：旅游用地；查询时间：2006-12-20。

从表 2-5 可以看出，我国对旅游用地的研究起步较晚。就研究案例来看，主要集中在风景名胜区、森林公园、度假区的用地研究方面，所占比例为 54.8%，其他类型的旅游用地研究较少。就研究内容来说，主要集中在规划设计方面，所占比例为 31%，其他内容较少。总的来说，这些研究以解决问题为主，即解决规划设计中的旅游与土地利用的问题，而对旅游与土地管理、旅游与土地利用的运行机制、旅游与土地利用的驱动力、旅游与土地制度等问题探讨较少。这些研究的另外一大特色是以实例研究为主，尚未上升到旅游对土地利用影响的实践与理论研究的高度。

随着研究的深入，新的研究方法与技术手段更新，其他学科的研究理论的引用，旅游与土地利用研究的方向呈现多元化状态。传统的对空间形态变化的研究仍然占据一定的位置，利用 3S 等新的技术手段对土地利用空间变化的研究开始进入研究者的视野。房地产热与旅游的结合使得旅游房地产的研究也成为重要的研究课题。旅游对土地价格的影响在旅游地价方面的研究将得到体现。

总体来说，关于旅游用地的研究仍停留在形态研究、空间演变方面，尚未形成旅游影响下土地利用变化的影响研究体系，对旅游影响下土地利用的前提、机制与变迁的研究更少。土地利用研究一个重要的方面是机制的研究，就已有的研究来看，旅游用地的研究在此方面明显存在不足与缺失。但不可忽视的是，随着旅游与土地利用的现实问题越来越热门，以解决问题为导向、政府推动下的旅游与土地研究将成为土地利用研究新的方向。

在综合国内旅游与土地利用相关文献的基础上，总结出我国旅游与土地研究主要集中在旅游与风景名胜区土地利用、旅游与环城游憩带土地利用和旅游用地地价研究等方面。

（一）旅游对风景名胜区土地利用的影响

世界各国的国家公园一般是由中央直接管理，而我国缺乏自上而下的、直属的、系统的、实质性（财政和人力资源管理权）的风景名胜区权威管理体系，导致政出多门、管理混乱、保护不力、利用低下的局面（李景奇等，1999）。

梁栋栋等（2006）以九华山风景名胜区为例对山岳型宗教旅游地的土地利用进行了研究，总结了该类旅游地的土地利用特点，即统一和协调性、难以变更性、总量有限性，并进行了土地利用沿革、变更和影响方面的分析。

冯维波（2005）分析了风景名胜区城市化现象所带来的危害，如导致风景名胜资源过度开发；破坏视觉美感，降低景区形象；引起景区生态环境恶化；缩短景区生命周期；不利于区域经济协调发展。探讨了风景名胜区产生城市化现象的原因，即管理体制未理顺；政府财力支持不够；对风景区的认识存在严重偏差；风景区的土地、权益未明确定位；未处理好国家与地方，开发与保护的关系；传统经济体系不健全。提出了防止风景名胜区城市化的对策，即创新管理体制，健全经济体系；加大政府投入，提倡社会捐助；合理布局旅游接待设施，提高规划设计水平；改善风景名胜区内外交通联系，妥善安置居民生产生活。

旅游对风景名胜区土地利用的影响主要集中在土地利用形态演变研究，对旅游对风景名胜区土地利用的机制、土地利用管制、土地利用发展等方面的研究缺乏，这就构成了风景名胜区土地利用新的研究课题。特别是在我国风景名胜区经营权转让实践与研究如火如荼的时期，如何处理风景名胜区经营权转让与土地产权转让问题成为需要重点关注的研究课题。

（二）环城游憩带土地利用与开发

环城游憩带是城郊土地利用类型，其土地利用兼备城镇与乡村土地利用的两大特点。在环城游憩带土地利用研究中需要注重旅游导向下的土地利用与开发。

李江敏等（2005）探讨了基于环城游憩带建设的城郊土地利用。张红（2004）以西安为例探讨了环城游憩带旅游开发与土地利用研究，得出环城游憩带土地开发利用是根据区域内不同功能区的划分来实现对土地利用的控制，达到组织游客活动、保护游憩资源的双重目的。根据游憩功能是由谁提供的以及其土地利用商业性程度的大小，将所有的游憩用地划分为商业性（度假住宅区、主题公园、商业游憩区、附属游憩区）和公益性（风景名胜区、森林公园、历史文化名城、纪念地、博物馆、文物古迹、原野、河流湖泊及水库等区域）两种类型。吴必虎（1999）

提出环城游憩带理论，从理论上分析了环城游憩带形成的原因，其是在土地租金和旅行成本两种力量作用下，投资者和旅游者达成的一种妥协，但局限于城市近郊区。此后其将环城游憩带模型进一步深化与推广，形成环城游憩带的空间模型（Wu et al., 2007）。苏平等（2004）将北京环城游憩区的旅游地划分为自然观光旅游地、人文观光旅游地、人工娱乐旅游地、运动休闲旅游地等四种类型，并对各类旅游地的空间分异进行了分析，从而总结出环城游憩带的旅游地的特征。

　　可以看出，我国关于环城游憩带土地利用的研究刚刚起步，鉴于环城游憩带对城市旅游、乡村旅游的重要性，其土地利用的研究将会随着旅游的发展与城市的扩张得到越来越多的重视，成为旅游用地研究的重要方向。不可否认的是，环城游憩带土地的双重特性所造成的农地、市地的复杂性为土地利用形态的变化、土地产权的流转、土地开发模式、土地政策提供了更多的研究方向与突破口。

（三）旅游用地基准地价研究

　　旅游用地有不同于城镇土地的特点与内涵，旅游用地基准地价的评估与研究的方法和体系也不同于城镇土地。欧阳安蛟等（2002）在对风景名胜区旅游用地进行评价时认为，风景名胜区一般以旅游资源保护为主，土地利用、地价形成机制和地价影响因素具有独特的规律和特征。风景名胜区地价评估应采取从景区的土地使用价值评价入手，建立景区的排序体系，以排序结果为基础控制各景区的相对价位水平，然后根据开发项目的现时或预期收益评估具体项目地价，最后综合排序结果和项目用地，样本地价经统计处理和专家咨询形成基准地价。欧阳安蛟等（2005）对杭州市天台县的旅游风景区基准地价评估方法体系研究时，根据旅游风景区土地利用的特征、影响旅游风景区土地收益的主要因素及收益形成机制的特殊性等，结合地价评估的基本理论方法，提出并论证了以旅游风景区开发项目为对象，以景区或景点为均质地域，以土地质量评价为基础，以土地收益或市场地价资料为依据，按风景游览设施用地、旅游商业服务设施用地、旅游接待设施用地、住宅用地和停车场五类用地类型建立的旅游风景区基准地价的评估方法体系。程绍文等（2004）以武汉市东湖风景区为例对湖泊类景区的旅游地价评价方法进行了探讨，精心筛选了 20 个评价因子，建立了湖泊旅游地的评价指标体系对地价进行评估。

　　这些研究在旅游用地基准地价评估的评估体系、评估实践等方面进行了有益的探索，但旅游类型用地是 2000 年来提出的土地利用类型，理论界对此尚缺乏研究，对旅游用地地价的评估对象、地价内涵及地价体系等认识都比较模糊，缺乏统一的认识，因此有必要对旅游用地的地价评估对象、内涵、旅游经济活动性质、旅游用地效益特征等进行探讨，为旅游用地地价评估技术路线的制定和评估方法确定奠定基础。

（四）旅游开发中的土地资源的综合利用

旅游开发是对资源的综合利用，其中土地资源是最基本的资源。在旅游开发过程中，土地资源承担着旅游设施建设、旅游产品组成等诸多功能。在旅游开发的背景下，如何协调景区发展与土地利用的关系是旅游景区复杂的研究课题。由于国内旅游开发与土地开发属于两套不同的规划、开发体系，旅游开发中的土地利用实际是跨部门的合作与协调。

席娅（2004）在探讨旅游开发中土地资源的综合利用时，认为旅游业能有效地延伸土地资源功能。一方面，土地资源利用可以从第一、二产业延伸至第三产业，这种延伸实质是发现土地新的利用价值，将土地资源转化为资本，旅游业就成为开发转化的一种主要手段。另一方面，旅游业在对土地资源的利用中，充分挖掘旅游资源的潜力，使得不同的旅游景点各具特色，从而获得更多的发展空间，提升了旅游的内涵。

陈树（2000）在探讨桂林的土地管理时，强调土地管理中要重点保证旅游新增建设用地的计划指标；要做好旅游行业改制中的土地资产处置工作，保证旅游用地的法律地位；通过土地综合开发盘活景点景区及其周边土地的资产等。

梁栋栋等（2005b）以世界文化遗产地西递为案例探讨了古村落型旅游地土地利用，认为古村落型旅游地土地利用具有整体性、不可变更性、总量有限性和收益较高等特点，并进一步指出西递古村落旅游开发存在的问题：一是村落景区面积的有限性阻碍了西递旅游的进一步发展；二是单位面积土地的效益仍有待进一步提高；三是随着生活水平的提高，许多西递居民要求改善居住条件，扩大开展副业生产的空间；四是西递土地利用的整体性较差，旅游地的土地利用要求古村落与周围环境协调一致。

王兴中等（2006）在古城镇旅游规划的控制指标体系及技术规范探讨建筑及院落用途的土地使用控制、视线廊道的土地使用控制、旅游用地级差的土地使用控制、文物古迹古建古街保护的土地使用控制等进行了探讨。

可以看出，对旅游开发中土地资源的综合利用的研究尚少，缺乏从制度层面探讨城乡土地资源与旅游开发的关系；缺乏对旅游开发中旅游增值的探讨；缺乏旅游开发中多种产业协调利用土地资源的探讨；缺乏旅游开发中土地资源价值评价与转让问题的研究。

（五）旅游规划与土地利用规划关系

旅游规划是对旅游资源和旅游市场的现状进行分析，并在分析的基础上提出符合旅游业发展的未来目标和产品设计的规划。土地利用规划则是对土地资源的利用结构、效益、类型进行的规划，不属于产业规划的范畴。李晓刚等（2005）

探讨了土地利用规划与旅游规划协调问题，认为旅游规划与土地利用规划不协调状态主要表现在四个方面。一是规划空间的重合。我国大多数旅游区都把该地区内的所有土地认为是旅游用地，与土地规划所规划的空间相重合。二是规划地位的不同。土地利用规划在《中华人民共和国土地管理法》指导下，有法律效应，而旅游规划则没有，在客观上造成土地利用规划在与其他规划的协调中处于支配地位。三是规划目标不同。土地利用规划的目标在于确保耕地总量动态平衡和严格控制城市、集镇和村庄用地规模的前提下，统筹安排各类用地，而旅游规划则只是经济部门的一项发展规划，只能在本行业内部起作用。四是编制单位的平行。在现行机构设置下，土地利用规划与旅游规划分别由国土资源管理部门与旅游管理部门编制，两者是同级行政单位，其规划均在各自的行政体系下完成，接受各自上级部门的领导与监督。两个规划不协调的原因是在《全国土地分类（试行）》中，没有旅游用地这一项，也没有给旅游用地以清晰的界定。例如，原来的《中华人民共和国土地利用现状调查技术规程》《中华人民共和国城镇地籍调查规程》只规定了特殊用地、旅游业用地、绿化用地等类似于旅游用地的用地类型；2002 年出台的《全国土地分类》中也只规定了商业用地、餐饮旅馆业用地、瞻仰景观休闲用地等类似于旅游用地的用地类型。正因为《全国土地分类》中没有对旅游用地进行有效合理的界定，旅游规划可能会占用农用地等用地类型。

章牧等（2006）探讨了土地利用总体规划修编中的旅游用地问题。从土地利用角度看，旅游用地既不属于农业用地，也不属于非农业建设用地，其是出于满足旅游休闲的需要，由原生的自然景观与人文景观共同组合的可供观赏、游览、娱乐、教育和科考使用的特殊土地。作为一种复式土地利用类型，其土地利用特征除了具有原有的功能以外，还具有旅游用地的功能。旅游用地在土地利用规划体系中的地位与作用包括两个方面，一是受土地利用规划指导与支配；二是旅游用地能提高土地的附加值。

随着旅游业地位的提升，旅游规划的强制力与执行力也得到提升，但旅游规划尚未上升到法律的角度，不具有绝对的强制力，由此决定了旅游规划只能是服从土地利用规划。但旅游业的发展产生的用地需求与用地问题，不得不为土地利用规划所考虑，也为研究者提供了新的研究课题。

（六）影响土地利用变化的旅游驱动力

土地利用变化主要受到城市化、工业化等因素的影响。在旅游成为一些城市支柱产业的背景下，旅游驱动下的土地利用变化的研究具有理论与现实意义。

左冰（2005）对影响土地利用变化的旅游驱动要素进行了探讨，认为目的地旅游发展政策、旅游交通条件的改善、旅游业土地竞租能力、旅游开发商的投资压力、旅游者的旅行成本和旅游需求类型等是土地利用变化的主要旅游驱动力。

土地资源的有限性使得其在开发过程中需要集约性、持续性地利用。旅游设施布局的聚集性、旅游资源开发的可持续性使得旅游业在土地利用中具有一定的优势，但其增值效应相比工业、房地产业较小，因此在土地利用的变化中，一般不存在主动的旅游开发驱动，但对于旅游资源丰富的地区、以旅游为支柱产业的城市，旅游驱动下土地资源的开发还是较为明显的。在土地利用变化的旅游驱动力的研究中除了驱动要素外，还需要研究旅游驱动下的土地利用变化的动态过程，旅游驱动下土地利用变化相对于城镇化、工业化驱动下土地利用变化的异同的分析等方面。

（七）旅游度假区土地利用

旅游度假区是以康体休闲为主要功能的综合性旅游区（毛建华等，1996）。旅游度假区土地利用是度假区研究的一个重要方面。刘家明（2000）对旅游度假区的用地构成进行了较为详细的划分，并从功能分区和空间布局等方面探讨了旅游度假区的土地利用规划问题，对度假区开发规划和土地利用进行了较系统的研究。刘家明（2003）探讨了旅游度假区发展演化的规律。刘俊（2006）探讨了海滨旅游度假区发展历程及影响因素，认为度假区土地是度假区最重要的资产，度假区的土地利用是度假区开发的重要内容，土地利用的方式和水平也很大程度上决定了度假区开发的成败。海滨旅游度假区旅游区功能分区（tourism destination zoning，TDZ）土地利用形态的变化受到级差地租等因素的影响较大。潘丽丽等（2005）从土地宏观利用角度探讨了广东旅游度假地空间分布特征及其发展趋势。游勇（2005）以西岭雪山温泉度假区为例探讨了旅游服务设施与基础设施用地规划设计问题。陈南江（2005）在探讨滨水度假区旅游规划创新问题时，研究了滨水度假区旅游功能分区与土地利用规划。

我国探讨旅游度假区土地利用规划的研究较少，且多从物质规划的角度探讨旅游度假区土地利用功能分区、土地利用的形态结构等方面，尚未对旅游与度假区的相互影响以及发生机制等方面进行探讨，停留在案例实践方面，理论体系、框架尚未完全构筑。

（八）旅游房地产

房地产开发与旅游开发相结合是较晚出现的房地产开发形态，也是在旅游发展热潮下，房地产业适应市场需求而适时变通的一种形式。旅游开发与房地产开发相结合发端于法国地中海沿岸，1964 年法国阿尔卑斯山地区的别墅度假村首先采用了分时（timeshare）销售招揽客户，此为旅游房地产开始的标志。随后这种方式在瑞士和欧洲其他国家传播开来。我国对旅游房地产的研究多从定义（刘艳红，2005）、发展模式（张雪晶，2005）等方面着手。徐文雄（2006）对包括旅游房地产在内的第二居所进行了研究。房地产以及旅游房地产开发的热潮引发了诸多学者对旅游房地产中存在的问题的研究，冯雁军（2002）、樊志勇（2003）等探讨了旅游房地产项目与周围景观不协调造成的诸如生态环境破坏、商业化、城市化和人工化等现象。我国在房地产全面升温的背景下，房地产种类从酒店转向游乐设施、旅游商厦、度假别墅等多元化并存的发展态势，这种变化将会对城市土地的利用带来一定的影响。美国华盛顿城市土地研究所的有关研究表明，主题公园可带动地价上涨 3～4 倍。深圳锦绣中华、中国民俗文化村、世界之窗等主题公园的开发建设创造了良好的建设环境，并促进了邻近土地使用价值的提升和使用功能的改变（陈卫东，1996）。

　　旅游房地产研究实际上是以旅游为主体的土地开发，"房"是其开发的主要形式。由此可以看出旅游房地产中，土地利用的重要性。较多的研究侧重于从房地产的视角来探讨房地产与周边环境的相互影响，而从旅游的视角来研究的成果较少。旅游房地产的发展有不同于一般房地产发展的规律，旅游的发展对房地产的促进作用不仅表现在促进了周边土地地价的上升与土地开发的速度、频度的提升，还表现在旅游房地产特有的分布规律、空间布局与形态、旅游房地产购买者行为等方面，而目前的研究涉及较少。

第三节　关于阳朔县旅游的研究

　　阳朔县因为独特的旅游资源成为中外闻名的旅游地，加之《印象·刘三姐》的形象宣传，阳朔的游客大量增多。WTO 将阳朔作为世界首个社区旅游研究基地，阳朔成为国内外旅游研究的热点。关于阳朔旅游研究的文献较多，涉及较多方面（表 2-6）。

表 2-6　2002～2006 年关于阳朔旅游研究的重要文献

文献名	作者	刊名	年份
旅游城镇规划建设中存在的问题与对策	徐成酌	小城镇建设	2002
乡村旅游初探——以广西桂林市的阳朔为例	王林	广西右江民族师专学报	2003
阳朔旅游文化中的英语世界	田穗文	经济与社会发展	2003
阳朔城市形象特色的保护与塑造	郭维奇	城市规划	2003
旅游规划的社区参与研究——以阳朔遇龙河风景旅游区为例	保继刚等	规划师	2003
阳朔西街的传统文化与外来文化	郭见琳等	规划师	2003
审视阳朔旅游的发展：社会文化影响的调查与比较	张文	旅游学刊	2003
关于阳朔发展乡村旅游的思考	李肇荣	社会科学家	2003

续表

文献名	作者	刊名	年份
阳朔乡村旅游发展中各方利益分配问题研究	高原衡	桂林旅游高等专科学校学报	2004
关于建设阳朔乡村旅游网的探索	韩林	桂林旅游高等专科学校学报	2004
乡村民居旅馆的开发与经营初探——以桂林阳朔为例	谢雨萍等	经济地理	2005
阳朔县游憩商业区用地规划调整探讨	蒋丽等	规划师	2005
阳朔乡村旅游规模化开发探讨	李丰生	经济地理	2005
阳朔乡村旅游国内外游客消费需求比较分析	张文祥等	桂林旅游高等专科学校学报	2005
洲际背包客中国出入境口岸选择	孙红霞等	干旱区资源与环境	2006
刍议阳朔乡村旅游资源开发	王晓丽等	广西师范学院学报	2006
阳朔西街人文旅游产品的文化透视	文斌等	改革与战略	2006
阳朔旅游和商业贸易发展的社会语言学考察	龙锦绣	经济与社会发展	2006
实景主题民族文化旅游开发的创新模式——以桂林阳朔"锦绣漓江·刘三姐歌圩"为例	陆军	旅游学刊	2006
社区参与的旅游人类学研究——阳朔世外桃源案例	孙九霞等	广西民族学院学报	2006
区域房地产业的风险分析与防范对策——对阳朔县旅游房地产业的调查	刘平等	广西金融研究	2006
旅游小企业与旅游地社会文化变迁——阳朔西街案例	保继刚等	人文地理	2006
旅游小企业与就业研究——桂林阳朔西街案例	邱继勤	旅游科学	2006
旅游小企业经营特征研究——以桂林阳朔西街为例	邱继勤	江苏商论	2006
对阳朔西街历史街区保护性整治过程的思考	郑景文	山西建筑	2006
旅游小企业发展特征研究——以桂林阳朔西街为案例	邱继勤	经济论坛	2006
基于旅游者－目的地相互作用的旅游者行为研究	保继刚等	中国旅游研究	2003
传统文化的赓延与现代文明的新生	陈波	广西师范大学硕士学位论文	2002
桂林市阳朔县休闲酒店发展研究	覃建明	华中师范大学硕士学位论文	2005
桂林阳朔西街旅游发展成因－变化及趋势研究	白彩云	广西大学硕士学位论文	2005
旅游对阳朔社区居民影响的实证研究	刘炳献	广西大学硕士学位论文	2005
我国乡村旅游可持续发展研究	肖湘军	湘潭大学硕士学位论文	2006
小传统场域中东西文明的汇聚	戚剑玲	广西师范大学硕士学位论文	2002
阳朔乡村旅游可持续发展研究	陆福宝	广西师范大学硕士学位论文	2005
社区参与旅游开发的人类学研究——以西双版纳、阳朔为例	孙九霞	中山大学博士学位论文	2004
旅游小企业发展与影响研究	邱继勤	中山大学博士学位论文	2004
中西方人"社会性"比较研究	阮静	中央民族大学博士学位论文	2005

资料来源：中国期刊全文数据库、中国优秀硕士学位论文全文数据库、中国博士学位论文全文数据库，查询日期：2006-12-30。

从表 2-6 可以看出，有关阳朔旅游的研究主要集中在以下几个方面。

（1）乡村旅游研究。阳朔乡村旅游资源丰富、特色突出，乡村旅游研究是阳朔所有研究中成果最多的研究方向，涉及乡村旅游的可持续发展（肖湘军，2006；陆福宝，2005）、乡村旅游网的建设（韩林，2004）、乡村民居旅馆的开发（谢雨萍等，2005）、乡村旅游产品的开发（王晓丽等，2006；王林，2003；李肇荣，2003）、乡村旅游规模的探讨（李丰生，2005）等方面。

（2）社区旅游研究。社区旅游研究是国内外热门的研究课题，重在探讨社区参与机制、参与过程以及社区居民发展权等问题。阳朔的社区旅游研究刚起步，保继刚等（2006，2003）以阳朔为案例对阳朔的社区旅游进行了多案例、多角度的探讨；高原衡（2004）探讨了阳朔社区利益分配问题；刘炳献（2005）探讨了旅游对阳朔社区居民影响。

（3）旅游小企业研究。阳朔旅游小企业众多，其类型、结构、变迁与阳朔旅游发展息息相关，邱继勤（2006）从就业、发展特征、经营特征等多方面对西街的旅游小企业进行了研究；保继刚等（2006）对西街旅游小企业与社会文化的变迁进行了研究。

（4）建筑整治与规划研究。受地形条件的限制，阳朔旅游城镇的建设与发展面临一些问题，而建筑整治、改造以及规划就显得非常重要，1999 年西街改造以及其后"五街一巷"的整治、改造规划改变了阳朔的面貌。蒋丽等（2005）探讨了阳朔县游憩商业区用地规划调整问题；白彩云（2005）探讨了西街旅游发展成因、变化及趋势；郑景文（2006）对阳朔西街历史街区保护性整治过程进行了研究；郭维奇（2003）对阳朔城市形象特色的保护与塑造进行了探讨。

（5）国际游客行为研究。阳朔是国际背包游客青睐的旅游目的地，游客行为对当地文化、经济等多方面存在影响。李丽梅（2003）探讨了旅地关系作用下的旅游者行为；孙红霞等（2006）探讨了洲际背包客中国出入境口岸选择行为；张文祥等（2005）对阳朔乡村旅游国内外游客消费需求进行了比较分析。

（6）跨文化交流研究。传统与现代、国内与国际文化的冲突、交流一直作用着阳朔这个旅游目的地。戚剑玲（2002）探讨了在阳朔东西方文明的汇聚问题；阮静（2005）从"社会性"角度探讨了跨文化交流的问题；陈波（2002）探讨了阳朔传统文化与现代文化的传承与发展问题；郭见琳等（2003）探讨了阳朔西街的传统文化与外来文化；田穗文（2003）探讨了阳朔旅游文化中的英语世界。

可以看出，从土地视角来探讨旅游发展与土地利用关系的文献较少，仅有蒋丽等（2005）从游憩商业区用地规划调整方面探讨了阳朔土地利用问题这一篇文章，研究相当薄弱。

不可否认的是，阳朔乡村旅游、社区旅游、旅游小企业、建筑整治与规划等方面的研究中均存在土地利用问题。地少人多的现实条件、"七山一水二分地"的地形条件，加之绝大部分地区属于漓江国家风景名胜区的范围，决定了阳朔在旅游发展实践中必须科学、合理地处理旅游与土地利用的关系，在旅游研究中必须廓清旅游用地利用的驱动因素、土地的集约利用、土地制度建设与管理管制等问题，这些问题的解决有利于推广到全国其他同类型的旅游城市。

第三章　研　究　设　计

第一节　案例的选择

阳朔县位于广西壮族自治区东北部，距离桂林市区仅 65km，有高等级公路——桂阳公路与桂林相接，阳朔县以其山青、水秀、峰奇、洞美"四绝"和名胜、古迹、烟雨、光影、动物、植物、田园、村镇"八胜"而闻名于世，被誉为"中国旅游名县"。

以旅游业为龙头的第三产业增长迅速，已经成为阳朔经济发展的支柱产业。随着旅游业的发展，旅游业用地大幅度提升。由于阳朔属于漓江国家级风景名胜区的重要组成部分，建设部、广西壮族自治区政府对风景名胜区的建设有非常严格的限制，在此背景下，阳朔县出现了旅游用地需求与建设用地供应不足的供需矛盾，这种矛盾随着旅游业的强势发展越来越激烈。

阳朔旅游业发展的"阳朔现象"为国内外的旅游研究提供了一个典型的案例，1999～2006 年有 8 篇硕士学位论文、3 篇博士学位论文以阳朔作为案例，其中社区旅游研究、西街小企业研究、境外游客旅游行为研究等方面的成果较为丰富。

2005 年 7 月，WTO 可持续旅游阳朔观测点和中山大学旅游发展与规划研究中心（Centre for Tourism Planning，CTPR）阳朔社区旅游研究基地的奠基，标志着世界旅游组织的旅游可持续发展指标体系引入中国，其中阳朔土地利用变化也是世界旅游组织监测的一个重要方面。

这一背景奠定了本书以阳朔为案例来研究旅游对土地利用影响的可行性与现实性。

（1）阳朔是以旅游业为支柱产业的中国首批优秀旅游城市，是典型的风景名胜城市，是世界旅游组织全球的观测点之一，其研究成果具有在全国乃至世界范围内推广的可能性。

（2）阳朔存在《风景名胜区条例》管制之下的土地利用供需矛盾，在此背景之下，急需较为合理的土地开发模式作为指导。

（3）以前的研究没有从旅游对土地利用的方面来探讨，因此该研究具有开辟新的领域与视野的作用和意义。

（4）有关阳朔县域范围的 1993-02-05、1999-01-05、2005-11-05 三期 Landsat-5 的遥感影像与一期2006-01-28 IKONOS 1m阳朔建成区范围的遥感影像以及 1996 年、2003 年土地利用现状数据库，可为土地空间变化、RBD 形成和土地利用类型变化等研究提供素材。

（5）中山大学与阳朔县地方政府良好的合作关系以及多年来的研究积累为研究提供了方便，调研的可进入性较强，容易取得成功。

<h2 style="text-align:center">第二节　研究过程</h2>

一、数据来源

研究的数据主要来源于一手数据与二手数据两类，一手数据主要是 33 人深度访谈资料。深度访谈主要涉及西街土地利用变化、西街土地产权变迁、RBD 的形成、功能组团的形成等方面，通过循环求证的方法获得（表 3-1）。

表 3-1　访谈对象属性

	类别	访谈对象	访谈次数
		CJZ	1
		CSJ	3
	旅游局	GQL	2
		LHF	2
		MGS	2
	招商局	NXY	2
	环保局	ZJC	1
	财政局	LFF	1
政府官员	计划局	MYM	1
	工商局	ZSY	1
	地税局	SJZ	1
		MXC	1
	建规局	ZJZ	1
		MG	2
		SGS	2
	国土局	HRC	2
		LYL	3
村民		10 人	10（每人 1 次）
		黄老板	1
		陈老板	3
商户		汪老板	1
		Sam	1
		阿贵	1
		李老板	3
合计			对 3 类人群、33 人进行 48 次访谈

二手资料主要来自以下七个方面。

（1）统计数据。数据源自阳朔县旅游局统计数据、《中国旅游统计年鉴》和 UNWTO 旅游统计报告。

（2）规划文本。其包括桂林市旅游发展总体规划、阳朔县城旅游发展总体规划和阳朔遇龙河景区旅游发展规划。

（3）遥感数据。其包括县域范围的 Landsat-5 卫星 TM 30m 多光谱 1993-02-05、1999-01-05、2005-11-05 三期原始数据；建成区范围的 2006-01-28 的 IKONOS 1m 存档融合影像数据。

（4）土地利用数据。其包括 1996 年、2003 年阳朔县土地利用现状数据。

（5）地图数据。阳朔县 1∶10000 地形图。

（6）文献。其主要是国内外中英文期刊、书籍。

（7）地方史志。其包括阳朔县志、阳朔地名志和桂林旅游志。

二、调研阶段

调研时段分为四期，共 33 个工作日，具体时间与内容见表 3-2。

表 3-2　调研情况

调研分期	调研时间	调研内容
第一期	2006-3-25 至 2006-3-28	阳朔西街及其周边地区、东街、遇龙河、大村门、杨堤、白沙、兴坪等地旅游对土地利用影响
第二期	2006-8-25 至 2006-9-6	土地局、规划局资料收集；包括西街在内的城区商户调研；《印象·刘三姐》、古榕公园、鉴山寺、阳朔公园调研；遇龙河土地利用现状调研
第三期	2006-11-25 至 2006-11-30	对西街的建筑权属进行了进一步的廓清
第四期	2006-12-28 至 2007-1-6	补充调研
合计	33 个工作日	

注：本次调研是作者参加 UNWTO 与桂林市旅游局委托中山大学旅游学院的阳朔旅游可持续发展监测课题。通过此机会，作者广泛地对阳朔县的各个职能部门的负责人就旅游与土地利用方面的问题进行了访谈。

第三节　研究方法

本研究采用定性方法与定量方法相结合，社会学方法与地理学方法相结合，力图使研究更加科学、合理。

1. 深度访谈法

深度访谈属于定性研究，是对少数几个人进行深入而细致的访谈，目的是从少数人中获得充分广泛的信息，其特点在于小样本，且对样本个体的选择具有很强的目的性、针对性，而非随机性；从每位被访者获取充分信息，为数量化后续研究提供依据、假设等。

本书分别对阳朔老住户、建设规划管理部门、土地管理部门、旅游管理者、旅游企业商、环保部门等群体进行深度访谈，主要在于了解土地利用变化的历程、重要土地利用事件以及旅游与土地利用的定性关系，通过循环求证、滚雪球以及互证的方法甄别有效信息。

2. 实地调研法

实地研究是一种定性研究方式，也是一种理论建构型的研究方式，是深入到研究对象的生活背景中，以参与观察和非结构访谈的方式收集资料，并通过对这些资料的定性分析来理解和解释现象的社会研究方式（风笑天，2001）。

研究主要采用实地踏勘的形式对土地利用的分类结构进行修正，对土地利用变化进行直接理性感受，从而逐步理顺旅游与土地利用之间的关系、机制等。

3. 文献研究方法

文献研究是通过收集和分析现存的以文字、数字、符号和画面等信息形式出现的文献资料，来探讨和分析各种社会行为、社会关系及其他社会现象的研究方式（风笑天，2001）。

研究利用阳朔旅游局提供的阳朔历年接待过夜境外游客人数及构成、《中国旅游统计年鉴》等统计资料、土地利用现状数据、建成区土地店铺租赁合同等分析旅游对土地利用的影响路径、机制等。

4. 3S 技术与空间分析方法

3S 技术开始走向成熟，其空间分类模块、地理统计分析模块、空间分析模块、空间决策模块的功能非常强大，是进行时空反演与模拟以及历史回溯的重要工具。

研究采用 3S 技术对阳朔全县的三期遥感影像、一期建成区的遥感影像、阳朔县城总体规划土地利用现状资料等进行遥感解译、地类统计、空间叠加、缓冲区分析以及空间转置计算等。主要是通过获取不同年份的截面数据，进行空间分析，得出不同年份阳朔土地利用变化的情况、速度与特点，并结合社会经济统计数据进一步分析土地利用变化的影响因素。

5. 系统动力学方法

系统动力学（system dynamic，SD）是一种以反馈控制理论为基础，以数学计算机仿真技术为手段的复杂系统的定量研究方法。系统动力学在对问题做定性分析时，强调系统、动态和反馈，并使三者有机地结合起来，同时强调结构决定系统的功能。其以现实存在的系统为前提，根据历史数据、实践经验和系统内在的机制关系建立动态仿真模型,对各种影响因素可能引起的系统变化进行实验,从而寻求改善系统行为的机会和途径(苏懋康,1988)。

研究主要运用系统动力学进行旅游对土地利用变化的路径、过程做出分析,通过反馈图式的形式解释阳朔土地利用变化的旅游驱动机制。

第四节 研究框架与篇章设计

本书以风景名胜城市阳朔为例研究旅游对土地利用变化的影响,拟从县域与建成区两个空间尺度进行探讨,并通过对旅游影响下阳朔土地利用变化的表现、影响因素、路径与机制的分析,经过提炼进一步提高到对类似于阳朔的风景名胜城市的土地利用模式的探讨。研究框架如图 3-1 所示。

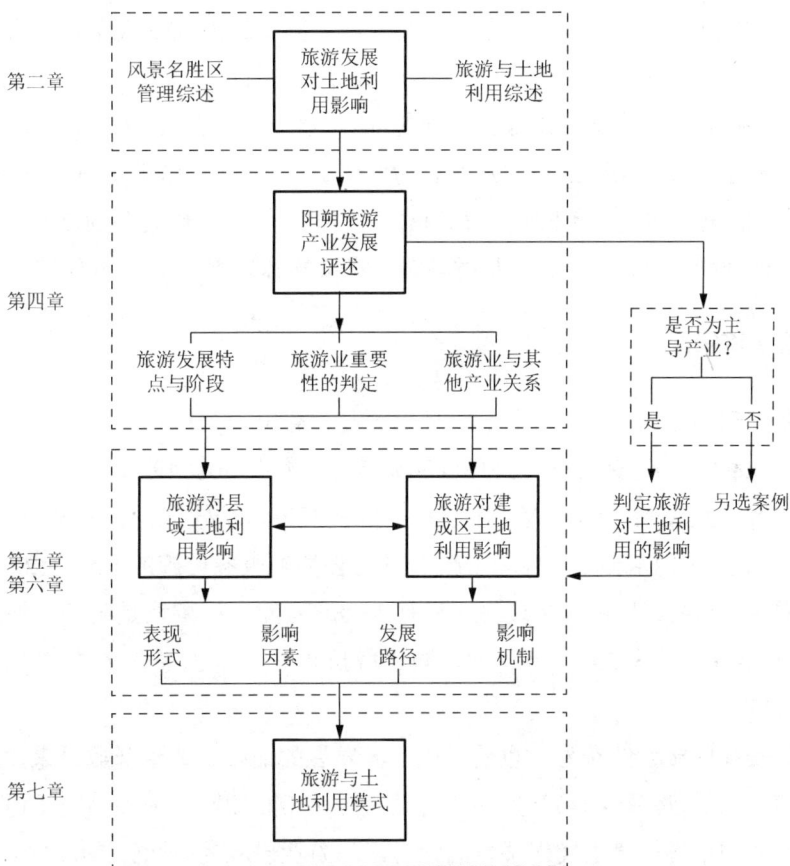

图 3-1 研究分析框架

第四章 阳朔县旅游发展评述

第一节 阳朔县概况

一、地理位置与交通区位

阳朔县位于广西壮族自治区东北部,桂林市区南面,地处 110°13'E～110°40'E,24°38'N～25°04'N,东与恭城瑶族自治县、平乐县交界,南与荔浦县相邻,西与永福县接壤,北与临桂区、灵川县毗邻,全县总面积 1423km^2。县治辖乡 9 镇。阳朔县距桂林市区 64km,距南宁市 443km,距柳州市 181km,距梧州市 268km,距广州市 490km。随着桂梧高速公路建成通车,桂林至梧州 3h 内到达,从而使桂林与主要客源集散地珠江三角洲具有更为便捷的交通联系,至广州车程缩短为 5h 以内。阳朔距离桂林两江国际机场 67km,两江机场年吞吐能力为 500 万人次。从广州乘飞机到桂林只需 45min,从香港乘飞机抵桂林只需 1h,往返便利。

二、社会经济概况

阳朔县辖阳朔、白沙、福利、兴坪、葡萄、高田 6 个镇以及金宝、普益、杨堤 3 个乡(图 4-1),99 个行政村,2005 年末有人口 306049 人,其中壮族、瑶族、回族等少数民族 37760 人。阳朔社会经济发展水平较低,在桂林市 12 个辖县中长期居于中下游地位,限制了政府对社会基础服务设施的改善。2005 年国内生产总值 178912 万元,财政收入只有 13285 万元。旅游业是阳朔县的主导产业,2008 年接待游客 558.2 万人次,同比增长 8.1%;旅游总收入 17.5 亿元,同比增长 37%。

阳朔是我国旅游的符号,也是我国旅游发展的缩影。改革开放以来,阳朔旅游业取得了长足进步,在经济发展、拉动就业、增长税收等方面做出了巨大的贡献,其产业与市场规模也实现了量的跃升,旅游业已成为阳朔经济的主导产业。

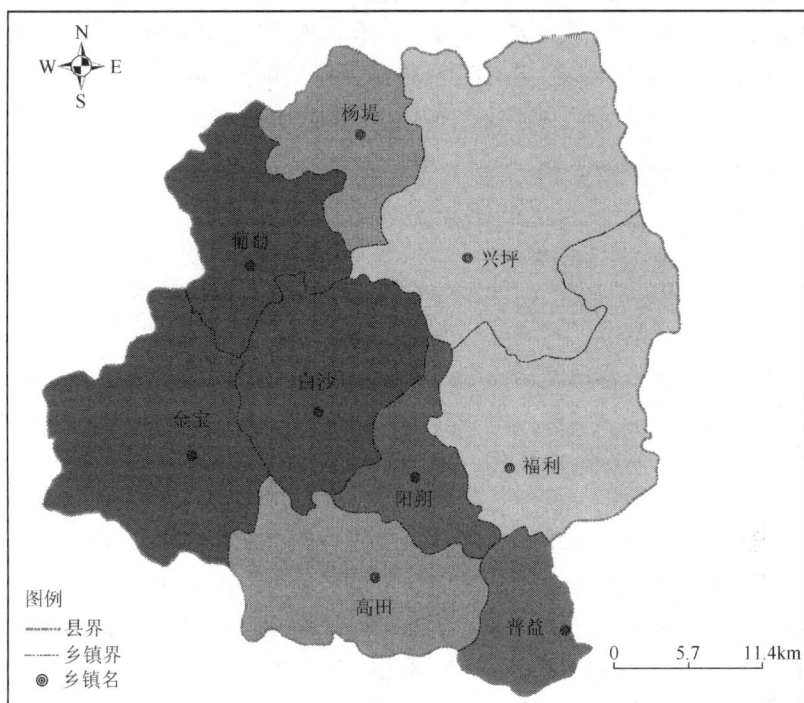

图 4-1　阳朔县行政区划示意图

本书阳朔县的底图均来源于广西壮族自治区地图院编制的《桂林市基础要素图》，审图号为桂 S（2017）63 号

第二节　阳朔县旅游发展现状

一、旅游发展概况

　　阳朔县域自然旅游资源丰富，是桂林山水的重要组成部分，漓江风景最优美的河段——杨堤到兴坪段就位于阳朔县内。全县 1423km^2 面积中，石灰岩山体 513km^2。阳朔是桂林"一城、两带、三级、四联"的旅游精品工程体系中重要的内容（汪宇明，2001）。

　　在优良的旅游资源基础上，阳朔发展了多样的特色旅游产品：自行车与徒步观光旅游、竹筏漂流观光旅游、乡村观光和农民生活体验旅游、休闲度假旅游、攀岩探险旅游和修学旅游等。

　　阳朔旅游经过多年的发展，具备了一定的规模和相对完整的产业体系，取得了较好的旅游效益。2004 年接待旅游者 320.2 万人次，接待留宿游客 51.2 万人次，旅游总收入达 4.06 亿元，比 2003 年分别增长 13.6%、120%和 66.4%。总体来看，阳朔旅游发展呈现出旅游产品体系较为完整、旅游基础设施不断完善和旅游接待服务设施逐步改善等特点。自 1978 年对外开放以来,阳朔酒店设施建设快速发展。截至 2006 年 5 月,全县共有大小酒店（包括民居旅馆）286 家,其中三星级酒店 2 家,639 张床位,四星级酒店 1 家,263 张床位。2006 年三个黄金周期间共接待住宿旅游者 10.59 万人次,与上年同比增长 7.5%。

二、旅游发展特点

阳朔的旅游市场与旅游产品的发展经历了不同的阶段,表现出不同的特点,主要特点如下。

（1）旅游市场经历"由外到内"的变迁。阳朔旅游业的发展,境外游客起到了宣传、推介的作用。在阳朔旅游发展的起步阶段,境外旅游者起到了拉动阳朔旅游消费,改变阳朔旅游经营观念,提高阳朔旅游知名度的作用。随着国内游客出游率的大幅提高,阳朔旅游业从外向型转为内向型,国内游客的大幅度增长,使得阳朔的旅游消费也大幅增长。深圳、广州等珠江三角洲主要的客源城市,成为阳朔短途游客的主要来源地。阳朔旅游市场"由外到内"的变迁主要表现在虽然境外游客绝对数量大幅增加,但其所占市场份额却逐年递减。境外游客人数从 1979 年的 8 万人次上升到 2005 年的 63.8 万人次,增长了近 7 倍。1979 年,境外游客市场所占份额为 59.7%,到 1989 年为 27.8%,到 1999 年为 17%,到 2005 年变化为 18%。

（2）"黄金周"对旅游业拉动作用大。2006 年三个"黄金周"到阳朔旅游的人数达 45.1 万人次,同 2005 年相比增长 4%,住宿接待人数达 10.59 万人次,同比增长 7.5%,旅游总收入 15660 万元,同比增长 4.3%。

（3）西街成为阳朔团队旅游主要的旅游节点。2001 年西街接待旅游者 146.5 万人次;2002 年达 178 万人次,同比增长 21.5%;2003 年受"非典"的影响,阳朔旅游人次明显下降,只有 129 万人次;2004 年接待 189.5 万人次,同比增长 47%;2005 年达 233.7 万人次,同比增长 23.3%。

（4）文艺项目成为龙头产品。2004 年,《印象·刘三姐》大型实景山水演出的成功推出引发了阳朔旅游的热潮。2006 年三个"黄金周"《印象·刘三姐》剧场共接待旅游者 7.25 万人次,营业收入达 605 万元。

（5）遇龙河模式有待改革。遇龙河全长 43.5km,是阳朔境内漓江流域最大的一条支流,以古朴、自然的田园风光而著称。随着阳朔旅游业的兴起,遇龙河旅游逐渐火热起来,休闲游、漂流、骑自行车等成为遇龙河游览的主要方式,并给沿河两岸的群众带来了可观的经济效益。2005 年 8 月至 12 月,遇龙河、月亮河、月亮山景区共接待旅游者 129.49 万人次,其中,农民获得收益达 409.13 万元。2006 年三个旅游"黄金周"共接待旅游者 57.67 万人次,农民直接获益

189.27 万元，政府税费收入达 67.3 万元。遇龙河的管理制度几经反复，地少人多成为遇龙河景区发展的主要瓶颈之一，加之遇龙河属于漓江国家级风景名胜区的重要组成部分，其发展受到较多的土地和制度管理的约束。

（6）乡村旅游的兴起。阳朔旅游定位于休闲、度假。其是广东、湖南等地旅游者的后花园，其乡村旅游取得了良好的收益。高田历村是乡村旅游发展较好的村落。该村共有 115 户，466 人，有 80%以上的村民从事旅游或与旅游相关的行业，利用房屋开设住宿的有 23 家，床位 350 张，餐饮 39 家，每天接待旅游者（含旅行社组织的团队）达 3000 人，每年创造经营收入达 200 万元。

三、旅游发展阶段

1949 年以来，阳朔县旅游发展总体上经历了两个时期，以 1978 年改革开放为分界点，之前属于外事和政治接待时期，之后属于独立的旅游产业发展时期。1979 年以前旅游业尚未全面发展，因此旅游规模小，发展缓慢，讨论意义不大；1979 年以后旅游业迅速发展，大致可以分为迅速发展阶段（1979～1988 年）、波动式缓慢发展阶段（1989～1998 年）、国内旅游快速发展阶段（1999～2006 年），1999 年以后，阳朔各项旅游指标均大幅度提升（图 4-2）。在阳朔旅游发展中，漓江是主要的旅游通道，在阳朔旅游发展的早期和中期（1999 年以前），漓江承载着绝大部分从桂林市区来的游客，漓江游是主要的游览产品。

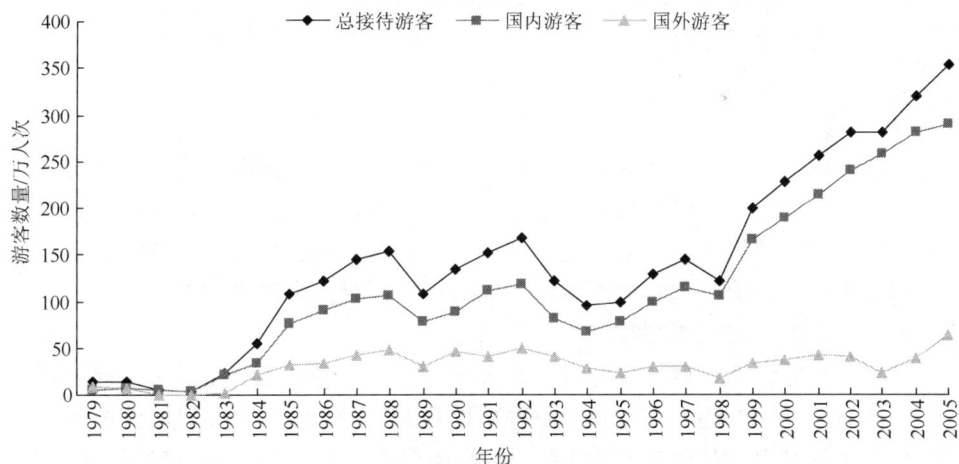

图 4-2　1979～2005 年阳朔接待国内外游客变化情况（见彩图）

资料来源：阳朔县旅游局，2006 年

四、发展中存在的不足

阳朔旅游虽然取得较大的成绩，被称为"阳朔现象"，但其发展过程中却存在较多的问题与不足，主要包括以下几个方面。

（1）旅游用地紧张。阳朔为漓江国家风景名胜区的重要组成部分。国家风景名胜区土地利用有严格控制，特别是对建设用地的控制，但旅游的发展带来了旅游用地的要求，其与土地总量控制的矛盾较为突出。

（2）遇龙河、月亮山景区的开发经历了先发展后管理的过程，因此凸显了一些矛盾和问题。一是缺乏有效措施，管理滞后；二是无序开发，破坏了原有的风貌；三是环境污染愈来愈严重；四是政府和农民利益冲突没有妥善解决；五是政府总体规划仅停留在表面而没有深入下去；六是安全隐患成为遇龙河月亮山景区发展的重要问题。

（3）政府各个部门间对经济利益的博弈。旅游业是能为阳朔带来经济利益的主要产业，各个部门都希望从中得到一定的收益。由于旅游业综合性较强，各个部门均能管理旅游产业中的一个方面，于是形成了各个部门从不同的角度对旅游进行管理。多头管理的直接结果就是各利益体间的相互掣肘、制约，从而造成效率低下。

第三节　阳朔县旅游业重要性判定

区域产业结构的调整和优化，实质上是围绕主导产业建立起以主导产业为核心、各产业协调配套的区域经济系统（江世银，2004）。为了明晰阳朔主导产业以及进一步研究主导产业的经济特征，首先就要对阳朔主导产业进行判定。

一、采用方法

正确地选择区域主导产业，首先必须解决选择的基本标准问题。目前关于选择区域主导产业主要有以下几种标准：赫希曼基准、罗斯托基准、筱原基准、区内相对比较优势度基准、过密环境基准和丰富劳动内容基准等。虽然各个基准的控制标准不一样，但其选择均遵循以下原则：要符合技术进步的方向、在经济增长中居战略地位、成组原则和序列化原则等。

在对阳朔旅游业重要性判定时，本来应该采取产值增加值比重来进行判定，但考虑到阳朔旅游业的产值增加难以准确地剥离出来，因此只能采取区内收入增加额指标进行判定。主导产业要具备一定的规模，否则难以起到应有的带动作用。只有产值占有较高比重的产业才可能成为区域的主导产业（江世银，2004）。该指标的计算公式为

$$\mathrm{WI}_{ij} = (G_{ij} / G_i) \times 100\% \qquad (4\text{-}1)$$

式中，WI_{ij} 表示 i 区域 j 产业的增加额比重；G_{ij} 表示 i 区域 j 产业的增加额；G_i 表示 i 区域的国内生产总值（gross domestic product，GDP）。

一般而言，只有 $WI_{ij}>15\%$ 的产业才有可能成为区域主导产业。

二、计算结果及其解释

根据式（4-1），可得出表 4-1。

表 4-1　2005 年阳朔主要产业增加额比重　　　　　　　（单位：%）

产业类型	增加额比重
农业	2.66
林业	0.13
牧业	−0.31
工业	2.00
渔业	0.27
旅游业	8.22

从表 4-1 可以看出，2005 年阳朔的农业、林业、牧业、工业、渔业以及旅游业等产业类型中，旅游业的增加额比重最大，达到 8.22%，而其他产业增加额比重较小，在这些产业类型中，旅游业对 GDP 增长的贡献最大，大于农业、林业和工业等产业类型。传统的旅游统计是从消费方面对其范围进行界定的，因此在传统的统计体系中不能完全反映出旅游业的总产出情况，这也是多年来一直困扰着旅游业界的一个难题。在我国传统的旅游统计中，一般只将旅游景区门票收入、旅游饭店收入等作为统计的主要项目，旅游商业收入、旅游交通收入等没有纳入统计中，因此旅游在 GDP 中的份额往往较小，不能反映旅游对整个第三产业以及其他产业的拉动。以国民经济核算为统计基础，按照国际统一的国民账户的概念和分类标准，在国民经济核算总账户下单独设立一个子系统的旅游卫星账户，可以通过编制这一账户把由于旅游消费而引发的国民经济各行业直接和间接的旅游产出，从相关行业中分离出来单独进行核算，从而达到在国际统一的统计框架下对旅游经济进行全面测量和分析比较的目的，但在我国尚处于初期建设阶段[①]。阳朔旅游业的增加额比重虽未能达到 15%，但如果考虑统计的因素，可以认为旅游业是阳朔的主导产业（图 4-3）。

从图 4-3 中农业、工业、旅游业三个产业 1992～2005 年的增加额比重来看，农业的比重降幅最大，从 1999 年前的绝对主导产业向非主导产业变化。工业一直非阳朔县的主导产业，20 世纪 90 年代中期以后，阳朔县工业的增加额比重一直处于下降状态。旅游业的增加额比重处于平稳的增长状态，在 2004 年时接近 10%，由此说明阳朔旅游产业地位的提升。由表 4-1 与图 4-3 可以得出如下结论。

[①] 新浪网. 我国将建立完整的旅游统计核算体系[N/OL].（2007-02-05）[2007-02-05].http://www.lotour.com/snapshot/2007-2-5/snapshot_56865.shtml.

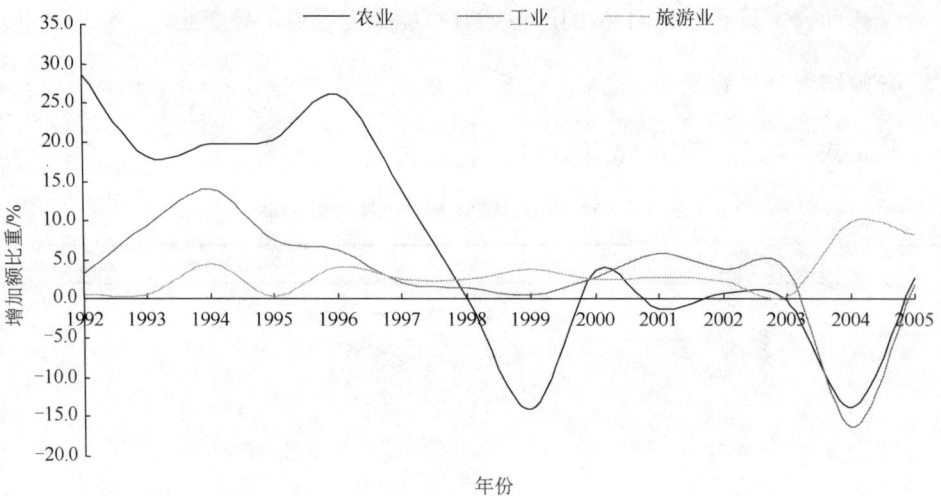

图 4-3　1992～2005 年农业、工业、旅游业增加额比重（见彩图）

（1）农业产业地位下降。阳朔农业产业地位下降的原因除了农业生产方式以及农业生产率较低外，另外一个较为重要的原因在于阳朔的耕地较少，2005 年人均耕地 0.83 亩（约 553m^2）。另外，阳朔为喀斯特地形发育较为成熟的区域，难有较大面积的耕地进行规模化生产。对于农民来说，农业已不能带来较大的经济收益。随着第三产业的兴起，农业地位的下降已成必然。

（2）工业规模较小，难以取得较大突破。阳朔的工业规模较小，多为小型企业，工业总数也较少。2005 年阳朔工业总产值为 25769 万元，只占 GDP 的 14.4%。其主要原因除了阳朔经济的落后外，工业发展用地不足也有较大的影响，加之阳朔属于国家风景名胜区，中央政府对工业建设用地控制较为严格。

（3）旅游产业地位逐步提升。在农业萎缩、工业弱小的情况下，阳朔的经济发展需要选择新的出路，以旅游为主的第三产业的发展为阳朔经济发展提供了新的方向。旅游产业地位的提升是阳朔产业发展的必然选择。经历了 2003 年的低迷之后，阳朔旅游强势反弹。2004 年阳朔旅游增加比重接近 10%，成为主导产业。

三、小结

阳朔旅游主导产业地位的确立是渐进的。在地形条件的限制下，阳朔农业难以实现规模经营与集聚发展。在农业附加值较低的情况下，传统的农业开始分化，林果业是从农业中分离出来的较为重要的经济产业，农业也从传统的主导产业变成重要的产业序列。由于技术革新、区域发展背景较差、地形条件的限制等多方面的原因，阳朔的工业一直规模较小，难以形成主导产业。阳朔发展旅游业具有得天独厚的资源条件，在农业、工业上可称制约因素的地形条件却成为旅游业发

展的优势条件。考虑到旅游统计数据上的局限性，实际上旅游业已成为阳朔处于
主导地位的产业序列。

第四节　阳朔县旅游业与其他产业的关系

为了进一步地探讨作为主导产业的旅游业与国民经济其他产业之间的关系、
旅游业对其他产业的影响过程、旅游业对其他产业的驱动过程，本节采用典型相
关分析方法进行研究。

一、采用方法

典型相关分析（canonical correlation analysis，CAA）是在经验正交函数
（empirical orthogonal function，EOF）分析的基础上发展起来的多变量统计技术。
在计算两个场的相关矩阵基础上计算典型变量和典型相关系数，进而计算出典型
变量与原来两个场的相关系数，利用典型变量与原来两个场的关系建立统计模
型，做进一步的分析或预报（魏凤英，1999；毛恒青等，1996；Nicholls，1987；
施能等，1984）。

计算过程：设 X, Y 分别由 P 个旅游动力因子，q 个国民经济变量构成，样本
容量为 N。对两组要素分别加以标准化处理，然后分别寻找 X 和 Y 中诸个变量的
线性组合。

$$U_i = u_{i1}x_1 + u_{i2}x_2 + \cdots + u_{ip}x_p (i = 1, 2, \cdots, p) \tag{4-2}$$

$$V_j = u_{j1}x_1 + u_{j2}x_2 + \cdots + u_{jq}x_q (j = 1, 2, \cdots, q) \tag{4-3}$$

式中，U_i, V_j 称作典型变量，要求它们有如下性质。

（1）所有的 U_i 或 V_j 之间彼此正交。

（2）在成对的 U_i 或 V_j 之间有非零的相关系数 r，同时满足 $|r_1| \geqslant |r_2| \geqslant \cdots \geqslant |r_i|$。

（3）各 U_i 或 V_j 的均值都为 0，方差都为 1。

典型相关分析的优越之处在于分析两个线性组合中各项组合系数（可视为该
项变量的权重系数）绝对值的大小和正负号可以揭示各项典型变量的物理意义。
对所得典型相关系数采用 Bartlett 的 χ^2 检验，显著水平取 $\partial = 0.05$，当经 χ^2 检验求
得的统计量 P 小于 ∂ 值时，该典型变量显著。

本节采用典型相关分析方法测度阳朔旅游发展与国民经济发展的关系，可以
将旅游发展称为旅游场，国民经济发展称为国民经济场。严国义等（2005）采用
此方法对我国各地区旅游企业经济效益进行评价；吴忠宏等（2005）采用此方法
对居民与生态旅游认知与态度进行了研究；刘静艳等（2006）采用此方法对旅游
地居民对旅游业发展认知及影响因素进行了研究。这些研究所得出的结果较为科

学，典型相关分析方法可用于多序列的多因素两两相关的分析，在第三产业的研究中可取得较好的效果。

二、变量设定

考虑到变量的代表性、科学性以及变量所依托资料的时间连续性、获取的容易性，本书设定变量如下。

首先将表征旅游发展、旅游变化的时间序列数据称之为旅游场，主要变量如下：x_1 为旅游总接待人数；x_2 为国内游客数量；x_3 为境外游客数量；x_4 为游江人数；x_5 为旅游总收入。这五个变量中，x_1，x_2，x_3，x_4 为人数变量，代表阳朔旅游人数的变化；x_5 为收入变量，代表阳朔旅游收入的增减。

将表征国民经济发展、变化的时间序列数据称之为国民经济场，主要变量如下：y_1 为国内生产总值；y_2 为农业总产值；y_3 为工业总产值；y_4 为乡镇企业总收入；y_5 为地方财政收入；y_6 为地方财政支出；y_7 为全社会固定资产投资；y_8 为社会消费品零售总额。其中，y_1，y_2，y_3 为产值变量；y_4，y_5 为收入变量；y_6 为支出变量；y_7，y_8 为投资与消费变量。

数据来源于 1991~2005 年对有关指标数据的统计，通过 Matlab 程序运算得出结果。

三、结果解释

从表 4-2 可知 X_1、X_2 两个典型变量相关系数在 0.99 以上，p 值小于 0.05，属于显著典型变量。本小节将具体分析典型变量之间的关系。

表 4-2　典型相关系数显著性检验

序号	相关系数	Wilk's	卡方值	df	p
1	0.9998	0	125.6418	40	0.0001
2	0.9956	0.0003	57.0687	28	0.0010
3	0.9421	0.0330	23.8891	18	0.1587
4	0.7260	0.2932	8.5875	10	0.5716
5	0.6165	0.6199	3.3468	4	0.5015

从表 4-3 可以看出，x_2 与 y_4、y_5、y_6 呈典型正相关，即国内游客数量与乡镇企业总收入、地方财政收入、地方财政支出的相关性较强。国内游客数量与地方财政收入的相关系数为 0.9601，与乡镇企业总收入的相关系数达到 0.8925，与旅游总收入的相关系数达到 0.8855。

表 4-3 观察值与典型变量的相关系数

组 1	x_1	x_2	x_3	x_4	x_5			
U_1	0.9591	0.9747	0.3648	0.5024	0.9307			
U_2	0.0287	0.0282	0.1625	0.3176	0.3537			
U_3	−0.2152	−0.0823	−0.8478	−0.5871	−0.0601			
U_4	0.1505	0.1980	−0.1389	0.3594	−0.0489			
U_5	0.0372	−0.0195	−0.0180	0.2327	0.0265			
组 2	y_1	y_2	y_3	y_4	y_5	y_6	y_7	y_8
V_1	0.8526	0.3686	0.5845	0.8855	0.8925	0.9601	0.8427	0.7901
V_2	0.4614	0.2824	−0.1297	0.1031	0.2139	0.1418	0.4128	0.3212
V_3	0.2135	0.6280	0.5392	0.1889	0.3106	0.0930	0.0733	0.2865
V_4	0.0222	0.3961	0.3361	0.2735	0.1856	−0.0252	−0.2418	0.3114
V_5	−0.0709	−0.4386	−0.3587	−0.2585	−0.1062	0.1733	0.1900	−0.2701

1990 年后，阳朔在国内旅游市场兴起，国内游客人数急速增加，加之国内游客消费水平提高，人均花费大幅提升，由此带来财政收入大幅增加。旅游业与国民经济的相关分析反映了旅游业在阳朔财政收入体系中的重要地位，虽然旅游业所带来的直接收入并不能在阳朔财政收入统计上直接反映出来，但由于旅游业强大的产业关联性，旅游业实际上构成了阳朔首要财政收入因素。阳朔是重要的休闲度假旅游地，以西街为主向其周围扩散的旅游商业非常发达。一方面，在阳朔旅游发展早期，西街的店铺多出售本地生产的地方工艺品，而这些工艺品的主要来源渠道为阳朔本地的乡镇企业，旅游给阳朔乡镇企业所带来的间接效应非常明显，由此也可解释旅游业强大的产业带动作用。另一方面，一部分早期从事旅游业的本地居民攫取第一桶金后，开始投资其他行业，而他们的企业多为规模较小、体现地方资源特色的乡镇企业。

x_5 与 y_1、y_6 呈典型正相关，即旅游总收入与国内生产总值、地方财政支出相关性较强。阳朔旅游业的经济规模反映在旅游总收入上，随着改革开放的深入发展，作为主导产业的旅游业开始提质增效，旅游业所带来的收入大幅度增加。国内生产总值的增加与旅游业有密切的关系，由此也印证了阳朔以旅游业作为主导产业的现实。

1990 年后，阳朔旅游产业规模扩大，从事旅游产业的人数增加带来的劳动报酬的支出增加、旅游促销与宣传费用的增加使得财政收入中大部分为间接或者直接与旅游有关的项目支出。由于农业生产效率低下、工业规模弱小，实际上支撑阳朔财政收入与支出体系的主要为旅游业所带来的旅游经济效益。政府各个部门的主要财政支出都在间接或者直接地服务于旅游业，由此可以认为以旅游业或者与旅游业相关的财政支出体现了阳朔旅游产业的地位。

应用典型相关分析方法提取的方差占总方差 90% 以上、两个置信水平达 95% 的典型相关变量分析了旅游业影响国民经济体系的过程，阐述了旅游业的不同要素和国民经济各重要因素之间的相互作用，有以下几点主要结论。

（1）1990 年后，阳朔国民经济的短期内的变化和多个旅游因子有密切关系，即国民经济产业体系发展过程是由多个不同的旅游经济发展过程所组成的。

（2）1990 年后，国内游客人数的变化是最重要动力因子，其控制了国民经济产业体系的发展与扩展。

（3）在游客人数的刺激之下，服务于旅游产业的阳朔乡镇企业发展较快。

（4）旅游总收入是构成阳朔国民生产总值的首要因素，虽未直接反映在统计数字上，但其关联效应却非常明显。

（5）旅游支出构成了财政支出的重要部分，由于旅游产业的主导地位，阳朔重要的财政支出部门都直接或者间接围绕着旅游业服务，其劳动报酬、日常开支等构成了财政支出的重要内容。

第五节　本 章 小 结

进入 20 世纪 90 年代后，阳朔农业地位持续下降、工业地位持续低迷，旅游产业异军突起，并成为主导产业。旅游业的发展分为迅速发展阶段（1979～1988 年）、波动式缓慢发展阶段（1989～1998 年）、国内旅游快速发展阶段（1999 年至今）三个不同的阶段。其中 1999 年后，国内游客、散客大幅度提升给阳朔旅游业注入了新的活力。

旅游产业是影响国民生产总值、财政支出与收入、乡镇企业收入的典型相关因素。阳朔的产业结构经历了旅游影响下的调整与变化，并形成了以旅游业带动其他产业发展的产业效益结构。土地利用类型与方式的变化直接反映了产业结构的调整，阳朔已经出现了旅游用地大幅增加、旅游用地供需矛盾严重的现象。追根溯源，这些现象来自于旅游产业的影响，也成为后续章节研究的主要内容。

第五章　旅游与县域土地利用变化

本章研究的县域范围是阳朔县所辖全部区域，包括普益、高田、阳朔、金宝、白沙、福利、葡萄、杨堤、兴坪9个乡镇。县域土地是指县域内陆地表面所包含的各种土地资源与土地利用类型。旅游业的发展带来阳朔土地利用需求的变化，这种需求主要体现在道路交通、旅游商业与餐饮业等旅游基础设施和旅游服务设施方面。本章主要研究阳朔旅游与全县土地利用结构变化之间的关系，力图解释阳朔县旅游驱动下土地利用的因素、路径、机制以及模式，并通过与工业化驱动下的城市土地利用变化的机制对比，分析旅游驱动与工业驱动机制的差异。

第一节　阳朔县土地利用数据处理和现状

一、数据来源与预处理

采用1993～2005年获取的分辨率为30m的专题制图仪（thematic mapper，TM）数字图像，根据阳朔各种植物生长的物候分析与影像的解译难易度，选取1993-02-05、1999-01-05、2005-11-05三期两两间隔6年的阳朔全县的卫星遥感数据作为基础资料。1996年全县土地利用现状数据比例尺为1：50000，阳朔地形图比例尺为1：10000。所有图像数据以1：10000地形图为基准进行几何精纠正及不同时相的配准。选择TM 5、TM 4、TM 3波段进行RGB假彩色合成，并进行均衡化、线性拉伸等增强处理，获得最佳目视效果的图像。

二、土地利用遥感分类方法

由于阳朔地形较为特别，多为喀斯特孤峰，其阴影的光谱值与水体的光谱值接近，普通的分类方法难以较好地区分。本书采取面向对象的遥感分类方法与目视解译的方法相结合，主要过程如图5-1所示。

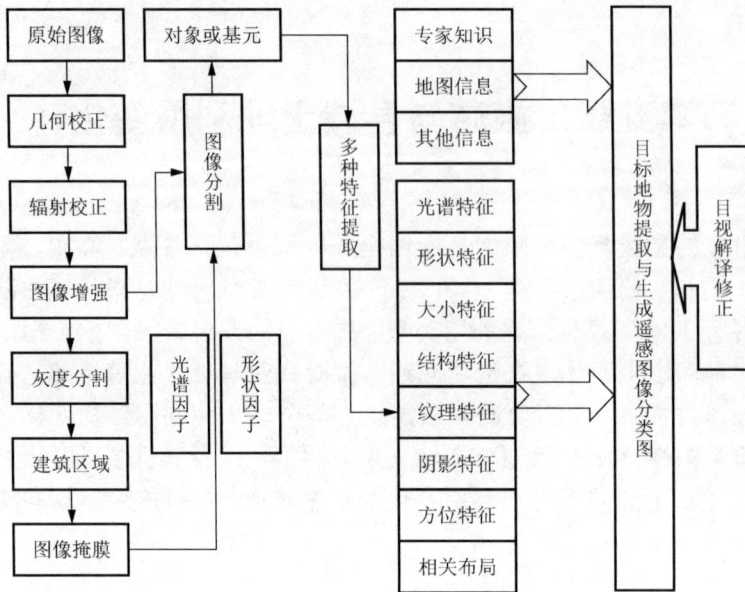

图 5-1　阳朔县土地利用遥感分类过程（修改自曹宝等，2006）

三、阳朔土地覆被分类系统

土地利用状况是人们依据土地本身的自然属性以及社会需求，经长期改造和利用的结果（赵英时等，2003）。依据不同的土地用途和利用方式，土地利用的分类系统有不同的类别和等级。一级分类以土地用途为划分依据，如耕地、园地、林地、草地、城乡居民及工矿用地、交通用地、水域、特殊用地和未利用地等；二级分类以利用方式为主要标准，如耕地又分水田、水浇地、旱地、菜地等。为了反映土地利用的地域差异，允许因地制宜地做适当增删。

在遥感影像进行分类训练样本区的选择之前，需要建立各种土地利用类型的解译标志，因此根据地物特征反映到影像上的光谱变化特征，科学、合理地建立土地利用目视解译标志是影像解译要解决的首要问题。一方面要考虑不同特征的光谱反映特点；另一方面也要考虑特定影像类型解译各类土地利用的可能性。

由于本章旨在探讨旅游与各种土地大类之间的关系，对土地分类的细分度要求并不是很高。另外，由于三期遥感影像选择在冬季，阳朔雨水较少、水田里的农作物基本收割，其光谱值与旱地较为接近，将水田、旱地归为耕地一类中。2005 年阳朔全县土地统计台账中，园地占全县土地总面积的 1.14%、居民点及工矿用地占土地总面积的 1.80%、交通用地占土地总面积的 0.17%、水利设施用地占土地总面积的 0.37%，这些土地利用类型所占全县土地总面积的比例较小。本章按照将光谱值接近的不同用地类型中，比例较小的土地类型归并到比例较大的土地利用类型中的原则，并根据国家分类标准，针对研究区域的自然地理条件和土地利用现状，将阳朔的土地利用类型分类为建设用地、林地、水体、耕地等，如表 5-1 所示。因阳朔山地林地占绝大部分，交通道路被树林遮掩，在影像上大部分道路都反映不出来，所以没有考虑交通用地。将居民点与城镇用地统归到建设用地中。园地与林地的混淆较大，而且阳朔园地数量较少，将其统归到林地中。将城镇用地、居民点与工矿用地、交通用地、水利设施用地归到建设用地中。

表 5-1　阳朔县土地利用分类

一级分类	地物光谱特征	地形与分布特征
建设用地	色调呈紫色斑块，纹理呈粗粒状	分布于平原，坡度较小
林地	绿色	分布于丘陵、山地
水体	色调呈蓝色（河流、池塘）或暗蓝色（水库）	分布于山谷或平原洼地
耕地	色调呈灰褐色、浅红色呈不规则块状	分布于平原、丘陵

四、分类结果与土地利用现状分析

从表 5-2～表 5-4 可以看出，1993 年阳朔县总面积 1423.04km²，其中建设用地 14.80km²，占总面积的 1.04%；林地 1055.84km²，占总面积的 74.20%；水体 12.92km²，占总面积的 0.91%；耕地 339.51km²，占总面积的 23.86%。1999 年阳朔建设用地 26.01km²，占总面积的 1.83%；林地 997.22km²，占总面积的 70.08%；水体 15.30km²，占总面积的 1.08%；耕地 384.48km²，占总面积的 27.02%。2005 年阳朔县建设用地 37.36km²，占总面积的 2.63%；林地 1079.21km²，占总面积的 75.84%；水体 12.99km²，占总面积的 0.91%；耕地 293.46km²，占总面积的 20.62%。

表 5-2　1993 年阳朔县土地利用现状　　　　　　（单位：km²）

乡镇	建设用地	林地	水体	耕地	总量
普益	0.59	52.16	1.09	14.11	67.94
高田	2.62	105.73	0.96	46.52	155.82
阳朔	2.14	50.90	2.85	22.04	77.93
金宝	0.51	164.83	0.81	34.55	200.70
白沙	1.42	98.98	1.05	54.95	156.40
福利	3.40	159.42	2.05	65.06	229.93
葡萄	1.51	70.16	0.15	55.40	127.22
杨堤	0.49	88.07	1.43	6.47	96.46
兴坪	2.12	265.59	2.53	40.41	310.64
阳朔县	14.80	1055.84	12.92	339.51	1423.04

表 5-3　1999 年阳朔县土地利用现状　　　　　（单位：km²）

乡镇	建设用地	林地	水体	耕地	总量
普益	1.00	50.44	1.05	15.45	67.94
高田	3.79	101.84	1.40	48.79	155.82
阳朔	4.27	47.89	3.25	22.52	77.93
金宝	1.35	165.89	0.88	32.57	200.69
白沙	3.67	92.19	1.05	59.49	156.39
福利	4.48	150.16	2.32	72.96	229.93
葡萄	4.12	63.66	0.61	58.84	127.22
杨堤	0.70	79.14	1.59	15.02	96.46
兴坪	2.63	246.01	3.15	58.84	310.63
阳朔县	26.01	997.22	15.30	384.48	1423.01

表 5-4　2005 年阳朔县土地利用现状　　　　　（单位：km²）

乡镇	建设用地	林地	水体	耕地	总量
普益	1.45	54.79	0.77	10.93	67.94
高田	5.41	113.18	1.30	35.93	155.82
阳朔	5.64	53.31	1.98	17.01	77.93
金宝	2.22	174.77	1.45	22.25	200.69
白沙	6.39	101.91	1.25	46.84	156.39
福利	6.03	163.67	1.73	58.50	229.93
葡萄	5.22	75.01	0.58	46.42	127.22
杨堤	0.99	82.04	1.28	12.15	96.46
兴坪	4.01	260.53	2.65	43.43	310.62
阳朔县	37.36	1079.21	12.99	293.46	1423.00

　　从空间分布格局来看，1993 年耕地主要分布在白沙、葡萄等乡镇；建设用地主要分布在阳朔、高田等乡镇；林地主要分布在福利、金宝等乡镇；水体主要分布在福利、兴坪等乡镇。1999 年耕地主要分布在福利、白沙等乡镇；建设用地主要分布在福利、阳朔等乡镇；林地主要分布在兴坪、金宝等乡镇；水体主要分布在阳朔、兴坪等乡镇。2005 年耕地主要分布在福利、白沙等乡镇；建设用地主要分布在阳朔、福利等乡镇；林地主要分布在兴坪、金宝等乡镇；水体主要分布在兴坪、阳朔等乡镇。三期遥感影响数据反映，建设用地主要集中在阳朔、福利两个乡镇，耕地主要分布在白沙、福利两乡镇，林地主要分布在兴坪、金宝两个乡镇（图 5-2）。

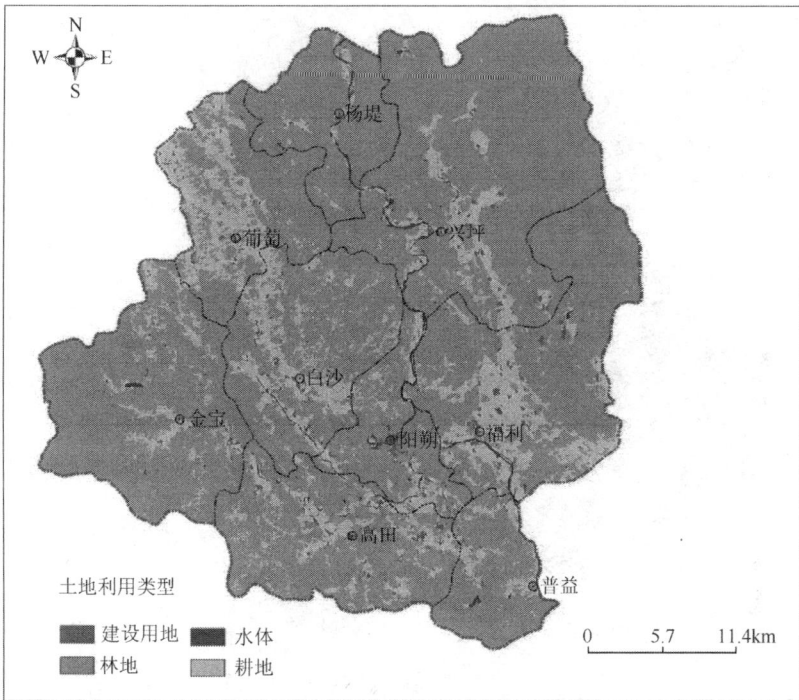

（a）1993年

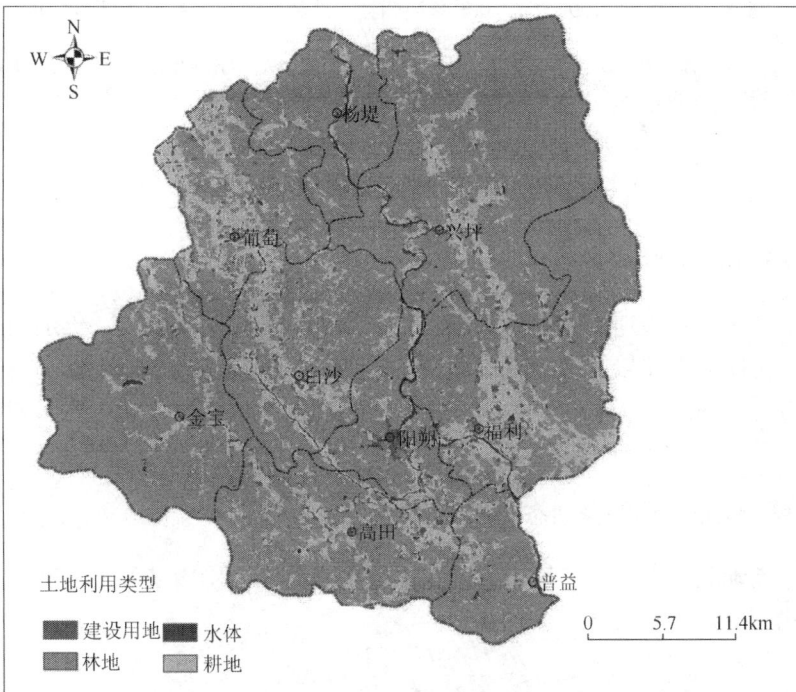

（b）1999年

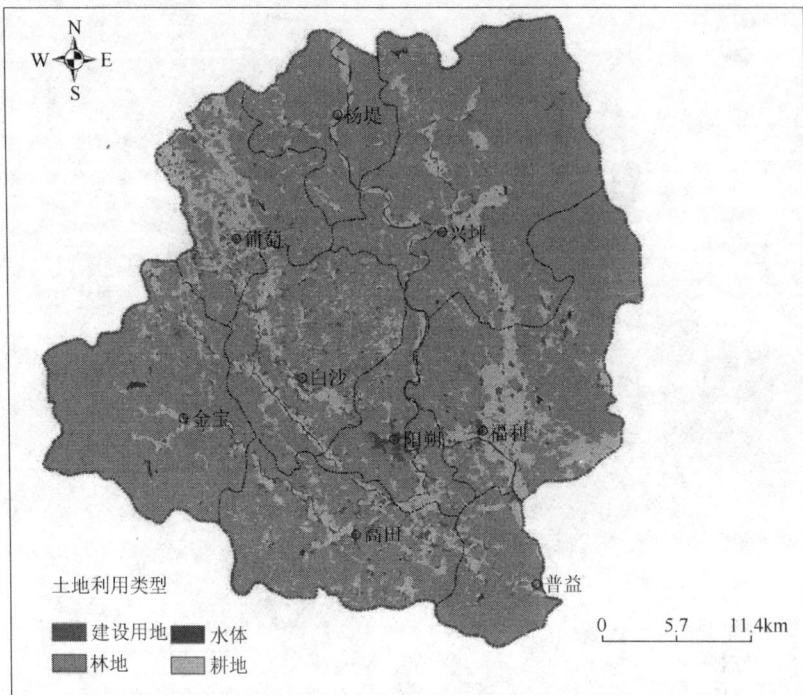

（c）2005年

图 5-2　1993 年、1999 年、2005 年阳朔县土地利用现状示意图（见彩图）

1999 年 9 月 20 日，广西壮族自治区政府（桂政函[1999]162 号）同意城关乡与阳朔镇合并设立新的阳朔镇，为了
　　研究的连续性，仍用"阳朔"表示 1999 年以前的城关乡和阳朔镇。图 5-3、图 5-4 同

第二节　阳朔县 1993～2005 年土地利用变化

一、阳朔县 LUCC 研究方法

　　土地利用变化的速度是表示区域土地利用类型变化的动态度，土地利用类型变化的动态度对于比较区域土地利用变化的区域差异和预测未来土地利用变化趋势都具有重要的意义（朱会义等，2003）。本节主要采取以下方法研究阳朔土地利用的变化。

　　1. 单一土地利用类型动态度

　　单一土地利用类型动态度表示的是区域一定时间范围内某种土地利用类型的数量变化情况，其表达式为

$$K = \frac{U_b - U_a}{U_a} \times \frac{1}{T} \times 100\%$$

（5-1）

式中，U_a，U_b 分别为研究初期及研究末期某一种土地利用类型的数量；T 为研究时段长度。当 T 设定为年时，K 为研究时段内某一土地利用类型的年变化率。动态度大，说明用地增长的速度就比较快。

2. 综合土地利用动态度

区域综合土地利用动态度可描述区域土地利用变化的速度，其表达式为

$$LC = (\sum_{i=1}^{n} \Delta Lu_i \bigg/ \sum_{i=1}^{n} Lu_i) / T \times 100\% \qquad (5\text{-}2)$$

式中：Lu_i 为研究区域起始时间第 i 类土地利用类型面积；ΔLu_i 为研究时段内第 i 类土地利用类型转化为非 i 类土地利用类型面积的绝对值；T 为研究时段长度，当 T 设定为年时，LC 为该研究区综合土地利用年变化率（王思远等，2001）。

虽然式（5-2）的指数模型仅考虑了研究期第 i 类土地利用类型转变为其他非第 i 类土地利用类型这一单向变化过程，而未将其他非 i 类土地利用类型在该区域内同时转为第 i 类土地利用类型的变化过程考虑在内，但是在测算区域综合土地利用动态变化时，该模型是适用的。因为从整体来看，区域各土地利用类型之间相互转换是一个双向但等量的过程（刘盛和等，2002）。

3. 空间叠置分析

采用 Arc/Info GIS 软件包中的空间统计分析技术，来处理空间属性数据。通过对各时期的土地利用图进行叠合等空间分析运算，获得 1993 年、1999 年、2005 年三个时期的土地利用变化图和建设用地扩展图；将三个变化时期的土地利用变化图分别与县域行政区划图、城镇边界图进行叠合，并根据自然断裂（natural break）法进行聚类分析，获得研究期土地利用扩展的空间分异图。

4. 空间自相关分析

空间自相关是指同一个变量在不同空间位置上的相关性，是衡量一个地区内所有对象之间的相关性，可以描述一个地区的对象分布特征。如果两种对象距离很近，而且具有相似的空间属性，则它们具有高度的空间相关；相反，如果它们距离很近，但是具有不同的空间属性，则这些对象是相互独立的。衡量空间自相关性的指标很多，Moran 系数和 Geary 系数是常用的两个系数。

5. 区域某一特定土地利用类型相对变化率

土地利用类型的相对变化率建立在变化率指数的基础上，其将局部地区的类型变化率与全区的类型变化率相比较，用以分析研究区域范围内特定土地利用类型变化的区域差异与特定类型的热点区域（朱会义等，2001），其模型为

$$R = \frac{|K_b - K_a| \times C_a}{|C_b - C_a| \times K_a} \qquad (5\text{-}3)$$

式中，K_a、K_b 分别为区域某一特定土地利用类型研究初期及研究末期的面积；C_a、C_b 分别为全研究区域某一特定土地利用类型研究初期及研究末期的面积。R 特指建设用地相对变化率，若 $R > 1$，则表示全县某镇的建设用地变化快于全县建设用地变化。

二、LUCC 结果分析

（一）单一类型土地利用动态分析

1. 1993~1998 年土地利用动态变化分析

从表 5-5、表 5-6 可以看出，1993~1998 年耕地与建设用地增加较多，分别为 44.97km^2、11.24km^2，而林地则减少了 58.62km^2。这一时期，农业是阳朔的主导产业，农业增加额远远高于其他产业。以增加耕地与建设用地为主要目的的土地整理在这一时期较为活跃。该时期阳朔的城镇建设较为缓慢，建设用地的增加主要为居民点面积的增加，而不是城镇的空间扩展。

表 5-5　1993~1998 年阳朔县土地利用变化　　　　　（单位：km^2）

乡镇	建设用地	林地	水体	耕地
普益	0.41	-1.72	-0.04	1.34
高田	1.17	-3.89	0.45	2.28
阳朔	2.13	-3.01	0.39	0.48
金宝	0.84	1.07	0.07	-1.99
白沙	2.26	-6.80	0.00	4.54
福利	1.09	-9.26	0.27	7.90
葡萄	2.61	-6.50	0.46	3.43
杨堤	0.21	-8.93	0.17	8.55
兴坪	0.52	-19.58	0.62	18.44
阳朔县	11.24	-58.62	2.39	44.97

从单一土地利用类型来看，建设用地的年变化率最大，为 10.88%；水体次之，为 2.64%；耕地与林地的变化率较小，分别为 1.89%、-0.79%。

表 5-6　1993～1998 年阳朔县土地利用动态度　　　　（单位：%）

乡镇	建设用地	林地	水体	耕地
普益	10.12	-0.47	-0.51	1.36
高田	6.37	-0.53	6.66	0.70
阳朔	14.28	-0.84	1.97	0.31
金宝	23.66	0.09	1.32	-0.82
白沙	22.77	-0.98	-0.01	1.18
福利	4.58	-0.83	1.87	1.74
葡萄	24.79	-1.32	42.52	0.89
杨堤	6.28	-1.45	1.70	18.86
兴坪	3.49	-1.05	3.49	6.52
阳朔县	10.88	-0.79	2.64	1.89

1993～1998 年阳朔旅游业处于缓慢增长阶段，仅有阳朔公园、古榕公园、西街等为数不多的旅游景点，围绕着主要景点周围的旅游设施也较少，阳朔的乡村旅游化处于缓慢发展状态，此时期驱动阳朔建设用地增加、耕地增加以及林地减少的主要力量不是旅游化，大部分土地利用变化为缓慢城镇化以及村落形态的自然扩张。

2. 1999～2005 年土地利用动态变化分析

从表 5-7、表 5-8 可以看出，1999～2005 年建设用地持续增加 11.35km^2，而林地则增加 82.00km^2，耕地减少 91.02km^2。这一时期，阳朔农业地位下降，旅游业逐渐成为阳朔的主导产业，这一时期也是阳朔城镇大发展时期，以城镇空间扩展为主要形式的土地利用增加了建设用地的需求。随着旅游业的发展，生态环境显得非常重要，阳朔县生态示范区规划的编制与实施确保了全县的植被覆盖与生态环境。该时期耕地的减少主要源于两个方面。第一，耕地向建设用地转化。城镇扩展多为空间连续形式，城镇周边的耕地通过土地征用变为城镇用地，土地利用的属性与用途均发生了变化。第二，耕地向园地转化。这也是阳朔耕地减少的重要原因，由于传统农业的经济效益的低下，而林果业的投入产出比较高，阳朔较多耕地变成了园地。阳朔土地利用台账显示，2004～2005 年阳朔水果果园面积增加 14.0%。园地面积增加的结果是耕地面积的减少，林地面积的增加（本章的土地分类中，将园地合在林地中）。

从单一土地利用类型来看，建设用地的年变化率最大，为 6.23%；耕地次之，为-3.38%；水体与林地的变化率较慢，分别为-2.17%、1.17%。

表 5-7　　1999～2005 年阳朔县土地利用变化　　　　　　　（单位：km²）

乡镇	建设用地	林地	水体	耕地
普益	0.45	4.35	-0.28	-4.52
高田	1.62	11.34	-0.11	-12.86
阳朔	1.37	5.41	-1.27	-5.51
金宝	0.87	8.88	0.57	-10.32
白沙	2.72	9.73	0.20	-12.65
福利	1.55	13.51	-0.59	-14.46
葡萄	1.10	11.36	-0.04	-12.42
杨堤	0.29	2.90	-0.31	-2.87
兴坪	1.38	14.52	-0.50	-15.41
阳朔县	11.35	82.00	-2.33	-91.02

表 5-8　　1999～2005 年阳朔县土地利用动态度　　　　　　（单位：%）

乡镇	建设用地	林地	水体	耕地
普益	6.41	1.23	-3.81	-4.18
高田	6.12	1.59	-1.08	-3.77
阳朔	4.57	1.61	-5.59	-3.50
金宝	9.23	0.76	9.20	-4.53
白沙	10.57	1.51	2.79	-3.04
福利	4.93	1.29	-3.63	-2.83
葡萄	3.82	2.55	-0.82	-3.02
杨堤	5.89	0.52	-2.81	-2.73
兴坪	7.47	0.84	-2.27	-3.74
阳朔县	6.23	1.17	-2.17	-3.38

1999～2005 年是阳朔旅游业快速发展的时期，主要表现在：第一，国内游客数量的大幅提升；第二，乡村旅游的大力发展；第三，景点开发的快速发展。国内游客数量的增加，带来了较大的旅游设施需求，旅游服务设施、旅游基础设施是该时期建设用地增加的主要内容。阳朔西街改造、"五街一巷"（指阳朔建成区的叠翠路、城北路、滨江路、芙蓉路、观莲路与府前巷）改造、"两街一巷"（指阳朔建成区的城中路、桂花街、莲峰巷）改造、321 国道拓展与改道、阳朔一兴坪道路、阳朔一普益道路、阳朔一白沙道路拓展与等级提升、遇龙河小码头的建设、阳朔城区一遇龙河旅游道路均在此阶段完成，基础设施的建设使阳朔旅游可达性提高的同时也增加了建设用地面积。

　　国内游客数量的大幅度提升促进了老景点的扩容、新景点的开发。阳朔公园、古榕公园、兴坪渔村、月亮山景区进行改造、扩容，而《印象·刘三姐》公园、图腾古道、蝴蝶泉、风车山庄、世外桃源、鉴山寺、聚龙潭公园等景点均在此阶段建成。由于散客旅游的拉动，乡村旅游在此阶段蓬勃发展起来，围绕漂流、徒步、骑自行车等活动的农家乐、家庭旅馆、旅游村落的建设蓬勃发展，十里画廊、兴坪渔村、遇龙河家庭旅馆、月亮山历村、木山村、田家河村、骥马、车郎山、风楼村和仙挂桥等形成了具有旅游功能的村落。旅游设施的建设、旅游景点的建设、乡村旅游的发展加大了建设用地的使用力度，1999～2005 年驱动阳朔建设用地增加，耕地、林地减少的主要力量为旅游业的发展。

　　3. 1993～2005 年土地利用动态变化分析

　　从表 5-9、表 5-10 可以看出，1993～2005 年建设用地增加 22.59km²，耕地减少 46.06km²。1993～2005 年是阳朔城镇建设与旅游业快速发展的时期，主要特征是农业产业地位的逐步降低、旅游业产业地位的逐步提升。这一时期，阳朔虽然经历了 20 世纪 90 年代初期的土地整理、耕地增加的阶段，但总体来说，快速的城镇化加大了对土地利用的需求，相当一部分的建设用地由城镇周边的耕地转化而来。

　　从单一土地利用类型来看，建设用地的年变化率最大，为 21.85%；耕地、林地、水体的变化率较慢，分别为-1.94%、-0.32%、0.07%。

　　1993～2005 年是阳朔经济转型时期，也是阳朔城镇化快速发展的时期。农业产业地位的逐步下降以及以旅游业为主要内容的第三产业的迅速崛起，不仅改变了产业结构，同时也使得土地利用结构发生变化。阳朔城镇化具有旅游驱动的特征，在旅游快速发展的驱动下，阳朔城镇化的速度也大大加快，在旅游发展较快的阳朔、杨堤、兴坪三镇，城镇化明显具有旅游驱动的作用。以西街为中心的阳朔镇的城镇扩展、兴坪渔村的建设，反映旅游驱动的土地利用特色。1993～2005 年阳朔的土地利用的变化可以以 1999 年为中间点[①]，后 7 年（1999～2005 年）单一土地利用类型变化速度与面积高于前 6 年（1993～1998 年），其驱动力量也存在差异。1999 年以前，建设用地的增加更多为缓慢城镇化与乡村自然发展所使用，而 1999 年以后，建设用地的增加则更多为旅游化与快速城镇化所使用。1993～2005 年，阳朔建设用地面积虽然持续增加，但增加幅度与增加面积并不是很大，基本没有畸形的增加状态。

---

① 1999 年是阳朔经济转型的主要节点年份，1999 年阳朔西街改造使得国内游客人数大幅度提升，旅游业发展迅速，而该时期由于农业的回报较低，农业的主导产业地位已开始被旅游业所替代。

表 5-9　　1993～2005 年阳朔县土地利用变化　　　　　　（单位：km²）

乡镇	建设用地	林地	水体	耕地
普益	0.86	2.64	-0.32	-3.18
高田	2.79	7.45	0.34	-10.58
阳朔	3.50	2.41	-0.88	-5.03
金宝	1.71	9.94	0.64	-12.30
白沙	4.98	2.93	0.20	-8.11
福利	2.63	4.25	-0.32	-6.56
葡萄	3.71	4.85	0.42	-8.99
杨堤	0.50	-6.03	-0.14	5.68
兴坪	1.89	-5.05	0.12	3.02
阳朔县	22.59	23.37	0.07	-46.06

表 5-10　　1993～2005 年阳朔县土地利用动态度　　　　　（单位：%）

乡镇	建设用地	林地	水体	耕地
普益	21.07	0.72	-4.18	-3.22
高田	15.23	1.01	5.07	-3.25
阳朔	23.42	0.68	-4.39	-3.26
金宝	48.18	0.86	11.37	-5.09
白沙	50.19	0.42	2.78	-2.11
福利	11.08	0.38	-2.23	-1.44
葡萄	35.24	0.99	39.26	-2.32
杨堤	14.76	-0.98	-1.44	12.52
兴坪	12.78	-0.27	0.67	1.07
阳朔县	21.85	0.32	0.07	-1.94

4. 小结

阳朔县域建设用地面积增加较少，1999～2005 年增加面积总量仅比 1993～1998 年多 0.09km²，其原因并不在于阳朔经济的发展状态较差、经济发展速度较慢，而在于中央政府、自治区政府对阳朔建设土地利用的限制。由于阳朔县绝大部分土地是桂林漓江国家风景名胜区的重要组成部分，在国家有关法律法规的控制之下，阳朔建设用地面积虽呈增加状态，但增加的面积与幅度较小。在国家刚性土地政策的控制之下，阳朔土地建设用地呈现慢速增长状态。

（二）综合土地利用动态度分析

通过式（5-2）计算出研究区的土地利用动态度。结果表明，阳朔县土地利用变化速度较快。1993～2005 年综合土地利用达 2.59%，土地利用变化总量达到

220.81km²，年均变化量为 16.99km²。其中，1993～1998 年综合土地利用动态度为 2.54%，土地利用变化总量达到 216.92km²，年均变化量为 36.15km²。此后速度明显加快，1999～2005 年综合土地利用达 2.82%，土地利用变化总量达到 240.87km²，年均变化量为 40.15km²。分析显示，阳朔县 1993～1998 年土地变化总量小于 1999～2005 年，其原因在于 1999 年后阳朔的社会经济发展水平较以前大有提高，经济活动促使了耕地、林地向建设用地的转化以及耕地、林地互相转化过程的加快。从第四章第三节、第四节的有关结论可知，旅游活动是此时期阳朔的主要经济活动，由此可以进一步推断阳朔旅游的发展促使土地变化速度加快。

（三）空间叠置与转置分析

对任意两期土地利用类型图 $A_{i\times j}^k$ 和 $A_{i\times j}^{k+1}$，可以求得

$$C_{i\times j} = A_{i\times j}^k \times 10 + A_{i\times j}^{k+1} \tag{5-4}$$

由 k 时期到 $k+1$ 时期的土地利用变化图 $C_{i\times j}$，其表现了土地利用变化的类型及其空间分布，据此可以求得土地利用类型相互转化的数量关系的原始转移矩阵。利用 GIS 的空间分析功能得到阳朔的土地利用变化图（图 5-3），并对全县土地利用数据空间叠置分析的结果进行统计排序，得到土地利用变化的转移矩阵，进一步描述土地利用类型之间的相互转化情况。

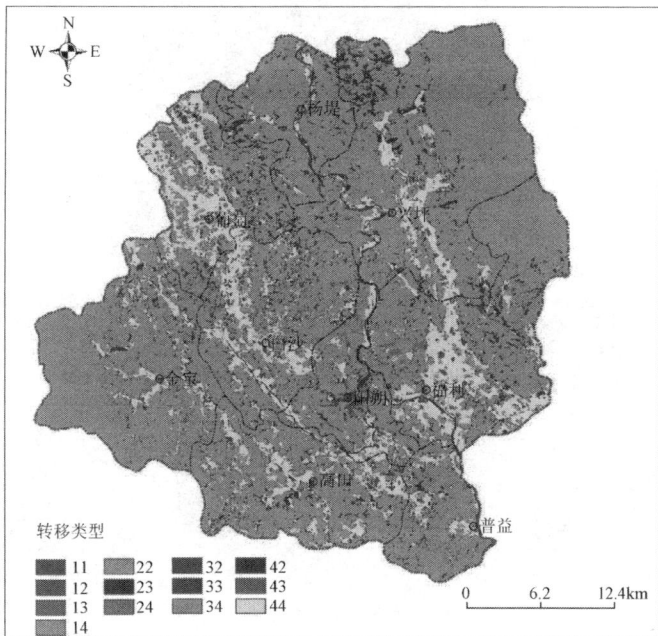

（a）1993～1998年

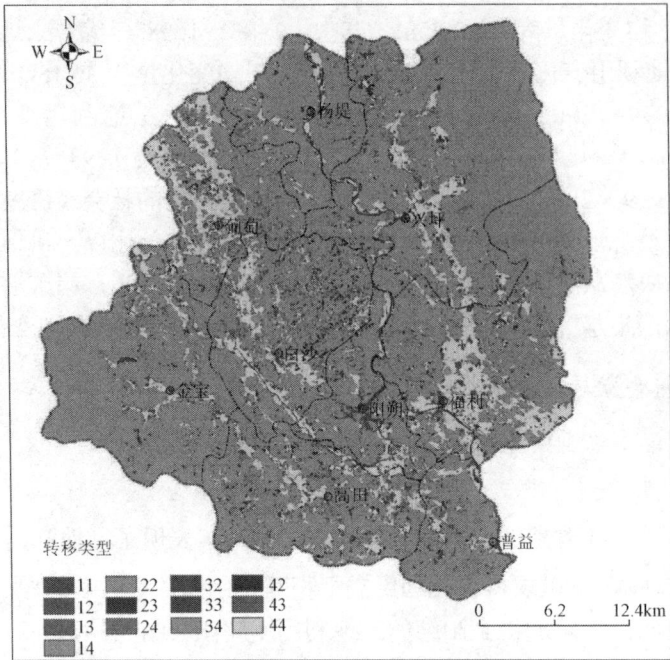

（b）1999～2005年

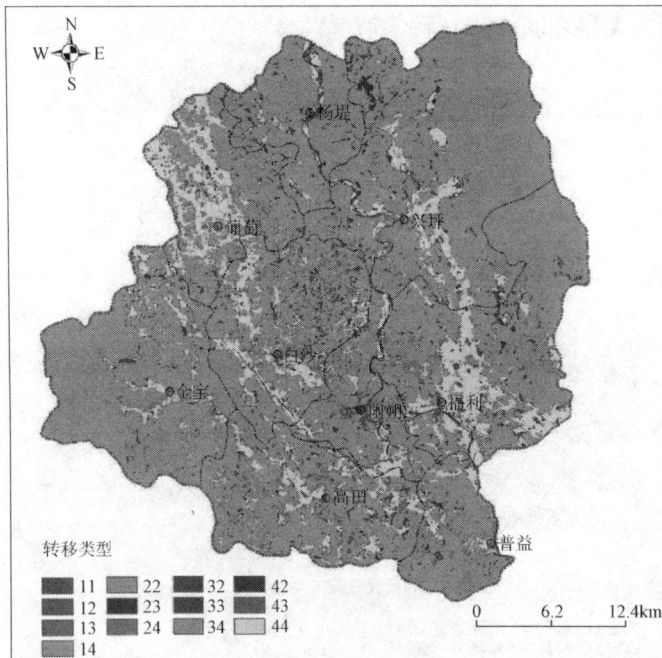

（c）1993～2005年

图 5-3　不同时期阳朔县土地利用类型的转化（见彩图）

1-建设用地；2-林地；3-水体；4-耕地；11-建设用地转建设用地；12-建设用地转林地；13-建设用地转耕地；以此类推

1. 1993~1998 年土地转置分析

由表 5-11、图 5-3 可以看出，1993~1998 年各土地利用类型相互转化的情况。第一，土地利用变化的面积占总面积的 15.24%，变化程度较高。第二，建设用地增加量主要由林地与耕地转化而来，分别为 5.66km²、4.92km²，基本没有建设用地转换成其他用地类型。第三，耕地的增加量主要由林地转化而来，为 122.32km²，而在耕地的减少量中，大部分转变成林地与建设用地。第四，林地主要由耕地转化而来，面积为 71.22km²，林地减少的部分主要转化为耕地和建设用地。

表 5-11 1993~1998 年阳朔县土地利用变化的转移矩阵 （单位：km²）

土地利用类型	建设用地	林地	水体	耕地
建设用地	14.77	0.00	0.00	0.00
林地	5.66	923.68	4.16	122.32
水体	0.67	2.31	7.71	2.23
耕地	4.92	71.22	3.43	259.92

2. 1999~2005 年土地转置分析

由表 5-12 可以看出，1999~2005 年各土地利用类型相互转化的情况。第一，土地利用变化的面积占总面积的 16.93%，变化程度较高。第二，建设用地增加量主要由耕地与林地转化而来，分别为 7.09km²、3.48km²。第三，耕地的增加量主要由林地转化而来，为 67.01km²。而在耕地的减少量中，大部分耕地转变成林地与建设用地。第四，林地主要由耕地转化而来，林地减少的部分主要转化为耕地和建设用地。

表 5-12 1999~2005 年阳朔县土地利用变化的转移矩阵 （单位：km²）

土地利用类型	建设用地	林地	水体	耕地
建设用地	26.02	0.00	0.00	0.00
林地	3.48	924.94	1.77	67.01
水体	0.78	3.18	8.06	3.30
耕地	7.09	151.10	3.16	223.13

3. 1993~2005 年土地转置分析

由表 5-13 可以看出，1993~2005 年各土地利用类型相互转化的情况。第一，土地利用变化的面积占总面积的 15.5%，变化程度较高。第二，建设用地增加量主要由耕地与林地转化而来，分别为 10.54km²、10.79km²。第三，耕地的增加量主要由林地转化而来，为 110.76km²。而在耕地的减少量中，大部分耕地转变成林地与建设用地。第四，林地主要由耕地转化而来，林地减少的部分主要转化为耕地和建设用地。

表 5-13　　1993～2005 年阳朔县土地利用变化的转移矩阵　　　（单位：km²）

土地利用类型	建设用地	林地	水体	耕地
建设用地	14.77	0.00	0.00	0.00
林地	10.54	965.74	2.99	76.54
水体	1.26	2.71	6.86	2.09
耕地	10.79	110.76	3.13	214.82

综上所述，建设用地的增加量主要来自耕地与林地，1999 年建设用地的增加量主要由林地转化而来，而 2005 年建设用地的增加量主要由耕地转化而来。总体来说，林地在建设用地的增加量中处于首要地位。其原因在于，1999 年以前阳朔建设用地主要用于居民点建设，城镇扩展的用地较少。1999～2005 年，阳朔城镇建设快速发展，城镇建设用地由城镇边缘的耕地通过征地的形式转化而来，特别是在阳朔镇等旅游发展较快的城镇，这种趋势更加明显。耕地的增加量主要由林地转化而来，其主要原因是林地开发，部分林业用地转向了耕地，加之土地的整理，耕地面积在该时期有较大的增幅。

（四）空间自相关分析

应用空间自相关指数可以分析对象的空间分布规律。Moran's I 一般用来描述空间的自相关性，也可以分析集中和分散的程度。Moron's I 的最大值为 1，反映被描述现象呈最集中的情形；该值减小，反映被描述现象分散程度增大。Geary 系数增大，则反映该现象分散程度增大。

从表 5-14 可以看出，1993～2005 年建设用地的 Moran 系数呈现逐渐减小的趋势，Geary 系数呈现增加的趋势。这说明阳朔 1993～2005 年扩展的建设用地在空间分布上呈现从集中向分散的趋势，充分反映了阳朔建设用地从中心向外围扩

表 5-14　　阳朔县各土地利用类型的空间自相关指数

土地利用类型	Moran's I			Geary's c		
	1993 年	1999 年	2005 年	1993 年	1999 年	2005 年
建设用地	0.7975	0.7654	0.7538	0.2030	0.2351	0.2467
林地	0.9366	0.9154	0.9344	0.0634	0.0847	0.0656
水体	0.7582	0.7586	0.7201	0.2423	0.2419	0.2804
耕地	0.8816	0.8497	0.8619	0.1189	0.1507	0.1386

展的空间分布格局。从 1993～1999 年、1999～2005 年建设用地的 Moran 系数变化来看，其变化幅度并不大，说明阳朔建设用地虽然呈现从中心向外围拓展的趋势，但多围绕城镇中心、旅游景点拓展。

　　阳朔建设用地形成从集中向分散、从中心向外围扩展的空间格局的原因主要有三个。一是旅游影响下的阳朔城镇化的自然演进过程，阳朔城镇化的自然演进过程呈现依托城镇中心向外围拓展的趋势，如阳朔镇的城镇化即以西街为基础的中心组团向大村门的西部组团、北门厄的北部组团、东岭的东部组团、矮山门的南部组团拓展。二是阳朔新开发旅游景点、旅游村落向城镇外围扩展，如世外桃源、《印象·刘三姐》公园等。三是阳朔乡村建设的幅度加快，一些新型的旅游村落形成，如月亮山的历村、《印象·刘三姐》周边的田家河村转变成为完全的旅游类型村落。

（五）相对变化率分析

　　依据式（5-3），计算并生成阳朔建设用地土地利用相对变化率指数 R 值（表 5-15～表 5-17）。通过 R 值可以分析 1993～1998 年、1999～2005 年、1993～2005 年阳朔各类用地变化的分异规律，从而对阳朔用地变化的区域与空间分异特征进行较深入的分析。依据自然断裂法进行空间聚类，用来分析建设用地变化的城镇差异度、快慢度。

表 5-15　1993～1998 年阳朔县土地利用相对变化率指数

乡镇	建设用地	林地	水体	耕地
普益	0.91	0.59	0.20	0.72
高田	0.59	0.66	2.48	0.37
阳朔	1.81	1.06	0.76	0.16
金宝	2.16	0.12	0.47	0.43
白沙	2.08	1.24	0.00	0.62
福利	0.42	1.05	0.71	0.92
葡萄	2.27	1.67	16.58	0.47
杨堤	0.56	1.83	0.60	9.98
兴坪	0.32	1.33	1.32	3.44

表 5-16　1999～2005 年阳朔县土地利用相对变化率指数

乡镇	建设用地	林地	水体	耕地
普益	1.03	1.05	1.76	1.24
高田	0.98	1.35	0.47	1.11
阳朔	2.04	1.38	2.58	1.03
金宝	1.48	0.65	4.27	1.34

续表

乡镇	建设用地	林地	水体	耕地
白沙	1.70	1.28	1.26	0.90
福利	0.79	1.09	1.68	0.84
葡萄	0.61	2.17	0.32	0.89
杨堤	0.95	0.45	1.29	0.81
兴坪	1.20	0.72	1.05	1.11

表 5-17　　1993~2005 年阳朔县土地利用相对变化率指数

乡镇	建设用地	林地	水体	耕地
普益	0.95	2.28	54.19	1.66
高田	0.70	3.18	65.37	1.68
阳朔	2.27	2.14	56.34	1.68
金宝	2.19	2.72	145.83	2.62
白沙	2.16	1.34	35.16	1.09
福利	0.51	1.20	28.81	0.74
葡萄	1.61	3.12	529.10	1.19
杨堤	0.67	3.09	19.36	6.47
兴坪	0.58	0.86	8.75	0.55

1. 1993~1998 年土地利用相对变化分析

从表 5-15 可以看出，1993~1998 年阳朔的土地利用变化存在明显的区域差异。葡萄、金宝、白沙、阳朔四个乡镇建设用地的变化幅度大于阳朔县总体变化幅度，而其他五个乡镇则小于总体的变化幅度。林地方面则是葡萄、杨堤、兴坪的变化幅度较大，而其他乡镇变化幅度较小。杨堤、兴坪两镇的耕地变化幅度大于阳朔县总体变化幅度，而其他的乡镇则小于全县的总体变化幅度。

从建设用地的扩展速率（表 5-18、图 5-4）来看，葡萄、金宝、白沙等乡镇建设用地快速增长，阳朔次之，而高田、兴坪、福利则较慢。研究表明，1993~1998 年是阳朔建设用地自然演进的时期，旅游业的影响不大。葡萄、金宝、白沙等是阳朔县人口基数较大、面积较大的乡镇，居民点的建设是建设用地自然增加的主要形式，因此这一时期县政府所在地的阳朔镇的变化要次于该三个乡镇。高田、兴坪、福利则因为人口较少，居民点的建设用地较少，所以建设用地增幅较慢。

表 5-18　　阳朔县各乡镇建设用地增长情况

时间	缓慢增长的乡镇	慢速增长的乡镇	中速增长的乡镇	较快增长的乡镇	快速增长的乡镇
1993~1998 年	兴坪、福利	高田	杨堤、普益	阳朔	葡萄、金宝、白沙
1999~2005 年	葡萄	福利	高田、普益	白沙、金宝 杨堤、兴坪	阳朔
1993~2005 年	兴坪、福利	杨堤、高田	普益	葡萄	金宝、白沙、阳朔

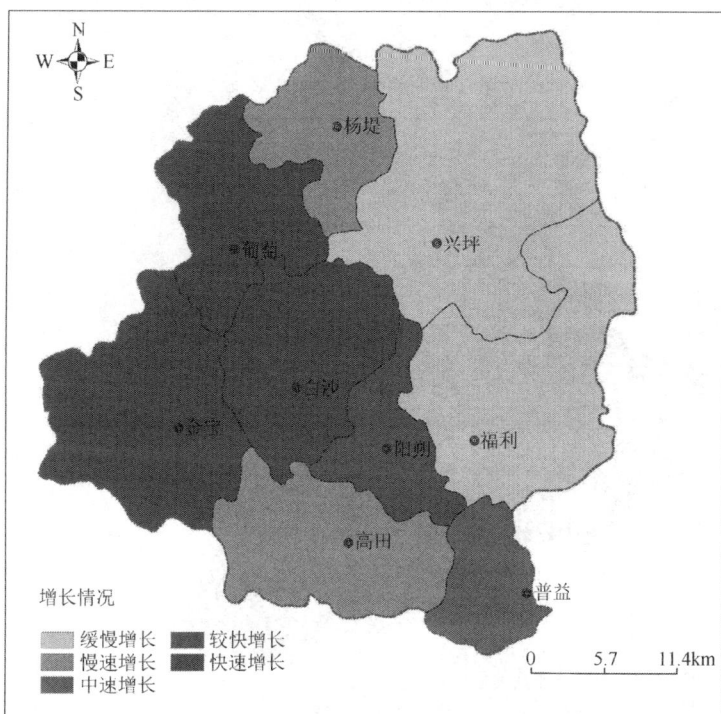

（a）1993～1998年

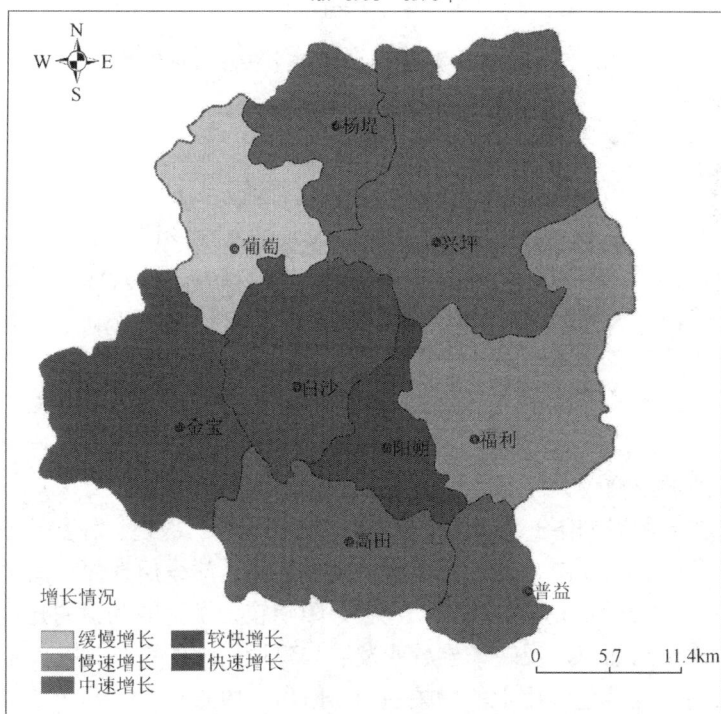

（b）1999～2005年

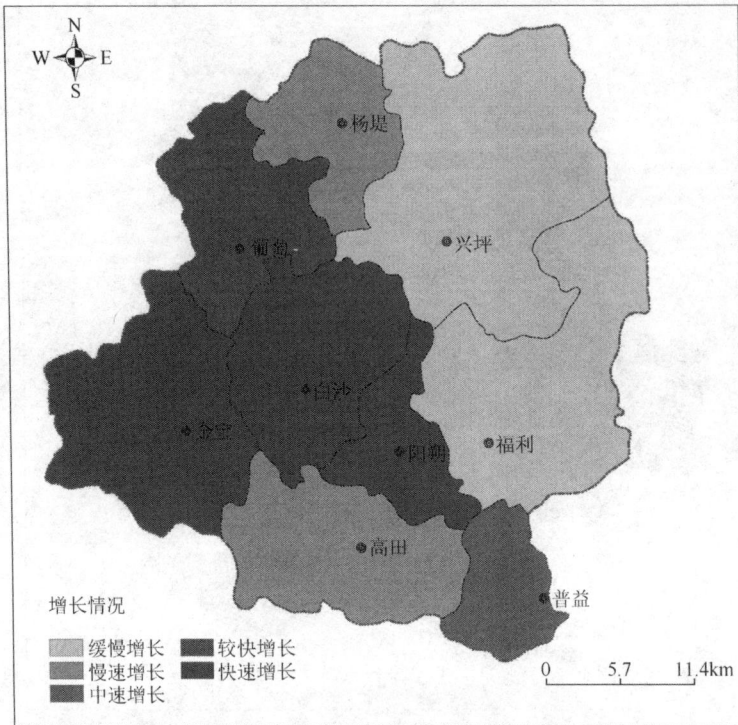

（c）1993～2005年

图 5-4　不同时期阳朔县建设用地增长速率（见彩图）

2. 1999～2005 年土地利用相对变化分析

从表 5-16 可以看出，1999～2005 年阳朔、普益、白沙、金宝、兴坪五个乡镇建设用地的变化幅度大于阳朔县总体变化幅度，而其他乡镇则小于总体的幅度。林地方面则是葡萄、阳朔、高田、杨堤的变化幅度较大，而其他乡镇变化幅度较小。金宝、普益、兴坪的耕地变化幅度大于阳朔县总体变化幅度，而其他的乡镇则小于全县的总体变化幅度。

从建设用地的扩展速率（表 5-18、图 5-4）来看，阳朔增幅最大，白沙、金宝、杨堤、兴坪次之，而葡萄、福利较慢。研究表明，1999～2005 年建设用地的变化受旅游业的影响较大。

阳朔镇在旅游影响下开始了西街改造、"五街一巷"改造、"两街一巷"改造，并形成"东、中、西、南、北"五个城镇发展组团，建设用地面积大幅度提升。1999～2005 年，白沙、杨堤、兴坪、金宝等阳朔较为发达的乡镇的建设用地增加也较快，仅次于阳朔镇，反映了旅游业发展与建设用地的增长具有一定的联系。1999～2005 年，葡萄建设用地的增幅由上一阶段（1993～1998 年）的最大变成最小，其主要原因在于驱动建设用地变化的主要因素发生了变化，上一阶段（1993～1998 年）建设用地增加的主要驱动因素为人口的自然增长带来居民点面积的增加，葡萄由于人口基数大，居民点（宅基地）用地也相应增加较快。1999 年后，驱动阳朔建设用地变化的主要因素发生了变化，旅游业在建设用地变化中起到更大的作用，葡萄由于新增旅游景点较少、旅游资源较少，其景区建设、旅游设施建设远落后于阳朔、白沙、金宝、杨堤、兴坪等乡镇，加之 1999～2005 年葡萄镇的人口增加较低，其建设用地增幅较低也就理所当然。

3. 1993～2005 年土地利用相对变化分析

从表 5-17 可以看出，1993～2005 年阳朔、金宝、白沙、葡萄四个乡镇建设用地的变化幅度大于阳朔县总体变化幅度，而其他五个乡镇则小于总体的变化幅度；林地方面则是葡萄、杨堤、高田、金宝的变化幅度较大，而其他乡镇变化幅度较小。金宝、杨堤的耕地变化幅度大于阳朔县总体变化幅度，而其他乡镇则小于全县的总体变化幅度。

从建设用地的扩展速率（表 5-18、图 5-4）来看，金宝、白沙、阳朔三乡镇增加幅度最大，葡萄次之，兴坪、福利最小。1993～2005 年是阳朔经济转型时期，是主导产业从农业向旅游业转型时期，也是发展类型从农业主导型向旅游业主导型转型的时期。这个时期的前半阶段（1993～1998 年）人口的自然增长、城镇的自然扩展是建设用地变化的主要内容，而后半阶段（1999～2005 年）旅游的驱动则是建设用地变化的重要内容。在旅游业的驱动之下，新的景点建设、老的景点扩容、景点之间道路交通建设、景点周边社区建设是建设用地变化的主要内容。

三、阳朔建设用地扩展阶段分析

本节将 1999 年作为阳朔建设用地扩展的中间界点[①]，根据阳朔土地利用的现状分析、土地利用的变化分析的有关结论，进一步对建设用地的扩展模式进行分析[②]，其扩展阶段如下。

1. 自然状态下的蔓延式扩展阶段（1993～1998 年）

1993～1998 年，阳朔的农业产业地位虽然逐年下滑，但仍是国民经济的主导产业，旅游业虽有所发展，但增速较缓，工业比重一直缓慢下降。这一时期，阳朔建设用地的增幅较缓慢，城镇化率较低，建设用地的增长除了城镇建设用地外，

---

① 主要原因：本书所获取的三期遥感影响以 1999 年为中间变量；1999 年是阳朔旅游发展重要转折点，游客总量大幅度提升。西街改造、一些新的旅游景点的建设促使建设用地开始大幅度变化。

② 由于建设用地变化主要由耕地、林地的变化而来，探讨建设用地的变化对土地利用的模式具有实际意义，本节只做建设用地的探讨。

主要是农村居民点用地。1996 年阳朔土地利用现状数据表明，农村居民点用地占建设用地的 40.2%。这一时期，建设用地扩展受到城镇化、乡村建设（宅基地）的影响较大，空间形态呈现以节点城镇、主要村落聚落为中心的蔓延式扩张格局。建设用地呈现非连续性扩展格局。

2. 旅游影响下的飞地式扩展阶段（1999～2005 年）

自 1999 年开始，阳朔旅游业大幅发展，阳朔的主导产业从农业逐步调整为旅游业，旅游影响下阳朔的国民经济发生了较大的变化。这一时期也是阳朔新景点建设的高峰时期，在旅游业的影响下，阳朔县域出现了围绕重要旅游资源开发旅游景区的热潮，如《印象·刘三姐》公园、东街、世外桃源等，均在这一时段开发并投入运营。围绕着重点旅游景区形成了区域较为连续的旅游社区结构，不同的旅游景点通过交通干线形成连接，这种形式也促成了阳朔旅游影响下建设用地飞地式扩展阶段。本节的空间自相关指数反映了这一趋势。

第三节　阳朔土地利用变化的驱动过程

一、有关土地利用变化驱动机制的研究

土地利用变化的发生受到多种因素的驱动（谭永忠，2004）。有关 LUCC 驱动力的研究是探索 LUCC 及其驱动机制的核心问题（李秀彬，1996；摆万奇等，2004；史培军等，2000）。科学合理地分析 LUCC 的驱动力机制，对指导城市规划、控制城市用地规模，保护有限的耕地资源和生态环境具有十分重要的意义（吴宏安等，2005）。

土地利用变化的驱动力主要取决于经济、技术以及政治等方面的变化（摆万奇等，1997）。目前对于土地利用变化的驱动力的认识有很多观点。HDP 指出，影响土地利用变化的社会因素可分为直接因素与间接因素。直接因素包括对土地产品的需求、对土地的投入、城市化程度、土地利用的集约化程度、土地权属、土地利用政策以及对土地资源保护的态度等。间接因素包括人口变化、技术发展、经济增长、政治经济政策、富裕程度和价值取向，它们通过直接因素作用于土地利用（李秀彬，1996）。

刘盛和（2002）认为影响城市土地利用扩展的驱动因素包括动力因素、"自然"机制、市场机制、社会价值机制和政治权力机制五大类。Form（1954）把影响城市土地利用变化的动力分为两大类：一是市场驱动力，二是权力行为力。两种力量共同作用于城市土地利用变化的过程与模式，市场驱动力通过行为力作用于城市空间，前者主要揭示变化的宏观过程，后者重在揭示变化的微观过程。Diamond

（1996）认为城市用地扩张是单一的个人和单独的城镇政府出于各自利益决策的结果。社会行为学认为城市土地利用变化是人们日常城市行为与城市空间相互作用的过程，其社会动力机制有四个：一是人们日常活动系统的分离机制与土地利用的动态分化；二是收入层次、家庭类型以及种族、少数民族的内聚机制；三是人们的住宅选择行为与生活方式的分化机制；四是政府对城市的管理与调控行为机制。这些机制反映不同土地利用者对城市空间的竞争过程，土地利用变化是其竞争—协商—共识的行动过程（Suttles，1972）。

政治经济学派认为土地市场是高度有组织的，且受制于特定的政治经济结构和社会生产方式，不同社会阶层和类型群体在土地利用的决策与开发过程中的影响力和权力是有显著差别的，因而政治权力机制是城市土地利用变化的内在动力机制（Harvey，1978）。

徐勇等（2002）认为对土地利用变化的驱动力的研究必须综合自然和社会多学科的知识和方法，并且应落实到空间上，即与地理信息系统相结合，建立空间模型。

二、阳朔土地利用变化的驱动过程

基于阳朔产业结构特点、旅游发展的阶段特点、阳朔土地利用阶段特点以及前人关于土地利用的驱动力研究的成果，阳朔县域土地利用主要呈现三种反馈驱动过程。

一是农业发展反馈驱动下的农用地转化为储备用地过程。由于农业效益低下，加之地形条件限制，阳朔农业难以实现规模效益，农业用地面积的需求降低，一部分用地向旅游用地转化。

二是工业发展反馈驱动下的工业用地转化为储备用地的过程。由于工业规模较小，一直难以实现规模效益，随着阳朔工业的产业地位的下降，工业用地通过土地市场的"招、拍、挂"形式进行市场流转，进入用地用途的转化，大部分用地转为旅游用地。

三是旅游正反馈驱动下的储备用地向旅游用地转化的过程。旅游业的迅速发展使得旅游业用地需求增加，在旅游效益的引导下，储备用地转向旅游业用地。

这三个反馈中，第一、二反馈为减弱反馈，第三反馈则是加强反馈。由于阳朔旅游业用地的土地利用效益比农业用地、工业用地的土地利用效益高，使得部分农业用地（主要是耕地）、工业用地向旅游业用地转化。在这三个转换过程中，风景名胜区建设的有关规定起到控制、监测的作用，控制着耕地、工业用地向旅游用地转化的总体数量，使得阳朔县域土地利用特别是建设用地利用控制在一定的幅度内，其土地面积不会出现大幅度的增加或者减少，其土地利用变化基本结构与土地利用变化基本过程如图5-5所示。

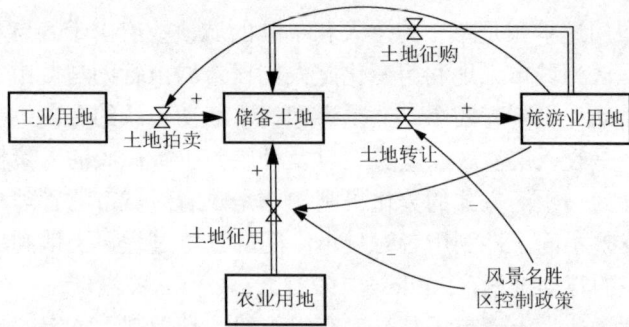

图 5-5　阳朔县域土地利用变化基本结构

　　由于工业产值在阳朔国民经济总产值中占较小比重，工业用地在阳朔县域面积所占比重非常小，加之工业技术水平的限制，实际上阳朔的工业用地需求较少，工业用地有向旅游业用地转化的趋势，特别是建成区的工业用地更是如此。例如，阳朔老城区原糖厂、造纸厂等几块工业用地 2007 年通过土地流转的形式面向市场，申购的多为旅游企业商[①]。总体来看，工业用地反馈对县域土地利用的变化度不大。影响阳朔土地利用变化的主要路径是农业用地减弱反馈路径与旅游用地需求加强反馈路径。

　　阳朔农业技术要素低下，农业产值较低，农业的土地利用效率低，农业用地反馈不断减弱自身的产值，使得自身在国民经济产业中地位不断下降，农业产值的下降也降低了农业的投入与规模，由此引起耕地需求量减少，部分耕地向建设用地转化（图 5-6）。在耕地减少的同时，从事农业活动的劳动力也开始减少，一部分向旅游从业人员转化[②]。例如，《印象·刘三姐》的 200 多名演出人员为周边的木山、田家河等六个村的农民，西街 300 多名地方导游为阳朔镇、福利镇等乡镇的农民。

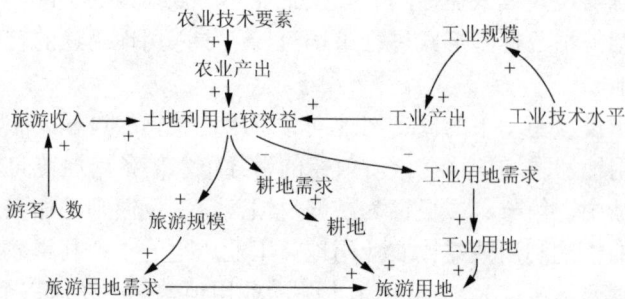

图 5-6　阳朔县域土地利用变化总体关系

---

① 根据阳朔县国土资源局 HRC 访谈整理。
② 农业劳动力主要转变为《印象·刘三姐》的演出人员、农民导游、家庭旅馆从业人员、漓江游船工和遇龙河漂流服务人员等。

蔡运龙等（2002）在探讨耕地非农化的供给驱动的探讨中，认为决定地方政府土地供给的驱动主要来自两个方面：一是耕地换资金——经济驱动；二是耕地换政绩——权力驱动。实际上，阳朔耕地向旅游用地转化也存在这两个主要方面的驱动，旅游收益的增加是耕地向旅游业用地转化的前提，而阳朔地方政府希望通过旅游业的发展来提高地方财政收入，获取经济上的发展则是加速耕地向旅游业用地转化的重要条件。

从时间断面来看，1999年是农业用地减弱反馈运动的界点。1999年以前，农业是阳朔的主导产业，其他产业地位较低。虽然农业土地利用效益比较低[①]，但在无其他产业选择的情况下，农业仍是阳朔国民经济总产值的重要组成部分，农业投入仍持续增加，耕地面积仍处于增加状态。1999年后，旅游业开始大幅度发展，特别是国内游客的增加，对旅游业的发展以及旅游消费给予强有力的拉动，阳朔面临产业转型。在旅游业高投资回报的刺激之下，农业用地开始转向以旅游服务功能为取向的建设用地，1999～2005年耕地面积减少则反映了农业用地反馈的结果。

旅游业的加强反馈路径在旅游业土地利用比较效益不断提高的情况下得到进一步地强化。随着游客人数的增多，旅游总收入也不断增加，旅游投入也相应地得到提高，旅游业的规模进一步增大，由此加大了对建设用地的需求，促使了农业用地、工业用地向以旅游业为导向的建设用地的转化（图5-7）。

路径之外存在两个重要的影响因素：一是重大旅游项目的示范作用；二是风景名胜区关于建设用地的控制作用。1999年西街改造（政府项目）与2004年《印象·刘三姐》项目（企业项目）投资的成功对阳朔旅游项目投资起到了示范效应。西街改造是政府主导下的当地居民对古建筑的保护与改造，其中政府负责道路、水、电和环卫等公共设施的投资，而当地居民则对建筑进行改造与整理。西街改造成功使得社区居民得到经济收益，围绕西街的其他街区也相应进行改造，随后出现了"五街一巷""两街一巷"的改造。《印象·刘三姐》的成功给大型项目投资阳朔提供了成功的范例，刘宇一旅游文化项目、潘庄旅游大型项目纷纷进入阳朔。阳朔土地利用"十一五"规划中，共计258hm^{2}土地用作旅游项目的开发，占所有计划面积的26.3%。

三、小结

在阳朔县域土地利用变化过程中，农业用地、工业用地因为自身的减弱反馈作用呈现下降趋势，而旅游业用地则由于加强反馈的作用，进一步地强化对建设用地的需求。在此背景之下，阳朔出现了建设用地增加而耕地减少的现象，但本

---

① 此处的土地利用比较效益是指阳朔农业、工业与旅游业的投入产出效率。

章第二节的有关研究显示这个增加或者减少幅度并不是太激烈。从系统的外界作用力来说，风景名胜区有关建设的严格控制使得建设用地的增加控制在一定的幅度之内，由此可以认为阳朔现阶段县域土地利用变化的特征为旅游发展需求主导之下、风景名胜区刚性控制之下的较慢变化。

第四节　阳朔县土地利用变化的旅游驱动

为了更进一步探讨旅游驱动下的阳朔土地利用如何发展，土地利用如何转化，本节将旅游因素单列出来以进行旅游驱动机制分析。一般来说，研究驱动因素以及驱动机制较好的方法为因果分析法（cause and effect），在数据样本量较少的情况下，灰色系统关联对驱动因素的研究能取得较好的效果，本节基于灰色系统关联来进行研究。

一、研究方法与结果

（一）研究方法

本节采取灰色系统关联方法对阳朔土地变化的驱动力进行分析。灰色系统关联分析方法是对系统所包含的相互联系、相互影响、相互制约的因素之间关联程度进行定量比较的一种研究方法。其基本思想是根据序列曲线几何形状相似程度来判断联系是否紧密。曲线越接近，相应序列之间的关联度就越大，反之就越小（王爱民等，2005；刘思峰等，1999）。常用的关联度计算方法有邓氏关联度、绝对关联度、相对速率关联度和斜率关联度，本节采用邓氏关联度（邓聚龙，1992）。

（1）灰色关联系数为 $r[x_0(k), x_i(k)]$，计算公式为

$$r[x_0(k), x_i(k)] = \frac{x(\min) + \xi x(\max)}{\Delta_{0i}(k) + \xi x(\max)} \tag{5-5}$$

式中，$x(\min) = \min\limits_{i} \min\limits_{k} \Delta_{0i}(k)$ 是 LY_{gr} 中下环境参数；$x(\max) = \max\limits_{i} n \max\limits_{k} \Delta_{0i}(k)$ 是 LY_{gr} 中上环境参数；$\xi \in [0,1]$ 为分辨系数，一般按最少信息原理取 0.5，即 $\xi = 0.5$。

（2）灰关联度 $[r(x_0, x_i)]$。聚集灰关联系数 $r[x_0(k), x_i(k)]$ 在各点（$k = 1, 2, \cdots, n$）的值，得灰关联度算式为

$$r(x_0, x_i) = \frac{1}{n} \sum_{k=1}^{n} r[x_0(k), x_i(k)] \tag{5-6}$$

（二）变量设定

鉴于数据的可获取性，本节从阳朔国民经济、旅游经济的数量和结构两个方面选取关联指标。

其中土地利用变化的外在可能驱动因子指标包括国民经济指标与旅游经济指标两大类，主要指标：x_1 为旅游总接待人数，x_2 为国内游客数量，x_3 为境外游客数量，x_4 为游江人数，x_5 为旅游总收入，x_6 为国内生产总值，x_7 为地方财政收入，x_8 为地方财政支出，x_9 为全社会固定资产投资，x_{10} 为年末人口数等作为比较序列（1989 年、1993 年、1996 年、1999 年、2002 年、2004 年、2005 年七年序列）。

以耕地、林地、水体、建设用地面积作为母序列（土地利用变化数据为 1993 年、1999 年、2005 年解译数据与 1989 年、1996 年、2002 年、2004 年阳朔县土地利用统计数据，其中统计数据按照耕地、林地、水体、建设用地面积四大类进行合并）。

（三）计算结果

灰色关联系数的计算过程在 Microsoft Excel 工作表中进行，首先对原始数据进行均值–标准差标准化，再采用邓氏关联度分析方法计算关联系数，其中分辨率系数 ρ 取 0.5，参数 min 与 max 的取值通过对各个数据序列各个时刻的绝对差值的比较来确定。计算得到阳朔县各类型土地面积变化与驱动因子之间的关联系数矩阵，并在此基础上对关联系数序列进行从大到小排序，依此确定各土地利用类型的最主要驱动因素，结果如表 5-19 所示。

表 5-19　关联系数矩阵

土地利用类型	总接待人数	国内游客	境外游客	游江人数	旅游收入	国内生产总值	地方财政收入	地方财政支出	固定资产投资	年末人口数
建设用地	0.7282	0.7278	0.5377	0.7605	0.7621	0.7678	0.7398	0.7173	0.8618	0.72973
林地	0.5786	0.5552	0.6873	0.5865	0.6411	0.6272	0.5799	0.6240	0.7174	0.62325
水体	0.6072	0.6110	0.6846	0.6421	0.6225	0.6139	0.6313	0.6065	0.6291	0.62048
耕地	0.6851	0.6816	0.7044	0.6945	0.6820	0.6948	0.7081	0.6854	0.6609	0.68534
平均关联度	0.6498	0.6439	0.6535	0.6709	0.6769	0.6759	0.6648	0.6583	0.7173	0.6647

按照 $0 < r \leqslant 0.35$ 为弱关联，$0.35 < r \leqslant 0.65$ 为中关联，$0.65 < r \leqslant 1$ 为强关联的原则（陈卫东等，2007），可得到经济发展与土地利用的强弱散点图（图 5-7）。其中强关联所占比例为 55%，中、弱关联所占比例为 45%，说明旅游发展与阳朔土地利用变化具有较大的关系。

二、驱动因素分析

计算结果表明，阳朔建设用地面积变化与全社会固定资产投资（x_9）的关联系数最大（0.8618），其次为国内生产总值（x_6）（0.7678），旅游总收入（x_5）（0.7621），游江人数（x_4）（0.7605），即基础设施建设与旅游的发展是阳朔建设用地迅速扩大的主要驱动因素（表 5-19）。

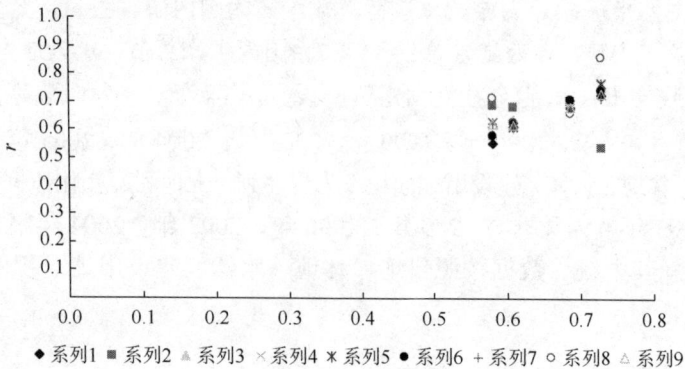

● 系列1 ■ 系列2 ▲ 系列3 × 系列4 ✳ 系列5 ● 系列6 ＋ 系列7 ○ 系列8 △ 系列9

图 5-7　经济发展与土地利用强弱散点图

　　1989～2005 年，阳朔经历了改革开放后的快速发展时期，也经历了重要的产业转型过程。20 世纪 90 年代以来，阳朔旅游业开始提速发展，在 90 年代初期，阳朔的主要游客为来自桂林的游江游客。游江游客是阳朔旅游的第一驱动要素，为满足游江游客购物、停留、游览的需求，以道路交通、码头、停车场、游憩广场建设为主要内容的基础设施用地，以饭店、宾馆、旅游接待区等旅游设施为主要内容的旅游用地成为建设用地的主要类型。

　　1990 年后阳朔旅游主导产业地位逐步确立，表明了旅游业相对于工业、农业重要的经济作用。阳朔良好的自然环境加之旅游的经济效益，吸引了外来投资。1992～2005 年阳朔吸引外来投资的旅游项目总体上呈上升趋势，项目投资总量也越来越大。在 2004 年阳朔县招商引资的 40 个项目中，旅游项目或与旅游有关的项目有 23 个，其中包括城中城、阳光 100 等商铺，旅游类型的项目占总项目的57.5%。外来投资呈现以阳朔镇为中心并向外围拓展的趋势，兴坪、杨堤等位于遇龙河、漓江流域而风景优美的区域以及福利等与中心城区旅行时间较短的区域，就成为投资商的主要选择。

　　为了吸引更多的旅游投资，阳朔加大了对旅游交通等基础设施的建设。截至2005 年，阳朔县境内的主要景点都通了公路，并提高了景区外围道路等级水平和旅游道路的景观建设，开通了阳朔县城到葡萄和兴坪两条主要公共交通线路，方便了游客在阳朔县域范围的流动，重点改造县城交通体系，新建和改建道路十多条。旅游的发展促进了阳朔旅游总收入与国内生产总值的增加，又驱动了居住用地、交通用地及商业用地的扩大，导致了大量农业用地、林地被蚕食和侵吞。由此可见，20 世纪 90 年代以来，在阳朔交通、码头、停车场等基础设施不断建设、外来投资硬环境不断改善的背景下，阳朔旅游的外来投资增多，旅游产业不断发展，并逐渐成为阳朔的主导经济产业。阳朔的旅游业促进了旅游收入、国民生产总值的提高，并进一步促进城镇化率的提高，从而导致建成用地、农用地、林地的快速变化。

林地面积的变化与固定资产投资（x_9）的关联系数最大（0.7174），其次为境外游客数量（x_3）（0.6873）、旅游总收入（x_5）（0.6411）。耕地面积的变化与地方财政收入（x_7）（0.7081）关联度最大，其次为境外游客数量（x_3）（0.7044）、国内生产总值（x_6）（0.6948）、游江人数（x_4）（0.6945）。林地、耕地面积的变化都与旅游产业发展存在较大的关联度。其中耕地、林地面积的变化与境外游客数量的关联系数较大，其主要原因如下。①阳朔早期（1999 年前）旅游的发展是外向性的，境外游客数量占较大的比重，其消费能力较国内游客高，是阳朔旅游总收入的主要组成部分。在经济利益的驱动下，面向境外游客的店铺建设成为阳朔早期城镇用地变化的主要方向。②同时，国外投资构成了阳朔旅游项目投资的重要组成部分，2004 年阳朔外来投资的旅游项目中，46.3%为外商投资。面向境外游客的店铺的增加以及国外投资旅游项目的增加加速了阳朔建设用地的变化。本章第二节的研究表明，建设用地主要由耕地与林地转化而来。由此可见，在阳朔耕地与林地的变化中同样体现了基础设施建设与旅游发展驱动下的土地利用的动态变化。

可以看出，驱动阳朔土地利用变化的主要因素是旅游发展，具体来说，游江人数、境外游客数量等是主要的驱动因素，在此驱动之下，阳朔土地利用发生了较大的变化。

三、驱动过程分析

从土地利用变化的路径来说，旅游影响下阳朔土地利用变化存在两种相互联系又相互区别的驱动路径，主要包括游江游客驱动下的阳朔土地的建设用地聚集利用形态，境外游客驱动下的阳朔土地扩散利用形态。

（一）游江游客驱动下的土地利用过程分析

漓江游是桂林旅游的老牌龙头产品，也是国内、境外旅行社经营桂林团队旅游线路中的必游项目。游江游客在短时间内涌入，每天自下午 1 点至 4 点不断有游船抵达阳朔码头。游客一般在西街、古榕公园等景点逗留几个小时，晚上返回桂林，虽然这一类型游客数量较大，但在阳朔停留时间较短，基本不会过夜（李丽梅，2003）。2004 年后，游江游客在游览时间上得到拓展，晚上观看《印象·刘三姐》节目使得游客在阳朔的停留时间增加，有些团队开始在阳朔停留一晚。游江游客主要是团队游客，阳朔游江游客变化并不稳定，不过总量上仍保持增长状态（图 5-8）。团队游客在阳朔旅游的形式属于"快餐式"，即围绕阳朔的重要旅游节点进行观光旅游。在桂林国旅、桂林中旅等旅行社组织的阳朔一日游线路中，主要景点有《印象·刘三姐》公园、古榕公园、西街、阳朔公园、聚龙潭、月亮山、鉴山寺等（图 5-9）。

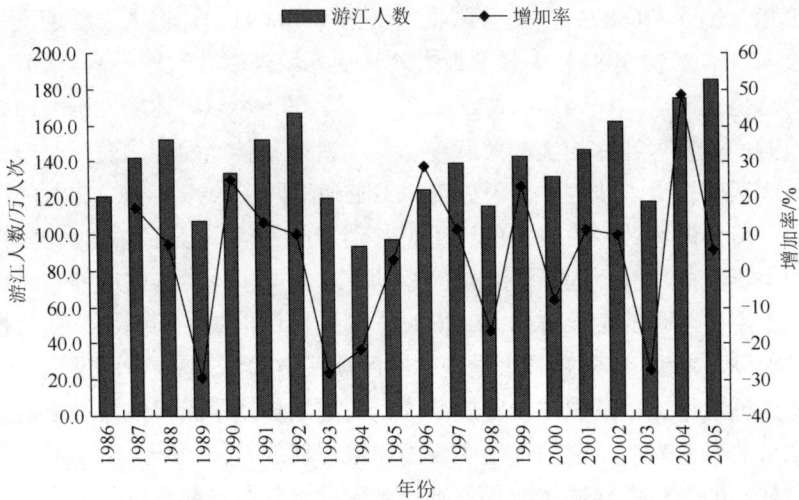

图 5-8　阳朔游江人数和增加率

资料来源：阳朔县旅游局，2006。

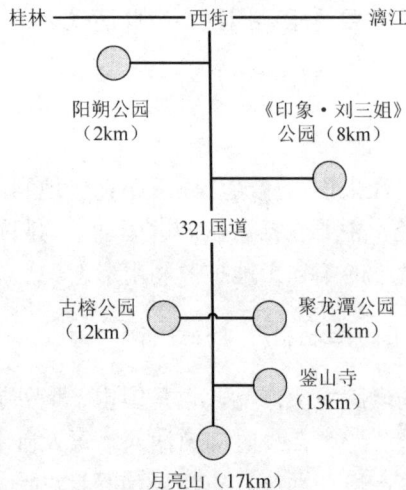

图 5-9　阳朔主要景点空间示意图

　　游江游客的快速旅游需求构成了阳朔土地利用的路径起点，游江游客希望游览阳朔的主要景点并希望得到较好的旅游体验。在此驱动之下，服务于旅游者游览的主要基础设施，如码头、主要景区间的道路、停车场等，需要较为完善。同时，主要景点以及主要景点外围的旅游服务设施需要较为完备，游江游客促进了主要旅游交通设施用地、主要景点服务设施用地利用的形成。同时主要景点周边的小景点则通过搭便车的形式来分享大景区的游客，实现自身小规模的发展。例如，古榕公园附近的鉴山寺、聚龙潭公园等存在搭便车行为①，也开始发展起来，建设开始增多（图 5-10）。

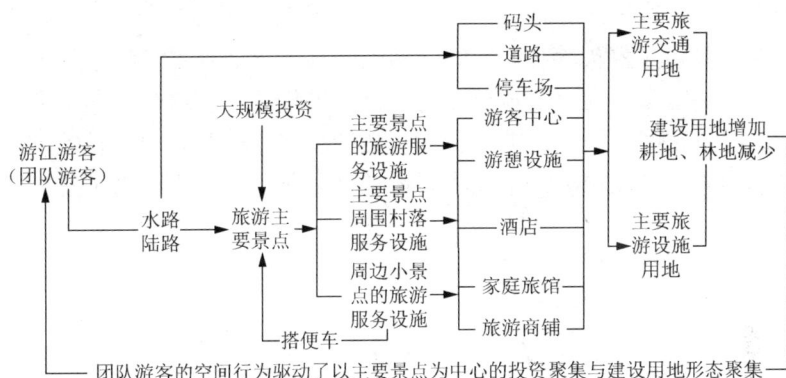

图 5-10　游江游客驱动下土地利用形成过程

---

① 陈志钢等（2006）通过建立两个阶段博弈模型的形式对非均衡性旅游地空间竞争（小景区与大景区的空间竞争问题）中搭便车问题进行了初步研究。在第一阶段，大、小景区的目标就是选择私人物品和公共物品的投入量，使得自己的效用达到最大，即 $\begin{cases} \max\limits_{x_i,g_i} x_i^{\beta} G^{\beta} \\ \text{s.t.} R_i = p_x x_i + p_G g_i \end{cases}$。在第二阶段，大、小景区进行价格竞争。设景区 i 的需求函数为 $q_i = a_i G - p_i + b p_{-i}$，其中 q_i 为景区 i 的需求量；a_i 是常数，a_i 越大表示该景区的实力越强（如果两个景区的规模相差太大，则可能会出现市场完全垄断或共谋的情况，这不是本书主要讨论的问题，所以假设两个景区的规模差距不会太悬殊。在本模型中，设 $a_1 > a_2 > \sqrt{\dfrac{\alpha}{\beta}} a_1$）；$p_i$ 表示景区 i 的旅游产品价格，可用门票价格表示；p_{-i} 表示另一景区旅游产品的价格；$b(0 \le b \le 1)$ 代表两个景区资源的异质程度，b 越大代表两个景区之间的资源差异越小，当 $b = 0$ 的时候，两个景区完全异质。在第二阶段，景区 i 的目标就是最大化自己的利润，即 $\max\limits_{p_i} \pi_i = p_i q_i - g_i$。通过拉格朗日变换以及进一步运算，得出如下结论：在非均衡性竞争中，搭便车行为因资源禀赋的差异而表现不同，资源异质性程度越高，搭便车越容易发生，反之，搭便车现象越少。同时，资源同质性竞争容易形成区域空间形态的单核结构，而资源异质性竞争更容易形成区域空间形态的双核或者多核结构。值得指出的是，这种竞争空间形态的形成是在完全市场竞争条件下产生的博弈均衡，实际情况则较为复杂。现实的市场往往并不是完全竞争的，而是同时兼备了竞争和垄断的两重因素，游客配置往往出现市场失灵，此时政府配置就起到了积极的作用。政府在旅游地空间竞争中扮演着管理者、调解者与计划者等多重角色，通过协调各方利益与平衡各种关系，达到区域空间竞争的正和博弈，由此形成的在某些制度约束下的旅游空间竞争行为达到的大、小景区的合作解是一种动态的均衡。大、小景区采取的竞争策略均非纯粹理性"利己"的策略，最终有可能实现的是在"利他"或"合作"前提下各个景区的共同发展。政府通过增强"造血"功能来扶持小景区提升综合竞争力，力图实现客源市场细分从同质化向差异化转型；同时也进一步放开对大景区的政策限制，使其向精品化、集团化的方向发展，这也将促成政府宏观调控下的区域旅游协调共赢、和谐发展的既定目标的实现。

　　从驱动路径来看，游江游客购物消费、景区门票消费等是阳朔旅游总收入的主要内容，旅游收入是阳朔财政收入的主要来源，是 GDP 的主要组成部分。为满足游客需求，连接主要景点的交通干道、主要景点内的旅游服务设施、景点周围区域的旅游服务设施要求较为完备，这些设施的建设则表明建设用地的增加。本章第二节的研究表明，建设用地主要由耕地、林地转化而来，因此建设用地的增加则表明耕地、林地的减少。

　　阳朔游江游客（团队游客）影响下的阳朔县域土地利用实际上是由于团队游客的空间行为决定土地利用在重要旅游景点的聚集过程，这个过程受到交通可达性、在景区游览时间长短的影响。交通可达性越强、游览时间越长的景点越容易形成大规模的旅游产业聚集，用地类型也越容易向建设用地转化（图 5-11）。

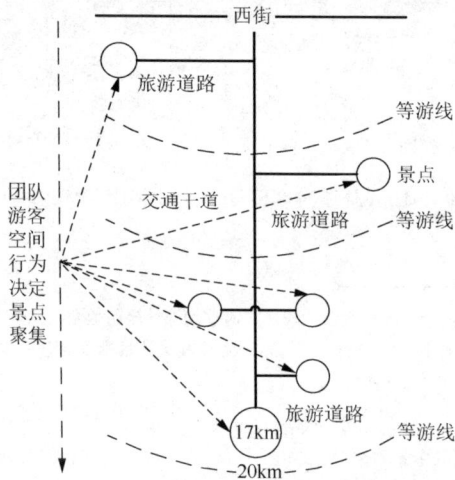

图 5-11　景点聚集示意图

（二）境外游客驱动下的土地利用过程分析

　　阳朔旅游业是在海外市场带动下发展起来的，阳朔的境外游客数量一直处于平稳的增长状态，境外游客在阳朔旅游发展中起到重要的作用。阳朔接待过夜境外游客人数总体呈上升趋势，尤其是 1996 年以后，进入快速增长阶段，2004 年过夜境外游客人数比 1988 年同期增长了 415%（图 5-12）。过夜境外游客在所接待的旅游者中占较大比重，根据 2004 年阳朔旅游统计数据计算，阳朔接待的过夜境外游客占所有境外游客的 36.6%。背包客是阳朔接待的境外游客最主要的类型（李丽梅，2003），从背包客的活动偏好来看，表现出与大众旅游者不一样的特征，其中徒步、骑自行车游乡所占比例最大。背包游客乡村化是阳朔境外过夜游客的主要特点，徒步、漂流与骑自行车是主要的形式，从阳朔县城出发形成了不同类型的多条徒步、自行车线路（表 5-20、表 5-21）。背包客的乡村旅游需求构成了阳朔土地利用的路径起点，背包客希望通过自助形式的旅游得到较好的乡村旅游体验。在此驱动之下，服务于旅游者游览的乡村基础设施，如漂流码头、乡村徒步道路、乡村自行车道路、停车场等，成为需要。同时，乡村景点的旅游服务设施、乡村家庭旅馆等需要较为完备，背包客促进了乡村旅游交通设施用地、乡村景点服务设施用地利用的形成（图 5-13）。

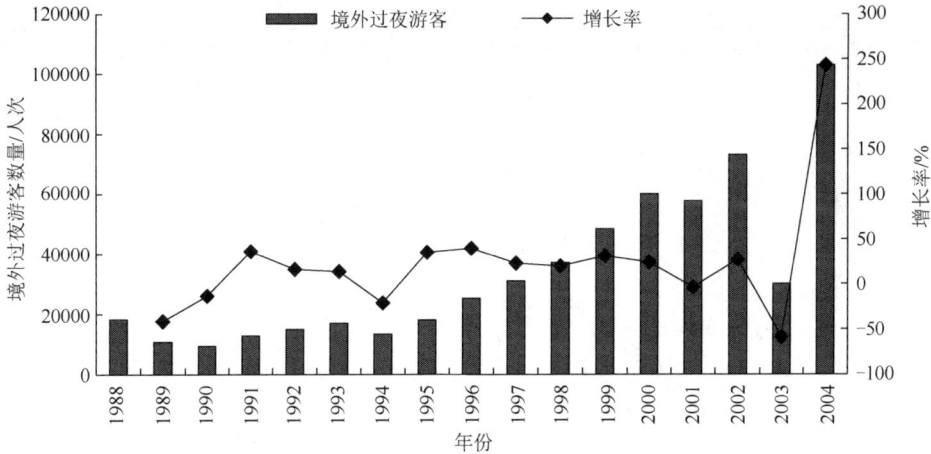

图 5-12　1988 年以来阳朔接待过夜境外游客数量及其增长率

资料来源：阳朔县旅游局

表 5-20　阳朔主要自行车、徒步休闲之旅线路

序号	线路
1	阳朔 9km 白沙 2km 遇龙桥 4km 书县 3km 翼马 2km 阳朔
2	阳朔 5km 骥马 8km 鸡窝渡 1.5km 月亮山 8km 阳朔
3	阳朔 4km 矮山 5km 鉴山寺[工农桥] 6km 阳朔
4	阳朔 9km 渡头 4km 新寨 3km 留公 3km 木桥 6km 矮山 4km 阳朔
5	阳朔 4km 矮山 5km 勇村 8km 普益 7km 德公窄 4km 木桥 6km 矮山 4km 阳朔
6	阳朔 5km 翼马 6km 风车山庄 3km 工农桥 6km 阳朔
7	阳朔 38km 杨堤 24km 兴坪 25km 阳朔
8	阳朔 38km 杨堤船草坪 28km 兴坪 25km 阳朔
9	阳朔－樟桂－芭蕉林－七仙茶场－古板－白沙－阳朔

资料来源：阳朔手绘地图，2005。

表 5-21　散客旅游涉及的主要乡村

乡镇	主要乡村
杨堤	浪州、浪石
兴坪	画山、渔村、水落、大坪

续表

乡镇	主要乡村
阳朔	高洲、樟桂、骥马、木山、矮山
福利	渡头、新寨、李家
葡萄	留公、周寨村、羊山寨
白沙	芭蕉林、五里店、
普益	勇村
高田	凤楼、蒙村

资料来源：根据网络阳朔攻略——《暴走阳朔的四种可能》《绮行阳朔的四条经典线路》整理，截至 2016-12-30。

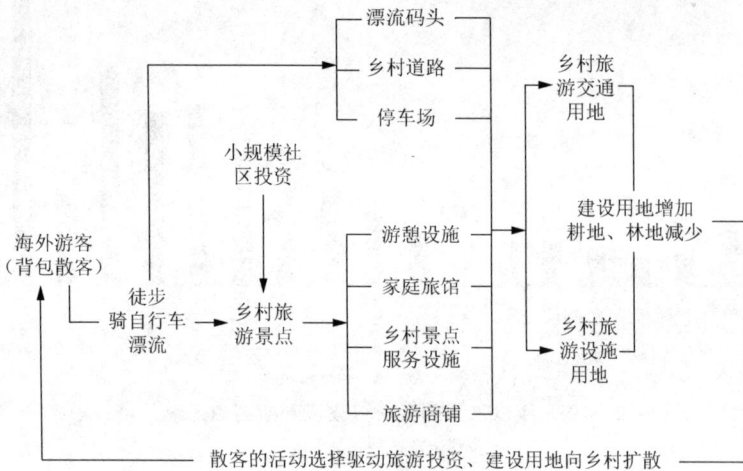

图 5-13　境外游客驱动下土地利用形成图

从驱动路径来看，背包散客的乡村旅游需求促进了乡村旅游设施、乡村基础设施的增加，居民点用地（家庭旅馆的建设）、漂流码头（遇龙河上建设的 13 个漂流码头）等建设是建设的主要内容。据 2006 年阳朔县酒店、家庭旅馆设施统计，阳朔乡村旅游接待设施占总设施的 42.3%。

境外游客（背包散客）的行为特点是希望到更原生的旅游景点旅游，希望到游人较少的景点旅游，随着景点的逐步开发，旅游景点的环境容量也得以增大，更多的游客开始来此旅游，驱使背包散客到更远的、需求更为安静的、游客更少的景点旅游。因此，在游客旅游活动选择行为的驱动下，阳朔乡村旅游呈现扩散式开发的空间格局（图 5-14）。

（三）两种旅游驱动的对比分析

两种旅游驱动形式在土地利用的空间形态、主要表现形式、驱动力量对比等方面存在差异，其形成的最终形态也存在较大差异（表 5-22）。

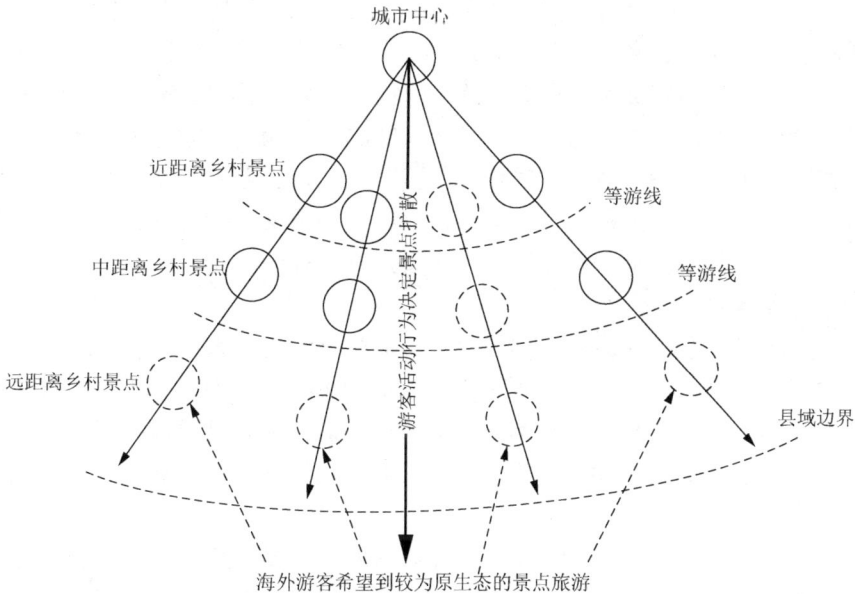

图 5-14　景点扩散示意图

表 5-22　两种旅游驱动形式的对比

序号	驱动类型	主要表现形式	空间形式与过程
1	游江游客驱动	主要景点及其周边旅游服务设施的增加	围绕主要景点呈现集聚状态
2	境外游客驱动	乡村旅游线路上的重要村落成为接待设施	依托乡村整体上呈现发散状态

　　从表现形式上看，在游江游客驱动下，主要景点以及周边区域投资加大，旅游服务设施与旅游交通设施建设用地增加。而在境外游客驱动之下，乡村旅游线路上重要村落、乡村旅游服务设施投资增加，进而使得乡村交通用地、乡村旅游服务设施用地增加。所有建设用地的增加造成了耕地、林地的减少。

　　从空间形式与过程来看，受游客空间行为的影响，游江游客驱动型土地利用容易形成围绕主要景点的旅游设施聚集状态；受游客游览活动行为的影响，境外游客驱动型则容易依托乡村形成发散式土地利用空间形态。

　　（四）驱动机制分析

　　旅游发展是阳朔土地利用变化的主要驱动力量,灰色关联显示(本章第四节)，游江游客、境外游客的变化与建设用地、耕地、林地的变化存在较强的关联性，游江游客的变化构成建设用地变化的原初驱动力量，而境外游客数量的变化则是耕地、林地变化的原初驱动因素。

　　游江游客多为团队游客，团队游客的中、长尺度空间特征表现在游览行为上呈现最小旅游时间比、最大信息收集量的特点，因此形成了到较高级别的景点、尽可能地游玩更多的高级别景点等旅游空间行为（保继刚，1999）。阳朔的重要旅游景点是团队游客的首要选择。马耀峰等（2006）认为，来桂林的欧洲旅游者多以观光游览和休闲度假为目的，在桂林停留时间在两周左右。国外背包散客在阳朔多停留在 4～5 天（李丽梅，2003）。较长时间的停留，使得背包客有了更多的选择，其中乡村旅游活动是背包客们的主要选择，徒步、骑自行车、竹筏漂流等是主要的旅游形式。

　　在团队旅游与散客旅游数量增长之下，阳朔旅游总收入得到较大增长，由于旅游收入是阳朔财政收入、阳朔国民生产总值的重要组成部分。为了使旅游业进一步提质增效，政府的投资政策需要向旅游业倾斜，对基础设施投资力度需要加大，只有在硬、软件设施与服务得到较大改善的前提下，旅游业的提升发展才能成为现实。

　　从旅游业影响县域土地利用变化的路径来看，主要有两条。一是游客旅游活动的特色性与游客选择行为的特殊性使得建设用地主要集中在主要景点及其周围社区、乡村旅游景点及旅游乡村、主要交通干道以及乡村旅游交通道路等方面。二是旅游活动推动了政府在吸引旅游投资政策、基础设施建设投资（本章第四节研究表明基础设施建设是阳朔土地利用变化的首要因素）、重要节点旅游城镇的建设等方面朝良性方向发展。而旅游投资政策则可吸引本地、外来投资向旅游业发展倾斜，这些投资将推动家庭旅馆建设、酒店设施建设、景区景点建设，并进一步影响土地利用方式，促成土地利用变化。基础设施建设投资的加大则直接促成土地利用的变化。

　　由于阳朔属于国家风景名胜区的管辖范围，中央政府对其进行严格的建设管制（大型用地项目的审批权在建设部），加之阳朔严格的耕地保护政策，阳朔建设用地的增长受到较大的限制，其土地利用变化的幅度得到一定的控制。

　　综上所述，阳朔旅游土地利用的变化源于游客数量的增多以及不同类型游客的空间选择行为、旅游活动的空间行为，这一方面直接造成土地利用的变化，另外一方面也促进了政府关于旅游政策体系的形成。在政府（特别是中央政府）的管制之下，阳朔土地利用变化控制在一定的速率之内（本章第二节土地利用变化的各个指标变化幅度均较为平稳，很少有畸形变化状态），但随着旅游业的快速发展，旅游建设用地将急剧增加，而建设用地总量上控制的供需矛盾也将影响到土地利用的变化。总体来说，阳朔县域土地利用变化主要是游客行为驱动—政府政策推动—中央行政权力控制之下的变化过程（图 5-15）。

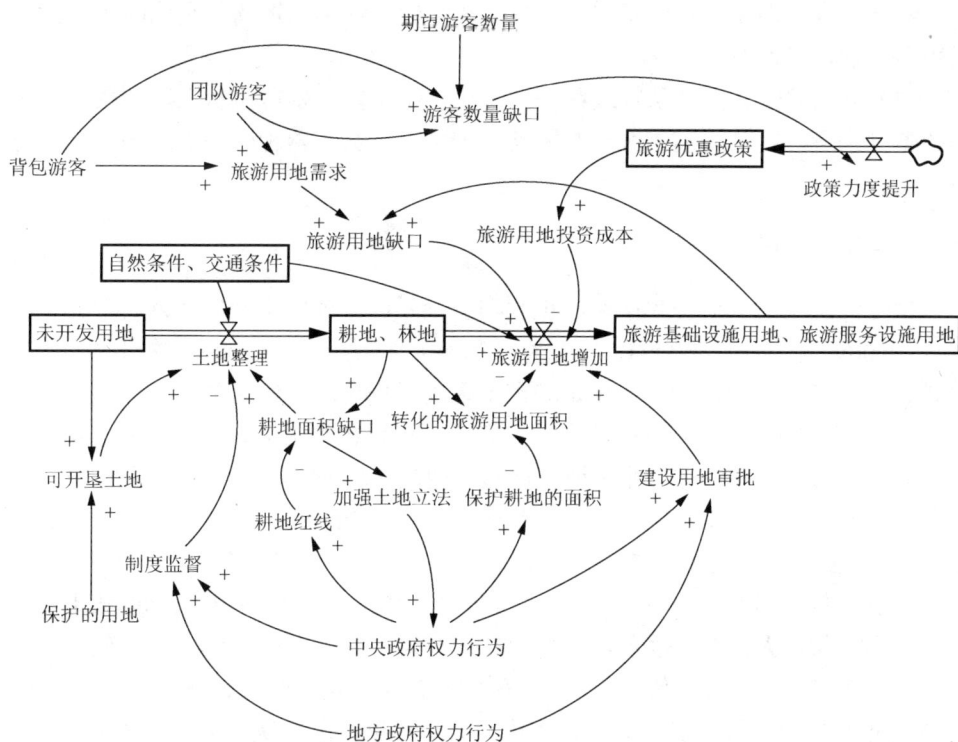

图 5-15 阳朔县域土地利用变化旅游驱动机制

第五节 与工业化驱动城市的对比

深圳是我国沿海城市,自 1980 年设立经济特区以来,特殊的政策及其优越的区位条件吸引了大量的外资,大大推进了工业化和城市化进程(王兆礼等,2006)。2000 年,全市 GDP 为 1665.24 亿元,人均 GDP 为 4.01 万元,年均增长 11.3%;外商投资企业超过 11000 家,实际利用外资五年累计 135 亿美元;三次产业结构由 1995 年的 1.6∶52.4∶46.0 调整为 2000 年的 1.1∶52.5∶46.4,工业是深圳的主导产业(陈启石,1999);1980~2000 年,深圳市总人口从 35 万人猛增至 741 万人,增长了 706 万人。深圳市高速的工业化与城市化进程,引起了快速的土地利用变化(史培军等,2000b)。

本节将阳朔旅游化影响下的土地利用变化与深圳工业化影响下的土地利用变化进行对比研究,主要基于以下两点考虑。

(1)研究案例的典型性以及研究成果的代表性。旅游业在阳朔国民经济产业体系中占有重要的地位,而工业则为深圳市的主导产业,工业化对深圳土地利用较为明显，将深圳作为对比研究案例具有典型性。深圳土地利用变化的驱动力研究较多，且具有代表性。

（2）虽然阳朔、深圳从行政级别上来说属于不同级别，但从土地利用驱动机制的角度来看，行政级别的大小对驱动机制影响不大，两种驱动机制的对比具有可行性。

一、已有研究评述

关于深圳土地利用变化的驱动机制与驱动系统研究的文献较多，其中史培军等（2000b）、摆万奇（2000）、王兆礼（2004），王兆礼等（2006）的研究具有典型性，其研究结果均认为工业化是城市土地利用变化的重要因素。

摆万奇（2000）采用系统动力学的方法对深圳各类土地利用进行了模拟。模型运行结果显示，深圳市工业用地变化的长期趋势表现为略带超调性质的"S"形规律。20 世纪 80 年代以前，工业用地处于缓慢的增长期。从 80 年代初开始，工业用地迅速扩大，这一快速增长阶段将持续大约 50 年，于 2025 年左右达到峰值。

王兆礼等（2006）采用 1978 年、1986 年、1990 年、1995 年、2000 年五年的总人口数、常住人口数、暂住人口数、GDP 产值、第一产业产值、第二产业产值、第三产业产值、工业总产值等 12 个经济指标作为驱动指标，以耕地、园地、林地、水域、推平未建地等 7 类土地利用类型作为母序列，采用灰色关联系统对深圳市土地利用变化的驱动系统进行了研究。得出深圳市城市建设用地面积变化与外资利用额的关联系数最大，其次为基础建设、第三产业、工业总产值、总人口，即外资的投入、基础建设投资、第三产业及工业的发展和人口快速增长是深圳地区城镇建设用地急速扩大的主要驱动力，并进一步解释为经济特区优惠的政策（主要表现为良好的工业投资环境）对于深圳市城镇用地的扩展发挥着积极的主导作用。首先进入深圳的主要是工业投资，特别是从香港特别行政区转移过来的三资企业和以"三来一补"服务为主的乡镇企业，其中大多数属于劳动密集型企业。这些工业企业的发展一方面使工业用地面积不断扩大，另一方面创造了大量的就业机会，引发了人口的迁移高潮。导致深圳市的人口呈现特殊的机械增长趋势，即大量廉价劳动力的涌入。而人口的增长又促进了深圳劳动密集型产业的发展，而这些产业的快速发展则导致了城市化进程的加快，同时也促使乡村工业化的发展，而这又促进了居民收入水平的提高，收入水平的提高又驱动了居住用地、交通用地及商业用地的扩大，导致大量农业用地被蚕食和侵吞。工业投资通过推进工业化进程促进了深圳市的人口增长以及城市化水平、居民生活水平的提高，从而导致城镇用地和农业用地的快速变化。

综上所述，深圳工业化驱动之下土地利用变化主要路径有两条：①工业优惠政策－工业投资－工业占用面积增加－建设用地增加－林地、农用地等类型用地减少；②工业发展－劳动力增加－人口机械增长增加－居住地增加－农用地、林地等其他类型用地减少。

二、对比内容

本节从发展政策、人口增长、驱动机制、驱动模式等方面来对比旅游化驱动与工业化驱动下土地利用的不同，以期能进一步地总结旅游化驱动下土地利用变化的模式与规律，旅游驱动与工业化驱动对比如表 5-23 所示。

表 5-23　旅游驱动与工业化驱动对比

对比选项	旅游化驱动	工业化驱动
路径起点	游客人数增加	优惠的工业产业政策
发展政策	被动制定	主动制定
人口增长	基本无机械增长	机械增长迅速
政府控制	较严	较松散
驱动机制	供需不平衡	供需相对平衡

1. 发展政策对比

阳朔案例的政府政策是旅游驱动下的被动反映，由于旅游业的发展，阳朔游客增多带来的基础设施、旅游设施供应不足使得政府在旅游投资、基础设施投资等方面的政策放宽、力度加大。深圳案例则是政府主动的招商引资优惠政策"筑巢引凤"，使得香港特别行政区转移过来的三资企业和以"三来一补"服务为主的乡镇企业得以迅速发展起来，在发展政策的推动之下，土地利用开始发生变化。由此可以看出，旅游驱动型的发展政策多在旅游驱动之下的被动反映，而工业化驱动之下的发展多为政府主动行为。

2. 人口增长对比

阳朔案例虽然游客数量增长幅度较大，但游客只是"到此一游"，并不在阳朔常驻，因此对房地产等需求不大，加之中央政府对风景名胜区的严格管制，阳朔建设用地的主要变化并不包含旅游房地产等项目，阳朔人口处于自然增长状态，基本不存在机械增长的过程。从深圳的案例发现，深圳早期的工业类型多为劳动密集型企业，创造了大量的就业机会，引发了人口的迁移高潮，这种人口增长呈现了特殊的机械增长趋势，面向具有较高收入水平外来人口的房地产以及面向中、低收入水平外来人口的廉租房的建设大大增多，由此造成了居民点用地数量的大幅度增加。

3. 政府控制对比

因为阳朔是漓江国家级风景名胜区的重要组成部分，中央政府对建设用地、耕地控制非常严格，大型的旅游项目、建设项目需要自治区政府批准，所以阳朔土地利用变化控制在一定的限度内。深圳案例表明，政府为了刺激工业的发展，对投资企业采取土地优惠方面的政策，对工业用地、居民点建设用地的控制较为宽松，由此形成了深圳工业用地、居民点建设用地扩展较快的趋势。

4. 驱动机制对比

从驱动机制来看，阳朔土地利用变化具有旅游驱动下的重要特点，团队游客、散客的驱动使得阳朔建设用地呈现点上聚集、面上扩散的空间格局。由于严格的土地控制政策，阳朔旅游用地需求与土地供给矛盾较为突出，建设用地的扩张较为缓慢。相对于阳朔来说，深圳市的建设用地审批权在本市，土地利用调整与变化相对较为宽松，供需矛盾相对较小，建设用地的扩张较快。

旅游化与工业化驱动之下的土地利用变化从表现形式、因素、路径、机制等方面存在较多差异，主要表现在四个方面。

（1）从驱动路径的起点来看，旅游化驱动下的土地利用变化的路径起点在于游客人数的增加，而工业化驱动下的土地利用变化的路径起点在于优惠的工业产业政策。

（2）从驱动的过程来看，旅游化驱动下的土地利用呈现点上聚集与面上发散的形态，而工业化驱动之下的土地利用呈现从中心向外围扩散的连续的土地利用空间格律。

（3）从路径依赖的重要来源来看，旅游化驱动下的土地利用变化在于游客数量的不断增加，而工业化驱动之下的土地利用在于机械人口的迅速增长。

（4）从驱动的控制条件来看，阳朔土地利用变化受到《风景名胜区管理条例》、有关的耕地保护规定的制约，建设用地增长幅度较小，而工业化驱动下的深圳土地市场流转政策较为宽松，增长幅度非常大。

第六节　本章小结

旅游对土地利用的影响研究包括"表现、因素、路径、机制、模式"等诸多内容，本章以 1993 年、1999 年、2005 年三期遥感数据与 1989 年、1996 年、2002 年、2004 年四期土地利用统计数据作为基础，讨论了阳朔土地利用变化的现状。通过单一土地利用类型动态度、综合土地利用动态度、空间叠置分析、空间自相关分析、区域某一特定土地利用类型相对变化率等研究方法探讨了阳朔土地利用变化的动态度、聚集度，并在此基础上探讨了影响阳朔土地利用变化的主要驱动因素，得出如下结论。

（1）从单一土地利用类型来看，建设用地的年变化率最大。1993～1998 年建设用地的变化多为自然变化状态，1999～2005 年旅游业对建设用地的影响较大。

（2）从综合土地利用动态度来看，1999～2005 年的综合土地利用动态度高于1993～1998 年，表明 1999～2005 年各种类型的土地间转化的面积与速度要高于1993～1998 年。

（3）从土地利用转置来看，建设用地的增加值主要来自于耕地与林地转化，1999 年建设用地的增加值主要是由林地转化，而 2005 年建设用地的增加值主要由耕地转化而来。

（4）从空间自相关来看，1993～2005 年扩展的建设用地在空间上分布呈现从集中向分散的趋势发展，充分反映了建设用地从中心向外围扩展的空间分布格局。

（5）从建设用地相对变化率与扩展速率来看，1993～2005 年金宝、白沙、阳朔三乡镇增加幅度最大，葡萄次之，兴坪、福利最小。其中 1999～2005 年，阳朔增幅最大，白沙、金宝、杨堤、兴坪次之，而葡萄、福利则较慢。

（6）从土地利用变化的驱动因素来看，基础设施建设、旅游业发展是驱动阳朔建设用地、林地、耕地变化的主要因素。

（7）从旅游发展的驱动路径来看，游江游客数量的增多驱动建设用地向重要节点聚集，而境外游客数量的增多则驱动建设用地向乡村扩散。

（8）从驱动机制来看，阳朔土地利用变化是在"游客行为驱动－政府政策推动－中央行政权力控制"之下发生的，其中土地供需矛盾影响到土地利用的变化。

（9）从与工业化的对比来看，就发展政策来说，旅游化驱动政府政策的制定是被动的，而工业化则是主动的；从人口增长来看，旅游化的驱动基本无机械增长，而工业化的驱动则机械增长迅速；从政府控制来看，旅游驱动下政府控制较严，而工业化则较为松散；从驱动机制来看，旅游化驱动下土地利用供需不平衡，而工业化下土地利用供需则相对平衡。

第六章　旅游与建成区土地利用变化

　　建成区是城市的重要组成部分，建成区的土地利用承担着城市发展的重要功能。本章研究的阳朔建成区的范围由阳朔莲峰社区、北门厄、东岭、矮山门、大村门开发区五个社区组成。影响建成区土地利用变化的因素较多，城市化以及由此带来的城市空间扩展是最主要的因素，也是目前我国城镇土地利用变化的主要原因。阳朔产业结构的转型造成建成区土地利用扩展主要驱动因素的变化，1999 年后作为阳朔主导产业的旅游业是如何影响阳朔建成区发展的？其过程是怎样的？其驱动机制是怎样的？本章力图解释旅游业在阳朔建成区空间形态变化、土地利用变化中的作用。

　　本章数据来源如下。①深度访谈数据，主要是通过对阳朔县建设规划局有关人员、西街老住户的访谈，明晰 RBD 形态的演化过程。②阳朔县建成区 2006-1-28 的 ICKNOS 1m 遥感影像图，主要是获取 RBD 面积、功能组团的面积。ICKNOS 1m 遥感影像精度较高，采取目视解译与实际踏勘相结合的方式进行遥感影像解译，其准确率较高，数据较为可信。③阳朔老城区改造规划现状数据，包括道路改造的基础资料、规划图等。

　　本章没有特别注明数据来源的，均为作者访谈、观测的调研数据。

第一节　阳朔县西街土地利用变化

　　西街是阳朔旅游的主要吸引地，也是阳朔旅游的标志之一，被认为是"世界地球村"。从空间形态来说，从西街开始，形成以其为核心沿不同道路向周围变化的建成区格局，西街是阳朔建成区土地利用类型与空间格局形成的基础，是阳朔建成区土地利用变迁的起点。在旅游的影响下，伴随着土地利用类型与产权属性的一系列变迁，西街的土地利用性质也发生了变化，从原初以住户为主的居住区变成以旅游为主的旅游商业区是主要的变化形式。西街的土地利用变迁本属于阳朔建成区土地利用变迁的一部分，本节将此单列是为了更加突出西街在阳朔建成区土地利用变迁中的作用。

一、西街土地利用的过程

　　阳朔县志中记载，"阳朔县城设于阳朔镇，以前是一个村落，名羊角村，秦时

已有人定居。隋开皇十年（公元 590 年），县城由熙平迁来，取羊角的谐音定名阳
朔。从此，阳朔镇成为全县政治、经济、文化、交通中心，迄今已有一千多年
历史"[1]。

　　明末清初，西街东面由漓江边起，西面至江西会馆（现乐得法式餐厅）[2]门前
的西横街为止，长度不足 400m，宽不足 2m，其中段南接陈家巷（现为莲峰中巷），
北通署前街（现为县前街），统称"十字街"。清康熙十三年（公元 1674 年），因
其地理位置处于漓江西岸，走向由东向西，恰好与隔江相望的"东岸"相对，始
称为"西街"（白彩云，2005）。中华人民共和国成立前的"十字街"一直是县城
繁华的商贸中心，漓江是古代桂林至梧州、广州等地商旅往来的主要水上交通要
道，阳朔逐渐成为南来北往的商贾必经之地。从清代有记载以来，西街就出现了
为数不少的商店，比较出名的有张桥弟甜品店，姚广元烟铺，杜宏利杂货铺，苏
伦昌酒店，胜泰衡庄，益安、政和、永盛、彭盛昌、郑和吕等客栈、家庭旅社以
及两三家"银楼"。20 世纪初，尤其是进入 30 年代，赣、粤、湘三省移民云集西
街[3]。陈公兴、万利祥、刘来兴、元安四大商号，占据了当年"十字街"的四角。
"元安"商号（现为"原始人"）位于西北角，主营杂货；"刘来兴"商号，位于东
北角，经营苏杭布匹；"万利祥"商号位于东南角，经营日杂烟酒；"陈公兴"商
号位于西南角上，经营杂货。还有"蒲同昌"商号在双月桥头开设了阳朔第一家
照相馆，后来在富安码头开设分店，并沿漓江、桂江、珠江主要商埠如平乐、梧
州、广州等地都有连锁店[4]。

　　清末民初，江西会馆以西仍是荒地，西街街道两边的住户，可以隔街伸手相
握；民国初年，西街西面延伸至城中路口（影剧院前）；民国 15 年（公元 1926
年），桂林至荔浦公路贯通，横亘城中路口的城墙被拆除，西街与桂荔公路相接，
延长至 800m；民国 24 年（公元 1935 年），西街两侧房屋各向内退出 3m，从而使
西街拓宽至 8m。至此，西街基本形成了如今人们见到的长 800m，宽 8m 的格局[5]。
抗战结束后，陈公兴、万利祥、刘来兴、元安四大商号和"蒲同昌"等逐渐衰退[6]。
中华人民共和国成立前的西街以会馆与各种类型的商铺为主，主要承载着商业、

---

① 阳朔县志，1988 年，第 11 页。
② 江西会馆，中华人民共和国成立后拆除了临街围墙，将大院辟为小广场，阳朔镇政府曾设在此处。后改为"工
　人文化宫"，现为"乐得法式餐厅"和"福禄宾馆"。此时期，赣、粤、湘三省移民还纷纷在阳朔西街建立了各
　自的会馆。粤东会馆创建于乾隆十八年（公元 1753 年），占地 1500m² 左右，中华人民共和国成立后改建为阳
　朔县第一家图书馆，后县文化局曾在此办公，现为县前街文化饭店；湖南会馆创建于道光二十年（公元 1840
　年），占地 1000m²，地址在桂花路。创建最早、规模最大的是江西会馆，始建于明代。
③ 王庆生，西街史话连载之四，http://www.yangshuo.net/ys/60/60304.htm。
④ 王庆生，西街史话连载之五，http://www.yangshuo.net/ys/60/60304.htm。
⑤ 阳朔县志，1985 年，第 11 页。
⑥ 王庆生，西街史话连载之五，http://www.yangshuo.net/ys/60/60304.htm。

住宿等方面的功能。西街在阳朔县城建城之初即为县城的主要道路，同时它还是历史上阳朔县城商业发展的起源地，"半是乡村半是店，可为耕种可为商"[①]则反映了西街大致的土地利用结构，即包括农用地、商业用地、宅基地等三种土地利用类型，其中农用地与商业用地所占比例大致相当。

中华人民共和国成立前，阳朔县城仅有少量设备简单的小客栈、旅社，床位不足 100 个。1958 年阳朔县委招待所改为阳朔迎宾馆，至 1960 年 8 月相继增设床位 70 多个，1968 年改为阳朔饭店。位于西街 116 号的国营阳朔饭店占地 2.3 万 m^2，营业性建筑面积 7230m^2，客房楼 5 栋，共 116 间，261 个床位，是当时我国最早的国营涉外饭店之一。后由马来西亚客商与中方合作经营，称为"百乐来度假饭店"（白彩云，2005）。1990 年后，西街的工艺品店铺数量继续增加，到 2000 年前后，这种发展势头减缓，而酒吧、餐饮店等数量开始增加，一直持续到现在。

1990 年后，国内外投资者开始关注西街的旅游投资，西街从半农半商的用地性质，逐渐向旅游商业区演化，所有店铺均面向旅游者，用地属性从农业用地、商业用地向旅游业用地转化。1999 年后，阳朔的城镇建设、城镇功能布局、建筑面貌发生了较大的变化，形成了以西街为核心，向其周围发展延伸的土地利用格局（图 6-1）。

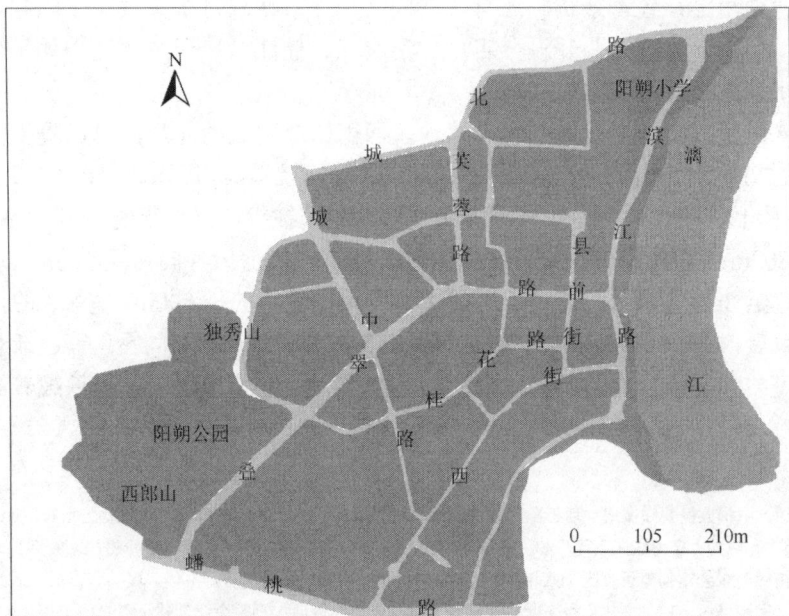

图 6-1　老城区主要街区示意图

---

① 王庆生，西街史话连载之五，http://www.yangshuo.net/ys/60/60304.htm。

纵观西街的变迁历史，可以总结为以下几个方面。

（1）由于阳朔属于漓江航道上的重要节点，加之其资源的独特性，中华人民共和国成立前就已经形成了以西街为中心的商业区，但是其规模较小，属于典型的历史小城镇。

（2）中华人民共和国成立前的西街位于城郭之中，城郭对于西街既有保护作用，又使其构成一个完整的土地单元，城郭之内形成了以西街、莲峰中巷、县前街为中心的商业用地结构，其形状为"十字形"。

（3）中华人民共和国成立前西街商业与农业并存，其土地利用类型以农、商混合型为主，比例大致相当。西街的土地利用功能主要服务于往来船商、客商以及当地居民。

中华人民共和国成立后，西街从商贸型向旅游服务型转换，随着游客的增多，西街用地类型发生了较大变化，从商业用地变成以旅游服务功能为主的用地形式。

二、西街土地利用类型的变化

（一）西街不同时期店铺的变化

1999年后，西街店铺发生了较大的变化，各种以满足旅游者消费需求的旅游服务兴起，随之而来的是旅游用地结构的变化，这种变化随着西街旅游店铺的更替出现较大的变动。从表6-1可以看出其变化特征如下。

表6-1　1999年、2003年、2006年西街店铺主要类别的数量对比

店铺种类	1999年		2003年		2006年	
	数量	占比/%	数量	占比/%	数量	占比/%
餐饮、住宿类	19	12.8	71	45.2	81	29.6
字画、工艺品类	95	64.2	39	24.8	70	25.5
旅游服务、服饰类	8	5.4	33	21.0	74	27.0
其他	26	17.6	14	8.9	49	17.9
合计	148	100.0	157	100.0	274	100.0

资料来源：桂林市城市规划设计研究院，2000；邱继勤，2003；中山大学旅游学院调研数据，2006。

（1）西街的店铺数量总体上处于增长状态。1999～2003年增幅较小，为6.1%，而2003～2006年增幅较大，为85.1%。其主要原因有两个。①旅游发展阶段不同。2003年前，阳朔的旅游业主要面对散客，国内背包旅游者、境外游客、周末休闲度假游客较多，游客总体数量较少，阳朔山水是其休闲度假的重要需求，店铺总量变化幅度较小反映了2003年前阳朔旅游经济的较低状态。随着2004年《印象·刘三姐》的成功，其时滞效应得到显现。阳朔成为桂林包价旅游线路

上的重要节点，团队游客成为阳朔的主体游客群体，大众游客的消费特性以及消费需求决定了西街店铺经营种类的多元化，由此也导致了店铺数量的增加。②店铺小型化。由于西街土地面积总量一定，店铺数量的大幅提升反映了店铺小型化的趋势。由于经营成本、土地成本以及经营风险等问题，西街店铺的变更较快，业主变换与铺面改造每月均有发生，店铺小型化可以较好地节约成本、规避经营风险。

（2）西街的店铺种类发生了较大的变化。1999 年阳朔店铺以字画、工艺品为主，而餐饮住宿类较少。2003 年餐饮、酒店类店铺占绝大多数，而字画、工艺品类数量急剧下降。2006 年旅游服务、服饰类店铺增加较多，三类主要旅游店铺种类基本持平，三分天下。

阳朔店铺的种类经历了"字画类为主—餐饮类为主—字画、餐饮、服饰类三分天下"的变迁，其原因可以分析如下。①1999 年前，阳朔的店铺主要面向境外游客，字画工艺品类是当时吸引境外游客的主要旅游商品，而西街店铺多经营赝品或者仿制品，赚取利润较大。以字画、工艺品类为主的店铺结构反映了当时的市场需求。随着西街整理力度的加强、国外消费者的理性以及消费者对阳朔西街字画类产品辨识能力的提高，相当数量的工艺品、字画类店铺经营不下去，特别是较多赝品的商铺更是如此。与此同时，西街开始成为国内游客特别是广州、深圳等珠三角城市游客的主要休闲度假地，酒吧、西餐厅等具有特色的餐饮店铺的数量开始增多。②2006 年店铺出现了餐饮、字画、服饰三分天下的局面，反映了西街的店铺已经进入普遍薄利的时期，各种类型的店铺收入再也难以出现大幅增长的局面，特色产品策略开始成为西街店铺的竞争策略。

（3）用地类型发生了变化。西街的发展以"十字街"为核心，中华人民共和国成立前的功能主要是商业中心，即面向当地居民、来往商贾，是居民生活、商贾经济交换的主要场所。中华人民共和国成立后，特别是 1990 年后，旅游业的发展使得店铺的面向性发生变化，从主要面向当地居民、外来商贾的生活、商业型城镇中心向面向旅游者的旅游商业中心转化，其用地类型从商、住型用地向旅游商业型用地全面转化，这种转化速度随着旅游的快速发展而加快。

（二）西街不同时期土地用地的状况

旅游店铺的变化反映的是不同旅游用地的变化，西街的旅游用地类型与数量随着不同类型旅游店铺的变化而发生改变。根据历史数据、调研数据结合遥感影像解译数据，本小节采用 1999 年、2003 年、2006 年三期数据进行对比分析。

1. 1999 年的用地类型状况与结构

从表 6-2 可知，1999 年的店铺中，字画、工艺品类所占面积最大，达到 62.8%，而餐饮、住宿类所占面积的比例较小，为 12.8%，西街的旅游用地以旅游购物品商铺用地为主。

表 6-2　1999 年西街旅游用地类型与数量

用地类型	面积/m²	占比/%
餐饮、住宿类	948	12.8
字画、工艺品类	4650	62.8
旅游服务、服饰类	550	7.4
其他	1250	17.0
合计	7398	100.0

资料来源：桂林市城市规划设计研究院，2000。

1999 年西街的土地利用类型以旅游店铺为主，除了 5 家尚未从事旅游商业服务外，其他的门面都已开始面向旅游者进行商品交易。此时期的店铺多以本地人经营为主，一般一楼面街的门面为店铺，而二楼或三楼供自己居住，商、住混杂的形式较为普遍。从土地利用类型来看，属于住宅用地与商业用地混合类型。

从店铺的空间分布来看，字画、工艺品类的店铺多分布在靠近滨江路的东面一端，而餐饮、酒吧类则靠近蟠桃路的西街的中部与南部。主要原因在于西街接近滨江路段的店铺多为狭长形，面街的门面较窄，面积较小，适合字画、工艺品等店铺类型，而中段接近蟠桃路的店铺面街的门面面积较大，适合餐馆、酒吧以及旅馆等需要较大面积的店铺类型。1999 年，县前街、桂花路等街道还没有面向旅游者的店铺类型，旅游店铺主要集中在西街。

2. 2003 年的用地类型状况与结构

随着旅游商业的发展，特别是 1999 年西街改造的成功，使得团队游客大幅提升。到 2003 年，西街所有店铺完全旅游化，面街店铺的底层铺面均面向旅游者服务。同时，旅游店铺在县前街、桂花路出现，旅游用地开始向外扩张，西街店铺的面积在 1999 年的基础上得到扩大。从店铺类型所占用的西街面积来看，以字画、工艺品、服饰类店铺所占面积最多，达到 55.9%，而餐饮、住宿类店铺的用地面积大幅度增长，达到 33.8%，但此时西街的店铺截止到西街与城中路相交的路面，并没有向蟠桃路方向延伸（表 6-3）。

表 6-3　2003 年西街旅游用地类型与数量

用地类型	面积/m²	占比/%
旅游商店	4602	55.7
餐饮、住宿类	2815	34.0
旅游服务	730	8.8
其他	125	1.5
合计	8272	100.0

从空间布局来看，2003 年西街旅游用地结构呈现较为规则的布局。旅游商店多分布在临近滨江路的一端，而餐厅、酒吧、家庭旅馆多布局在西街中段，具有食住功能的饭店多布局在靠近蟠桃路的一端，由此形成北、中、南三个较为独立的不同旅游功能地块的布局。

3. 2006 年的用地类型现状与结构

在《印象·刘三姐》成功演出刺激之下，阳朔旅游经过 2003 年短暂低谷后迅速攀升，游客人数大幅提升，直接影响到阳朔旅游商业的发展，在此背景之下，西街旅游用地的扩展也是必然的。

从空间结构来看，西街用地开始向蟠桃路方向拓展，其面积在 2003 年的基础之上增加了 1208m^2（表 6-4）。此阶段，西街店铺的布局开始混杂，没有呈现较为明显的分段性。从各类型的旅游用地所占的比例来看，餐饮、住宿用地、旅游商店用地、旅游服务用地基本相同，由此说明，2006 年西街的旅游土地利用结构处于平衡状态。

表 6-4　2006 年西街旅游用地类型与数量

用地类型	面积/m^2	占比/%
餐饮、住宿类	2640	27.9
旅游商店	2570	27.1
旅游服务	2440	25.7
其他	1830	19.3
合计	9480	100.0

4. 1999～2006 年土地利用变化分析

本节主要采取单一土地利用变化动态度与土地利用强度指数来计算西街的土地利用变化情况。其中单一土地利用类型动态度采取式（5-1）的计算方法。土地利用强度指数（LII）采用的计算公式为 LII=At/Ar，其中 At 和 Ar 分别表示旅游用地面积和居民用地面积[①]。

（1）从西街店铺面积的总量（表 6-5）来看，1999～2006 年店铺面积增加了 2082m^2，涨幅为 28.1%。主要来源于西街向蟠桃路拓展的 1208m^2，县前街、桂花路与西街的两条小巷的 874m^2 的面积。从年平均涨幅来看，1999～2006 年总体面积增长幅度为 3.5%。1999～2003 年的涨幅为 2.4%，而 2004～2006 年的增长幅度为 4.9%，后 3 年的涨幅明显高于前 5 年的涨幅。其主要原因在于：①受时滞效应的影响，1999 西街改造所带来的游客量上的快速递增趋势在 1999 年后得到显现，

---

① 土地利用强度指数是影响旅游容量的主要因子之一（吴必虎，2004）。

2004~2006 年的游客增长率要高于 1999~2003 年；②2004~2006 年是阳朔建成区投资急剧增加的时期，西街的土地得到充分的利用。从增长幅度来看，西街的土地利用总量变化并不是急剧增长，而是较缓增长。

表 6-5　不同时期西街不同旅游用地的类型与数量变化

用地类型	面积/m²			占比/%		
	1999 年	2003 年	2006 年	1999 年	2003 年	2006 年
餐饮、住宿类	948	4602	2640	12.8	34.0	27.9
旅游商店	4650	2815	2570	62.8	55.7	27.1
旅游服务	550	730	2440	7.4	8.8	25.7
其他	1250	125	1830	17.0	1.5	19.3
合计	7398	8272	9480	100.0	100.0	100.0

（2）从用地类型变化状态（表 6-5）来看，餐馆、酒吧、酒店、旅馆等用地类型发生了较大的变化。1999 年餐、住业用地占总用地面积的 12.8%，2003 年所占总用地面积达到 33.8%，而 2006 年开始回落，占总用地面积的 27.8%。1999 年旅游购物商店面积占总面积的大部分，达到了 62.8%，2003 年旅游购物商店的面积占比为 55.9%，2006 年其面积占总面积的比例缩减到 27.1%。1999 年旅游服务用地较少，只占总面积的 7.4%，2003 年其面积增加较慢，只占总面积的 8.9%，2006 年旅游服务面积大幅度增加，达到 25.7%。

（3）从旅游单一土地利用的动态变化度（表 6-6）来看，1999~2003 年西街餐饮、住宿类旅游用地变化最大，达到 32.63%，说明以餐饮、住宿为主的旅游用地面积增加幅度大，反映了餐饮、住宿用地是此时期旅游用地变化的主要类型，而旅游商店用地则呈现负增长状态，说明旅游商店减少。2004~2006 年西街旅游服务用地类型的变化较大，其动态变化率为 16.04%，反映了旅游服务用地数量的增长，其他类型的用地变化最大，达到 93.40%。说明 2004~2006 年西街的用地类型开始向多元化发展，除了传统的三种旅游用地类型外，其他类型的用地面积增加幅度较大。1999~2006 年旅游商店的面积一直处于递减状态，而旅游服务、餐饮等类型的旅游用地的面积呈现增长状态。反映了以工艺品、字画类为主的商铺用地类型向餐饮、住宿以及旅游服务用地类型的转变。1999~2003 年旅游商店用地类型向餐饮、住宿类用地转移较多，2004~2006 年则向旅游服务用地类型转移较多。

表 6-6　旅游土地动态变化度　　　　　　　　　　（单位：%）

用地类型	1999~2003 年	2004~2006 年	1999~2006 年
餐饮、住宿类	32.63	-2.92	6.34
旅游商店	-3.34	-0.60	-1.59
旅游服务	2.77	16.04	12.21
其他	-7.62	93.40	1.65

（4）从土地利用强度（图 6-2）来看，西街总体土地利用强度指数呈现出较强的上升趋势。也就是说，西街旅游性质的用地越来越多，而居民用地则越来越少，反映了居民用地向旅游业用地转化的过程，也反映了西街当地住户从西街外撤的现象。由于西街既是阳朔主要的景点也是主要的旅游商业街，兼具旅游观光与旅游购物两大功能，是阳朔旅游经济活动较为密集的区域，在经济利益的刺激之下，各种类型的面向旅游者的店铺向西街集聚，在形成经济聚集的同时也增加了土地利用的强度，居民用地逐年减少，并转化成旅游业用地。

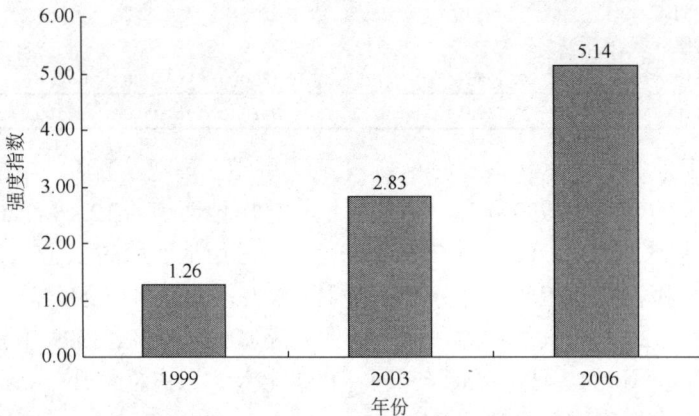

图 6-2　旅游用地强度指数

遥感计算机解译数据和土地利用现状图在 GIS 系统支持下获得。西街的店铺类型主要是面向旅游的商业用地（也可称为旅游用地）与居住的两种类型，因此居住面积＝西街总面积－旅游用地总面积。其中兼具旅游与居住的用地类型计为旅游用地。

从强度指数的年均变化率来看，1999～2003 年达到 31.2%，而 2004～2006 年达到 27.2%，均呈正增长状态，说明西街的土地利用强度每年都在增加，旅游业用地在不断增加，而居民用地则在逐年减少。由于 1999 年西街用于旅游业的用地面积基数较小，虽然 1999～2003 年旅游业增加的用地面积小于 2004～2006 年的面积，但其年均变化率却大于后者。另外，由于西街本地居民的逐渐搬出，西街居民用地面积数量越来越少，居民用地面积与旅游用地面积的结构也越来越趋于稳定，强度指数的年均变化率也会越来越小。

（5）1999～2006 年不同旅游用地面积的变化是由于不同时间段不同类型的店铺变化所引起的。从纵向来看，西街的旅游用地总量呈增长状态，但随着对西街用地的充分利用，西街旅游用地总量将不再增长。1999～2006 年三种不同的旅游用地类型随着时间的变化而出现不同的结构。1999 年西街主要是以旅游购物品商店用地为主，2003 年则以餐饮、住宿类用地类型所占面积最大，到 2006 年三类用地结构基本平衡，由此也反映了西街目前旅游商业的动态平衡与良性发展。

三、西街土地产权的变迁

西街土地产权的变迁反映了西街土地转让、租赁的活跃程度。中华人民共和国成立后，西街的土地产权发生了较大的变化，这种变化随着旅游的发展而出现较大的变动。可以看出，1999 年前阳朔西街的底层铺面已经开始旅游化（表 6-7）。1999 年前，西街土地产权发生了较大的变化，企事业等公有单位占 25.5%；私人产占 74.5%。这种转化随着旅游业在阳朔的兴起，其速度也越来越快，产权结构也发生较大了的变化。

表 6-7　西街建筑使用功能

门牌	使用功能	门牌	使用功能
1	营业、小工艺品、衣服	30	底层服饰
2	营业、小工艺品、衣服	31	上空，下字画店
3	营业、小工艺品、衣服	32	阳朔镇医院
4	底层经营小工艺	33	底层画店
5	—	34	底商，上层住宅
6	底门面	35	底层画店
7	底层 4 间服饰工艺	37	底层服饰，二、三层居住
8	底工艺品，上层居住	38	—
9	底商、酒楼	39	底层店面
13	底层工艺品，上层居住	40	—
14	底层画店，上层居住	41	底层小工艺品店
15	底层工艺品，上层居住	42	营业小工艺
16	底层服饰店	44	营业小工艺
17	底层工艺品，上层居住	45	底层为小工艺品店
18	居住	46	居住，小工艺
19	底层服饰，二层居住	47	底层为小工艺品店
20	上面二层宿舍（8 户），底层门面	48	小工艺
21	底层工艺，2 层居住	49	底层为蜡染工艺店
22	餐饮（碧江酒家）	50	小工艺
23	底层小工艺，上层居住	51	底层工艺，上层居住
24	底层小工艺	52	—
25	底层小工艺	53	底层蜡染小工艺，上层居住
26	底层画店	54	小工艺
27	底层服饰	55	底层蜡染小工艺，上层居住
28	底层服饰	56	小工艺
29	底层文物店	57	底层蜡染小工艺，上层居住

续表

门牌	使用功能	门牌	使用功能
58	—	86	底商画廊，上层居住
59	医院	87	底层服饰，上层居住
60	底小工艺品	89	底层蜡染工艺店，上层居住
62	上:住人；中:办公；下:营业	90	下店，上层居住
63	底层为蜡染手工艺品，上层居住	91	下店，上层居住
64	咖啡屋	92	底层服装，上层空
65	底层服装画店（两开间二层居住）	93	中行储蓄所
66	居住，小工艺	94	居住
67	底层服装，上层居住	95	底层服装，上层居住
68	居住，小工艺	96	画店
69	底层服装，上层居住	97	底层咖啡屋，上层居住
70	居住	98	底层门面照相
71	底层咖啡店，上部酒店	99	上居住，下小餐馆及蜡染店（四开间）
74	前店后房	100	门面照相后面住人
75	底层前店后住，上层居住	101	上居住，下小餐馆及蜡染店（四开间）
76	前店后房	102	底层商场二楼仓库办公
77	底层小工艺，上层居住	103	办公、住宅
78	竹林餐馆	104	下店，上仓库
79	旧址教室	105	—
80	饭店	106	下服饰店，上居住
81	上居住，下城关信用社	108	底层商场二层办公
82	一层新华书店门面	109	—
84	底四个门面，上住人（承租人）	110	—
85	办公楼，住宅		

资料来源：西街历史街区改造规划基础资料，阳朔县建设规划局，1999 年。

西街自古就是商业与住宅用地，同时政府的一些职能部门在西街也有门面。从西街所承担的功能来说，1999 年以前，西街兼顾商业、旅游、住宅、行政办公等功能，房屋权属较为复杂。但私人宅基地是主要的土地产权类型，所占比例为74.5%，企事业单位所占比例为 25.5%，即在西街 110 宗地中，私人宅基地占将近3/4，而企事业单位用地超过 1/4。

随着旅游业的发展，外来资金的进入，西街土地产权发生较大的变化，产权出让、租赁是主要的形式。从企事业土地属性来看，西街所有公有企业的土地全都租赁或者转让。

从西街产权属性的变化（表 6-8）可以看出，西街土地产权及建筑权属发生了较大变化。在土地产权属于公有的 28 宗土地中，有 7 宗土地产权发生变化，通过土地产权转让的形式"公转私"，其比例达到 1/4；而其他 21 宗土地还维持着公有产权的属性，但是这些土地通过以租赁的形式转给私人经营，收取土地租金，其比例达到 3/4。

表 6-8 2006 年西街企事业土地属性变化

门牌号	性质	变化类型	备注
6	公（轻工业局手工联社）	出让	—
39	公（医药公司）	出让	2003 年拍卖
20	公（物资局贸易公司）	出让	2002 年拍卖
34	公（县企业局）	出让	2001 年转租
108	公（中药店）	出让	—
109	公（中药店）	出让	—
104	公（糖烟酒公司）	出让	2002 年出让
9	公（物资供应公司）	租赁	
33	公（农业大队）	租赁	2004 年租出，15 年期
35	公（农业大队）		
59	公（县中医院）	租赁	2001 年租出作桑拿按摩铺面，后再租为丁丁酒吧
61	公（县邮政局）	租赁	—
62	公（工商联合会）	租赁	2000 年租出
66	公（中国银行）	租赁	20 世纪 60 年代为"被服社"，后中国银行购买，2003 年租出，作为"第七天堂"店铺，2005 年转租
77	公（中国农业银行）	租赁	—
79	公（文化馆原江西会馆）	租赁	属文化局
81	公（城关信用社）	租赁	—
60	公（新华书店）	租赁	—
82	公（新华书店）	租赁	—
86	公（新华书店）	租赁	—
31	公（饮食服务公司）	租赁	2006 年出租
84	公（伙食服务公司）	租赁	—
98	公（饮食服务公司）	租赁	—
85	公（县粮食局）	租赁	—
102	公（地产公司）	租赁	—
103	公（地税局旅游公司）	租赁	—
107	公（阳朔百货公司）	租赁	—
110	公（电影院）	租赁	—

资料来源：根据阳朔县建规局 MG，西街老住户 CGX、LS、MYM、GG 访谈并循环求证整理。

　　从西街户籍人经营店铺来看，其数字逐年降低。2003 年，西街住户自己经营店铺 45 户，占所有经营店铺中的 28.7%。由于西街竞争的激烈，加之店铺租赁价格升高，西街本地人更希望通过店面租赁的形式来收取土地租金，规避经营风险。2006 年西街 274 家店铺中，仅李莎酒店等 24 家为西街户主自己经营，占 8.8%。从莲峰中巷到滨江路的户主自己经营的较多，达 14 家，而从莲峰中巷向蟠桃路方向的自家经营的数量为 10 家。

随着西街旅游的红火，外来资金的注入，西街土地租赁形式越来越普遍。2000 年前，店铺租赁多采用 5 年、10 年、15 年等长期租赁的形式；而 2004 年后，以 1 年为单位租赁的形式较为普遍。与此同时，一次、两次乃至多次转租的形式开始出现并随之盛行。土地租金在多次转租中逐步提升，其结果是租赁经营的企业主直接成本大幅度提升，为了维持资金收入水平，提高旅游商品的价格或者以次充好就成为主要策略。以酒吧类产品为例，兰桂坊的漓泉啤酒、青岛啤酒、百威啤酒的价格达到 25 元，而 2001 年前此类啤酒的价格为 5～10 元，价格上涨 1.5～4 倍。

四、小结

通过本节分析可以认为，1999 年是西街土地利用变化的重要节点。1999 年前，西街土地利用变化较为缓慢。1999 年后，旅游影响下，西街的土地利用变化非常迅速。其变化主要集中在以下四个方面。

（1）西街建设用地总量增加。农业用地数量减少，建设用地数量增加，空置地得到较为充分的利用。

（2）西街不同旅游用地类型的变化较大。西街的旅游化程度迅速提高，已经完全旅游化，西街的旅游用地类型经历不同的发展阶段，各阶段用地结构也不一样。

（3）居民外迁。大部分居民逐步外迁，2006 年西街仅剩 8.8% 的西街户籍住户。

（4）土地产权转让。西街 75% 的公有属性土地发生产权转让或者租赁。

第二节　阳朔县建成区土地利用变化

旅游发展加大了对建成区土地利用的要求，由于阳朔老城区的功能较为混乱，商、住、文、旅交杂在一起，新建筑与老危房错杂，不利于游客的视觉感官与居民生活的需要，阳朔县政府进行了"五街一巷"以及后续"二街一巷"改造为主要内容的老城区改造。同时为了明晰功能分区，阳朔县的城市总体规划中增加了东、西、南、北四个新的功能组团作为行政、文化、居民等功能的组团，将老城区的行政部门、企事业部门以及老住户逐步迁出，以保持以西街为核心的老城区中心组团功能的完整性。随着老城区的改造以及新的功能组团的建设，阳朔 RBD 的空间形态也在发生变化。无论是老城区改造还是功能组团的变化，其核心都是土地利用的变化。

一、建成区土地利用过程

"县城位于县境中部偏南的漓江畔，元至正七年（公元 1347 年）始筑城墙，明清较完善，东、南、西门城墙上均有建楼亭。建国前夕，东城墙保全，南城墙基本完好，西城墙已毁，仅存一小段，当时全城面积 1.5 平方公里。城内仅有具前街、西街、水南街和莲峰巷四条街。"[①]

"元代至正七年（公元 1347 年），知县明安溥化'始依山建城，自都利（山）绕鉴山（碧莲峰），建敌楼，僻四门。'明景泰三年（公元 1452 年），县令吴洪宇于东继筑百余丈，其后又多次筑城，南北皆以山为天然屏障，东西则以大理石垒砌。东城墙从碧莲峰，下至都利山脚，西城墙从碧莲峰、城中路至北门。东西长500 米，南北宽 900 米，城区面积 4.5 平方公里。"[②]

中华人民共和国成立后，城区面积扩大了 4.5 平方公里，除原有街道外，增修了滨江路、城中路、城北路、榕荫路、桂花路、芙蓉路；阳朔公园、卧云亭、会仙亭、放鹤亭、鉴山楼、滨江公园、迎江阁等修葺一新，新建了阳朔码头、停车场、阳朔大桥、旅游商店和宾馆饭店。

1955～1985 年，风景建设投资共 291 万元，拆东城墙、南城墙，建旅游停车场，拓建迎薰门至龙头山的滨江路、飞瀑桥，东移青阳门、帜江楼，改建和修建滨江景区，修建中山纪念堂，修整徐悲鸿故居，修建曹邺读书岩等。

1955～1985 年县城改建的重点在于旅游基础设施的建设、景点的修葺和县城整体环境的改善。经 1984 年规划后，居民区已向北门厄、鲤鱼井、风鸣延伸，工厂大部分设在城郊，城区逐步改造成初具规模、古朴典雅的旅游小城镇。西街本身的格局并没有大的变动，但其周边景区及环境却不断得到修整、改建、绿化和保护（白彩云，2005）。

1985 年后，阳朔的城市面貌开始发生较大变化，特别是 1999～2006 年，阳朔的主要道路蟠桃路、荆风路、抗战路、观莲路、神山路、叠翠路等均在这一时期建成或完成改造，由此形成了以西街为中心的道路网络系统。其中蟠桃路、荆风路、抗战路、城中路是主要的交通干道。依托主要街区，形成了中、东、西、南、北四个不同的功能组团。

二、阳朔 RBD 的变化

（一）有关 RBD 研究

RBD（recreation business district）译作游憩商业区或者游憩商务区，它是伴随着城市旅游的兴起而出现的一个新名词，是旅游城市一种重要的空间形式。RBD的概念最早由 Stansfield 等 1970 年提出，是指季节性涌入城市游客的需要，城市内集中布置饭店、娱乐业、新奇事物和礼品店的街区。此后，有学者（Shaw et al，

---

① 阳朔县志，1988 年，第 11 页。
② 王庆生，西街史话连载二，http://www.yangshuo.net/ys/60/60304.htm。

1994；Getz，1993；Buitenshaw，1991）对 RBD 进行了概念、特征以及形成过程等方面的研究，但总体来说，研究成果不多，且多集中在对 RBD 概念的变性与特性分析方面。

国内对 RBD 的研究晚于国外，保继刚（1995）在探讨华侨城城区发展模式时，首次将 RBD 的研究引入中国，开创了中国 RBD 研究的范例。此后，RBD 的研究成为城市旅游研究中的热点，其中张立生（2006）在其博士学位论文中对前人诸多研究贡献进行了总结归纳。他认为国外的研究主要集中在 RBD 的概念与特征研究两个方面，而国内的研究则较为多样化，主要集中在概念与综述、开发与规划、形成过程与形成机制、功能与类型、区位与形态、游憩系统六个方面。RBD 的形成是历史的范畴，是形态学与空间学的范畴，对 RBD 的形态的演进与变化的研究是 RBD 研究的主要内容之一。保继刚等（2002）在对天河 RBD 的实证研究中，分析了 RBD 的历史形成过程与空间形态的演进。侯国林等（2002）分析 CBD 成长为 RBD 的可能性。

国内外关于 RBD 的研究虽然成果较多，但涉及 RBD 空间形态演变的最本质的因素——土地利用类型与结构变化的研究较少。实际上，RBD 形态的变化与土地利用类型与结构密不可分，主要表现形式为土地利用类型的改变。RBD 空间结构的变化与演进的实质是在政治、经济、社会等诸多作用力的驱动下，单一的商业用地类型变现的外部拓展与内部退化等形态，这种变化表现在二维平面上则是拓扑形态的变化，而表现在三维空间形态上则是建筑结构与空间形态的变化。由此可见，RBD 空间形态的变化核心是土地利用类型与结构的变化，因此从土地利用的角度来探讨 RBD 的形态、结构有利于更直接地解释现象、揭示本质。

（二）关于阳朔 RBD 的研究

蒋丽等（2005）把以阳朔西街为核心，东临漓江，西到阳朔公园，南至蟠桃路，北到城北路的老城区定义为阳朔县的 RBD，并进一步认为，阳朔县 RBD 用地规划调整主要根据旅游市场和旅游产品规划进行。用地规划调整采取的措施有：将现状 9 大类用地类型改为 7 大类，取消与旅游无关的工业用地和对外交通用地；减少行政办公用地面积；在桂花街以北地块上增加国际文化交流中心用地；在蟠桃路和西街交汇处增加外事停车场用地；恢复水面用地；增加文物古迹用地；增加广场用地；减少市场用地、医疗卫生用地和其他用地的面积。

张立生（2006）认为 RBD 需要满足以下特点：一是城市 RBD 的消费主体是外来旅游者；二是旅游吸引物是城市 RBD 的组成部分；三是城市 RBD 的旅游企业构成有其十分鲜明的特色，旅游企业是其企业构成的主体；四是城市 RBD 是零售商业区；五是城市 RBD 是一个由旅游企业在空间上高度集中构成的商业区。按照这些特点，蒋丽等（2005）的研究存在以下有待进一步思考的问题。

　　（1）研究区域的界定。蒋丽等（2005）的研究将"以阳朔西街为核心，东临漓江，西到阳朔公园，南至蟠桃路，北到城北路"的区域划为研究区域，其中包括西郎山、独秀山以及阳朔公园等在内的老城区所有用地划入 RBD 的范围中，导致范围过大，其潜在前提是认为老城区的所有区域都属于 RBD 的范围，而这与 RBD 的内涵不符。

　　（2）RBD 功能的界定。该研究将老城区划归 RBD 中，因老城区不仅具有旅游功能，还具有居住、行政、文化体育、教育等功能，在功能界定上，具有功能扩大化的趋势。

　　（3）与该区域界定相对应的是用地规划中关于 RBD 功能的扩大，蒋丽等（2005）的研究将老城区的所有用地类型均划入 RBD 的用地类型中，具有将 RBD 用地类型广义化的趋势。

　　（4）RBD 研究的动态性。蒋丽等（2005）的研究没有对 RBD 演变的动态性进行阐述，对土地利用形式的变迁没有进行描述。

　　在蒋丽等（2005）研究的基础上，本书对阳朔 RBD 区域范围、用地类型的界定忠实于 RBD 的概念，即指与旅游有关的街区，其用地类型主要包括饭店、游憩广场、餐饮、旅游商品等土地利用类型，并通过历时态的分析方法来还原 RBD 形成的时期与特点。

（三）阳朔 RBD 形成与空间形态的演化

　　改革开放后，阳朔 RBD 的空间形态的演化大致经历四个阶段。

　　（1）RBD 的雏形阶段："十字形"结构[图 6-3（a）]。改革开放前，阳朔旅游业已有发展，多为外事接待。阳朔的商业主要集中在西街、县前街与莲峰中巷三条街道上。西街一直是商旅往来之地，县前街为通往阳朔县政府的一条道路，饭店设施布局较多，莲峰中巷有较多的旅馆。从空间形态来看，呈现"十字形"结构，可认为是阳朔 RBD 的雏形，此后 RBD 的形成与扩展均依托这个结构。西街是阳朔 RBD 形成的基础，其强劲的经济扩张与集聚功能使得阳朔 RBD 围绕西街不断演化。

　　（2）RBD 的成长阶段："工字形"结构[图 6-3（b）]。1979～1999 年，随着我国改革开放，旅游业成为最早与国际接轨的行业，阳朔的旅游业也完成了从外事接待型向自主经营型转换。此时期，在"十字形"雏形的基础上，桂花路旅游商业发展起来，形成了"工字形"的空间格局。桂花路为民居一条街，有较多的家庭旅馆。西街、桂花路、县前街三条道路构成了阳朔旅游住宿、餐饮、购物的主要内容，集体承担起旅游、居住、商贸等功能。保继刚等（1998，1999）对 RBD 功能的研究认为，城市 RBD 应该服务于旅游者。首先，应该满足旅游者基本需要的功能，如饮食、住宿、交通，以及获取相关的信息。其次，应该为旅游者提供购物、观赏、娱乐、体验等多种功能，这些功能的齐全与集中程度往往对旅游者产生不小的吸引力。最后，城市 RBD 应该给予本地居民及周围的居民以足够的重视。按照 RBD 功能研究可以认为西街、桂花路相互连通的三条道路已经具备了 RBD 的功能。

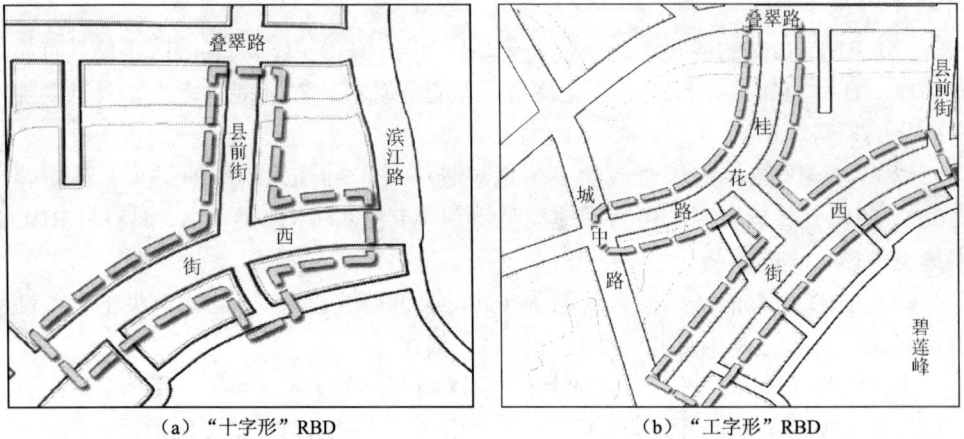

(a)"十字形" RBD　　　　(b)"工字形" RBD

图 6-3　阳朔 RBD 的空间形态（一）

（3）RBD 的进一步发展阶段："日字形"结构[图 6-4（a）]。1999～2003 年，阳朔 RBD 进一步发展。2003 年阳朔县陆续完成了"五街一巷"改造，阳朔 RBD 在西街、桂花路、县前街的基础上增加了新西街、城北路、滨江路、蟠桃路、观莲路等几条商业街，阳朔 RBD 在"工字形"雏形的基础上扩展成以西街、蟠桃路、叠翠路、新西街、滨江路、城中路为主要构架的"日字形"RBD 空间形态，由于该区域处于老城区的南部，又称南"日字形"结构。其中城中路、蟠桃路为交通干道，金龙酒店、西郎山酒店等大型酒店布局在这些交通较为发达的干道上。

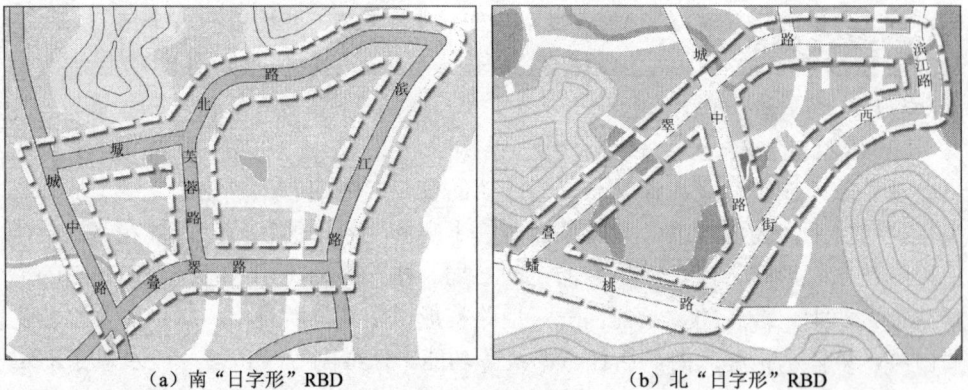

(a)南"日字形"RBD　　　　(b)北"日字形"RBD

图 6-4　阳朔 RBD 的空间形态（二）

（4）RBD 的初步完成阶段：双"日字形"结构（图 6-4）。2003～2005 年，阳朔相继完成"二街一巷"的规划与改造，阳朔 RBD 继续成长，在"日字形" RBD 基础上，继续朝外扩展，城中路向北、蟠桃路向西、城北路、芙蓉路、榕荫路、宝泉路、滨江路向北等，形成了网状 RBD 结构，这个结构由两个"日字形"结构构成，即在成长阶段的南"日字形"结构的基础上，再增加以滨江路、城中路、城北路、芙蓉路为主要骨架的北"日字形"结构，由此构成了阳朔的 RBD。此阶段也是阳朔县老城区主体交通网络改造、构建完成的时期。

从阳朔 RBD 的结构形态变化可以发现，阳朔 RBD 是以西街作为主要骨架朝外拓展形成的，通过西街商业、旅游服务的向外延伸形成了此后的空间结构。主要原因有以下几个方面。①西街自古就是商旅之地，从中华人民共和国成立至今，其商业功能一直发展着，旅游发展起来后，作为 RBD 的功能一直提升，并未出现衰退，可以认为阳朔城市拓展、城市化是以西街为核心进行的。②西街东部为碧莲峰、东北部为漓江、南部为蟠桃山，西街的旅游带动功能向东部、东北部、南部拓展受到地形条件的限制，因此阳朔 RBD 的形成是在西街的基础上向北部、西部拓展而成的，但受到总体的地形条件与社会经济发展水平的限制，阳朔的 RBD 局限在城北路以南、蟠桃路以北、独秀山以东、滨江路以西的区域①。③阳朔 RBD 的形成过程是伴随着旅游的发展而逐步形成的，由于西街租金的逐年提高，西街店铺呈现多样化、小型化的趋势，而大型化旅馆、饭店则因为租金的压力开始向西街周围拓展，由此形成西街主要是旅游信息、旅游商品服务，而西街外围主要是以餐饮为主的 RBD 格局。④有关规划对 RBD 的形成起到了重要的作用。"五街一巷""两街一巷"改造规划、旅游发展总体规划、阳朔县城总体规划等规划有意识地将文体、行政等功能从老城区迁出，使老城区形成以旅游服务为主要功能的单一的功能组团，并通过道路改造形成主要的交通脉络，为 RBD 的形成提供基础条件。

（四）RBD 变化的定量分析

本书采用形状指数、土地利用动态度对 RBD 的变化过程进行定量描述。其中，形状指数的计算公式②为

$$I = \sqrt{S} / P \times 100 \qquad (6-1)$$

式中，I 为形状指数；S 为多边形的面积；P 为多边形的周长。

土地利用类型的动态度的计算公式③为

---

① 阳朔东街与《印象·刘三姐》演出场地毗邻，集中了餐饮、住宿、旅游房地产等，但人气远远没有西街旺，从一个侧面反映了阳朔的 RBD 必须是以西街为核心的成片区域，不存在"飞地"形式的 RBD。

② 形状指数反映了斑块的规则程度，形状指数 I 越大，表明斑块较不规则，越小则表示斑块较为规则(刘小平，2004)。

③ 动态度的大小是反映用地扩张速度快慢的重要指标。动态度大，说明用地增长的速度就比较快。

$$K_i = \left[\text{LA}(i,t_2) - \text{LA}(i,t_1) / \text{LA}(i,t_1) \times \frac{1}{t_1 - t_2} \right] \times 100\% \qquad (6\text{-}2)$$

式中，K_i 为研究区域内某种土地利用类型 I 在监测期的平均变化速率；$\text{LA}(i,t_1)$ 和 $\text{LA}(i,t_2)$ 分别为该种土地利用类型在监测初期和末期的面积。

（1）从形状指数（表 6-9）来看，2005 年 RBD 的形状指数最大，达到 3.71，2003 年次之，1999 年最小。由此反映了阳朔不同时间段 RBD 的规模、大小与规则程度。1999 年，阳朔 RBD 局限在"工字形"结构的范围内，面积较小，形状较为规则。2003 年，阳朔 RBD 得到较大发展，扩展到"日字形"的范围。其用地格局以西街、叠翠路等主干道扩散，形状较不规则。2005 年，阳朔 RBD 基本形成，扩展到双"日字形"范围，其形状更加不规则，接近网状。

表 6-9　不同时期 RBD 的形状指数

时间	周长/km	面积/km²	形状指数	年均变化率/%
1999 年	1.15	0.11	0.03	—
2003 年	1.98	0.20	2.02	33
2005 年	4.31	0.40	3.71	56

资料来源：遥感计算机解译数据，在 GIS 系统支持下获得。

（2）从土地利用动态度来看，阳朔 RBD 总体扩展较为迅速，1999~2006 年土地利用动态变化度为 43.9%。1999~2003 年是阳朔 RBD 的平稳扩展时期，其年均增长率为 20.5%。2004~2005 年为急速扩展期，年均增长率达到 50%。

（3）在阳朔 RBD 成长与发展过程中，一直存在各种土地利用类型之间的矛盾冲突。1999 年以前，阳朔老城区各种土地利用形式混杂，其中行政、居住、商业用地是主要的利用类型。1999 年后，阳朔旅游有较大发展，RBD 结构开始走向复杂化，形成以西街、蟠桃路、叠翠路、新西街、滨江路、城中路为主要构架的"日字形" RBD 空间形态，这个"日字形"结构位于老城区的南部，可称为南"日字形"结构。2005 年后，阳朔 RBD 开始向网络化方向发展，形成了双"日字形"结构，即除了原有的南"日字形"结构外，还增加了以滨江路、城中路、城北路和芙蓉路为主体骨架的北"日字形"结构。从形成时间来看，北"日字形"晚于南"日字形" 3 年左右。由于漓江游是阳朔重要的旅游项目，一般来说，RBD 的形成会沿着风景较好、路面较宽的滨江路展开，北"日字形"结构的形成会早于南"日字形"结构的形成，但事实却恰恰相反。其主要原因如下：2005 年前，北"日字形"结构所在的区域为行政用地，在行政用地的挤压之下，旅游用地只能选择其他的发展方向。2005 年后，大部分老城区的行政机构基本完成了向外搬迁工作，北"日字形"结构范围内的用地具有成为旅游用地的前提，RBD 向北发展也就成为事实。

（4）从 RBD 形成的驱动因素来看，阳朔 RBD 的形成主要是由于游客人数的增多造成旅游用地需求增大，加之地形影响，地价、物价以及租金上涨，使得老城区的居住地、行政用地一步步外迁，从而使得老城区形成以旅游服务为主要功能的较为单一的旅游用地类型。可以说，阳朔 RBD 演化主要是由旅游带来老城区用地紧张的推力与政府逐步引导、控制老城区的住宅用地、政府用地向外拓展的拉力组合作用造成的，"推拉"作用在阳朔 RBD 的形成中具有典型性。

三、建成区功能组团的变化

（一）功能组团的形态变化

1985 年《阳朔城市发展总体规划》以老城区为中心，没有东、南、西、北组团的功能分区，2001 年《阳朔城市发展总体规划》在 1985 年规划的基础上提出了功能组团的概念，其主要目的是为了让老城区功能单一化，成为以旅游商业为主的功能组团，而行政、文化、居住等城市功能开始向东、西、南、北四个组团倾斜（表 6-10）。由此形成以政治、文化、体育为主，兼顾居住商业服务的县城新中心区的西组团，主要区域为大村门；以旅游交通及服务设施发展用地为主的北组团，主要区域为北门厄；以适当发展各类旅游观光及服务设施用地为主的东组团，主要区域为东街、东岭；以城市向风景区过渡的协调区，加以发展，可在现有建设基础上发展以商业贸易、教育科研、城市居住、市政基础工程和仓储等用地为主的南组团，主要区域为矮山门小区。

表 6-10　各功能组团形成的时间

组团	形成时间
中心组团	1999 年
东组团	2003 年
西组团	2004 年
南组团	2005 年
北组团	2006 年

资料来源：根据阳朔县建设规划局 MG、LYS、MYM 等深度访谈整理，2006。

城市功能分区的变化反映的是土地利用类型的变化。1999 年前，东、西、南、北四个功能组团所在区域均为农村，农用地、宅基地是主要的土地利用类型，随着四个功能组团的开发，组团所在区域的农用地转变土地利用类型，土地市场也开始活跃。以西街等为中心的老城区则逐步实现多功能、多用途的土地利用类型向单一功能与用途的旅游用地转化。由此可以看出，阳朔旅游的发展促进了旅游功能区为中心的城市功能格局的形成。由于阳朔大部分地区属于喀斯特地形，孤峰林立，适合城市发展的较平坦的地形多分布在孤峰之间的溶蚀盆地中。阳朔地形的特殊性决定了阳朔建成区的空间格局不同于地形较平坦的城市，阳朔的空间格局呈现出交通干道联通不同功能组团的"菱形飞地"式发展格局（图 6-5）。

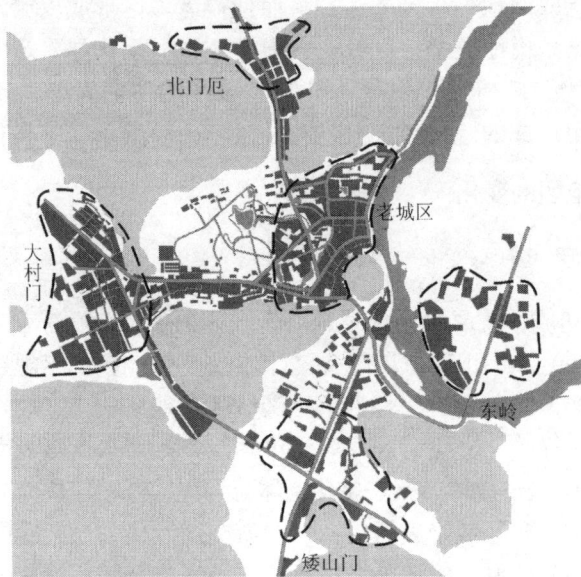

图 6-5　阳朔建成区空间格局现状

（二）土地利用变化的定量分析

本节主要采取土地利用形状指数、土地利用变化动态度来衡量建成区土地利用变化情况。

从形状指数（表 6-11）来看，西组团与中心组团最大，呈现不规则的多边形。而北组团与东组团较小，形状较为规则。由于西组团为阳朔大村门开发区，属于商、旅、住宅、政府用地杂居的类型，加之其空间较大，形成了向多方向发展与延伸的空间格局。中心组团为阳朔的老城区，改革开放以来的城镇化，使得老城区内的土地得到较为充分的利用，形成了紧邻碧莲峰、漓江、龙头山、独秀山、西郎山、蟠桃山等地标的紧凑性土地利用空间格局，现主要为旅游功能。东组团为东岭用地，属于居住用地，在阳朔城市总体规划中拟将其调整为旅游设施用地，但由于阳朔为漓江国家风景名胜区的一部分，城市规划的用地功能调整受到严格的限制，东组团尚未完全开发，土地利用格局为带状发展状态。北组团为北门厄小区，属于居住用地与农业用地，由于阳朔城市发展的重心并不在北部，北部组团的土地利用格局没有受到城市化非常大的冲击，目前呈现带状发展状态，形状较为规则。

表 6-11　不同功能组团的建筑区形状指数

组团	周长/km	面积/km²	形状指数
中心组团	3.21	0.39	4.74
东组团	1.43	0.08	0.45
西组团	3.50	0.48	6.58
南组团	3.37	0.47	6.55
北组团	2.45	0.11	0.49

资料来源：遥感计算机解译数据，在 GIS 系统支持下获得。

从建设用地利用动态度（表 6-12）来看，2003~2004 年扩展最快，2004~2005 年次之，1999~2003 年最小。阳朔建设用地变化动态度反映了建成区土地利用扩展的速度，其中 2004 年建设用地扩展最大，2005 年次之，2003 年前较小。2004 年阳朔西组团大村门开发区完成建设，阳朔重要的行政部门、部分居住完成向大村门的拓展，同时东街完成部分建设，2004 年是阳朔建成区用地面积变化最大的年份。2005 年，阳朔建成区基本完成矮山门居住、商业功能区的建设，这一时期阳朔建成区的建设面积仅次于 2004 年，成为阳朔建成区土地利用变化的重要年份。2006 年建成区土地利用变化较少，主要原因在于阳朔建成区的结构已趋于稳定，较难有大规模新功能组团的开发。

从功能组团的驱动因素来看，影响阳朔建成区功能组团形成的首要旅游驱动因素为游客人数，游客人数的增加一方面使得旅游收入得以提升，另一方面加快了城镇建设、增加了对旅游设施的需求，由此也客观地造成了地价的提升。在老城区用地有限的前提下，出现土地供需紧张，为了缓解旅、地供需矛盾，政府引导下的政府用地、住宅用地、文化教育用地外迁可一方面暂时缓解了旅游用地紧张的问题，另一方面客观地促成了建成区功能组团的形成。

表 6-12　建设用地变化动态度　　　　　　　　　（单位：%）

时间	建设土地利用动态度
1999~2003 年	5.13
2003~2004 年	102.13
2004~2005 年	49.47
2005~2006 年	7.75
1999~2004 年	28.70
1999~2005 年	44.00
1999~2006 年	41.80
平均	39.85

资料来源：遥感计算机解译数据在 GIS 系统支持下获得。本表所求土地利用动态度是指建设用地大类，表示随着功能组团的不断扩张，建设用地的动态变化趋势，以 1999 年为基年。

四、旅游企业用地变化

(一)建成区旅游企业变更与旅游用地特点

企业变更反映了企业优胜劣汰的自然状态，折射着市场的变化，主要有企业注销与新增两种情况。企业的注销一般表明企业处于亏损状态，而企业的增加一般表明经营此类商品有利可图。旅游企业的增加与注销反映了旅游市场需求的变化与取向，同时也反映了旅游用地的变化。阳朔的旅游企业在空间上主要集中在老城区的西街、新西街、城中路、蟠桃路、碧莲巷、抗战路和滨江路等 11 条主要街道上，其中西街、新西街、城中路、蟠桃路等是主要的集聚街区。企业变更的原因来自于较多方面，其目的都是希望"利益最大化、成本最小化"。在旅游企业的运营中，土地成本是重要的方面。邱继勤（2004）在对西街小企业的研究中发现，西街旅游小企业数量的增加，一方面导致竞争加剧，另一方面又导致西街店面的房租大幅度上涨，经营成本提高，大部分旅游小企业的经营陷入"顾客数量逐年增加，营业收入却逐年减少"的怪圈之中。

因无纵向对比数据，无法计算阳朔建成区每年不同类型企业变化的数据[①]，但可以进行横向比较。从表 6-13 可以看出，购物、餐饮以及日杂是主要的新增企业，而住宿业的新增企业最少。其中，购物新增企业所占比例为 24.1%，餐饮所占比例为 25.0%，日杂所占比例为 26.8%，而住宿所占比例最小，为 11.1%。

表 6-13　2005 年阳朔城区新增企业统计

路名	购物	住宿	餐饮	日杂	其他	合计
蟠桃路	12	4	7	6	2	31
碧莲巷	0	0	0	0	4	4
观莲路	1	0	2	1	0	4
叠翠路	5	0	1	1	1	8
抗战路	5	0	3	14	2	24
西街	0	0	0	0	0	0
新西街	0	0	0	0	0	0
榕荫路、芙蓉路	0	4	4	1	2	11
城西路	1	2	1	3	2	9
荆风路	2	2	9	3	1	17
合计	26	12	27	29	14	108
占比/%	24.1	11.1	25.0	26.8	13.0	100.0

资料来源：根据 2005 年阳朔城区企业变更登记表整理所得，阳朔县工商局，2005。其中，日杂主要包括五金店铺、小百货店铺；购物主要包括超市、服装店、茶叶卖场、箱包店等；其他主要包括网吧、单车出租等。

① 2005 年以前的企业变更登记没有分城区与乡镇进行，加上部分统计薄的缺失，难以获得纵向数据。

表 6-13 的数据较为客观地反映了阳朔城区小企业的发展状况。一方面，购物企业特别是土特产超市、工艺品等店铺在新增店铺中占较大的比重，而这些购物店铺主要是面向旅游者的，本地人较少在此类店铺消费。特色餐饮数量的增加也反映了旅游者对阳朔小企业的影响，而住宿企业较少的主要原因有两个：一是因为住宿一般需要较大的成本（包括租金、员工、经营、宣传），一般企业难以承担较大的经营风险；二是反映了阳朔住宿业的较低利润与饱和状态，由于低价竞争、家庭旅馆数量较多等多种因素的存在，住宿业已不能成为迅速带来较大收益的行业。

从城区各条道路新增企业的变化可以看出，西街与新西街均为零增长状态，而抗战路、蟠桃路、荆风路新增企业较多，其中抗战路所占比例为 22.2%，蟠桃路所占比例为 28.7%，荆风路所占比例为 15.8%，碧莲巷、叠翠路、榕荫路、芙蓉路等均有数量不一的企业增加。由于西街、新西街区位、地段较好，成为商家必争之地，随之而来的是地价与租金的升高和劳动成本的升高，由此带来的经营成本的升高成为西街、新西街企业面临的主要问题。而西街、新西街外围的街区成为后来企业、企业连锁或者扩张以及经营不善企业再次开发、经营的选择。按照集体选择理论[①]，阳朔县目前城区的土地利用形式是集体选择的结果，土地成本的增加使得西街、新西街核心商业区的旅游企业开始转向周边的街区，由此也改变了这些街区的土地利用类型，旅游用地成为主要的用地类型。

阳朔建成区企业的注销数量达到 29 家，主要集中在西街、新西街，二者合计 15 家，占 51.7%（表 6-14）。这一方面反映了西街、新西街企业间竞争的激烈性，另一方面也反映了西街、新西街企业的高风险性。

表 6-14 2005 年阳朔城区注销企业统计

道路名称	蟠桃路	碧莲巷	观莲路	叠翠路	抗战路
注销企业数量	1	1	0	3	3
道路名称	西街	新西街	榕荫路、芙蓉路	城西路	荆风路
注销企业数量	11	4	0	3	3

资料来源：笔者根据 2005 年阳朔城区企业变更登记表整理所得，阳朔县工商局，2005。

在注销的企业中，购物类数量最多，达到 13 个，所占比例达 44.8%，日杂与餐饮类次之，分别占 20.7%、17.2%，而住宿类仅有 2 个，所占比例最小，只有 6.9%（表 6-15）。这一方面反映了购物类企业的经营较为灵活，竞争压力较大；

---

① 保继刚等（2004）在用集体选择理论来解释历史城镇商业化的原因时，认为历史城镇的商业化是旅游者的选择、政府官员的选择、当地居民的选择、商铺业主的选择共同作用下的必然趋势，缺乏预见性的外力作用将会改变历史城镇旅游商业化的部分特征，但整体方向不会改变。后面的章节将进一步探讨集体选择理论在阳朔旅游用地中的应用。

另一方面也反映了住宿类企业的不太容易变更。

表 6-15　2005 年阳朔城区注销企业类型统计

企业类型	购物	住宿	餐饮	日杂	其他
注销企业数量	13	2	5	6	3
占比/%	44.8	6.9	17.2	20.7	10.3

资料来源：根据 2005 年阳朔城区企业变更登记表整理所得，阳朔县工商局，2005。

由于区位、交通以及历史成因的不同，不同道路的租金也存在差异，位于 RBD 核心区域的街道，其租金明显高于周边地区，这种租金的距离衰减规律在阳朔建成区表现得非常明显。按照距离西街的远近，阳朔城区的租金呈现出强烈的递减趋势，西街的租金一枝独秀，成为名副其实的旺铺。

综合分析可以得出如下结论。

（1）旅游企业的变更导致旅游土地利用类型的改变，旅游购物、餐饮企业的增加反映了旅游购物、餐饮用地的增多。

（2）旅游企业的变更向西街外部拓展，具体表现在西街没有新增企业，而其外围的蟠桃路、叠翠路、抗战路新增旅游企业较多。同时，西街的注销企业在所有道路中最多，表明旅游用地类型有从西街向外扩展的趋势。

（3）各条道路新增且多数为旅游类型的企业，而注销企业多为日杂类型的企业，反映了各条道路旅游化的趋势。反映到土地利用上，则为土地利用类型从一般商业型向旅游商业型的转化。

（二）旅游设施用地与道路分布特点

1. 酒店设施与道路分布

酒店与家庭旅馆是阳朔主要的旅游用地类型，按照道路的不同，各个酒店的数量也不一样。从表 6-16 可以看出，按照道路来统计，蟠桃路酒店的数量最多，占 27.2%，西街次之，占 15.0%，紧接着依次为抗战路、县前街、城西路、滨江路、城中路、碧莲巷、叠翠路、观莲路和荆风路。在这些道路中荆风路最长、蟠桃路次之，接着依次为城西路、抗战路、叠翠路、城中路、观莲路、西街、滨江路，县前街最短。

按照酒店的道路密度来进行统计，由大到小依次为县前街、西街、蟠桃路、抗战路、碧莲巷、滨江路、城中路、城西路、叠翠路、观莲路与荆风路。西街的酒店密度则明显高于蟠桃路，在阳朔建成区的所有街道中，县前街的酒店密度最大，达到 5.0 个/hm，西街次之，为 4.2 个/hm。

按照酒店的房间来统计，蟠桃路最多，达到 1042 间，西街次之，接着依次为观莲路、抗战路、城西路、叠翠路、县前街、滨江路、城中路、碧莲巷和荆风路。

按照床位来统计，蟠桃路最多，达到 2138 张，西街次之，为 1391 张，接着依次为观莲路、抗战路、城西路、县前街、城中路、滨江路、碧莲巷与荆风路。

按照雇工数量来统计，蟠桃路最多，西街次之，接着依次为抗战路、观莲路、城西路、叠翠路、滨江路、县前街、城中路和荆风路。

表 6-16　阳朔建成区主要道路酒店有关指标统计

指标	蟠桃路	西街（含新西街）	抗战路	县前街	城西路	滨江路	城中路	碧莲巷	叠翠路	观莲路	荆风路
道路长度	15.9	5.2	9.5	2.4	9.8	4.8	5.5	4.0	7.9	5.2	16.9
酒店数量	40	22	20	12	11	7	6	6	6	3	3
房间数量	1042	679	515	199	300	185	133	94	273	662	31
床位数量	2138	1391	999	452	650	259	260	187	569	1250	71
雇工数量	557	431	313	102	191	118	74	19	181	199	12
平均房间	26.1	30.9	25.8	16.6	27.3	26.4	22.2	15.7	45.5	220.7	10.3
平均床位	53.5	63.2	50.0	37.7	59.1	37.0	43.3	31.2	94.8	416.7	23.7
平均雇工	13.9	19.6	15.7	8.5	17.4	16.9	12.3	3.2	30.2	66.3	4.0
密度	2.5	4.2	2.1	5.0	1.1	1.5	1.1	1.5	0.8	0.6	0.2

数据来源：根据阳朔县旅游局 2005 年 7 月统计数据整理而成。单位依次为 hm、个、间、张、人、间/个、张/个、张/个、人/个、个/hm。道路长度为 IKNOS 1m 的遥感卫星数据量算而得。

从表 6-16 可以进一步分析得出以下几点。

（1）县前街是酒店最为集中的一条街。县前街临近西街，濒临漓江，没有西街的喧闹，又有漓江的美景，加之区位较好，地价较低，是客栈、家庭旅馆的理想场所，在此街上有 12 家不同类型的旅馆。线路酒店集中度达到 5.0 个/hm，是所有道路中最大的，可以认为该道路是以酒店设施用地为主要利用类型的街道。

（2）蟠桃路的酒店数量最多。蟠桃路是阳朔主要的交通干道，临近西街，向西通往桂林。蟠桃路上的酒店数量达到 40 家，酒店的床位数、房间数以及雇工数量的总量最大。酒店主要集中在西街口 200m 的范围内，并通过西街口向东、西两端延伸。由此表明，酒店设施等较大型用地项目向西街外围拓展，其中蟠桃路是主要的拓展方向。

（3）西街的酒店类型最为齐全。西街的酒店既有百乐来四星级宾馆，也有李莎酒店等家庭旅馆，酒店体量大小不一，主要是在于企业主的经营能力以及店铺面积的大小。但近年来，西街的酒店出现了外迁的趋势，特别是希望做大酒店业的企业主一般保留着西街的小型酒店，而在西街的外围建设大型的酒店。例如，李莎酒店继续保留着在西街的李莎酒店，但在芙蓉路新建了李莎大酒店，扩大经营规模。

（4）观莲路酒店规模最大。观莲路上只有唐人街、君豪酒店、容苑酒店三家酒店，从酒店单体来说，观莲路的酒店规模最大。阳朔城市总体规划中将东岭用作旅游设施用地，阳朔旅游用地的外围拓展向东倾斜，观莲路是通往东岭的唯一干道，从发展趋势来看，观莲路将逐渐成为旅游用地的主要道路。

2. 其他旅游设施与道路分布

道路对建成区旅游设施的布局以及由此导致的旅游用地的利用影响较大。在阳朔的旅游设施布局中，旅游用地按照主要交通干线布局的特征非常明显。从建成区主要道路旅游设施的总量统计来看，西街、叠翠路、蟠桃路的最多，其中西街所占比例最大，达到 46.0%；叠翠路次之，达到 21.6%。从旅游设施在道路所有设施的比例来看，城中路所占比例最大，达到 97.2%；蟠桃路所占比例最小，所占比例为 45.2%（表 6-17）。蟠桃路、叠翠路的功能较为复杂，既具有旅游服务功能，又具有生活服务功能，而西街、城中路、县前街、桂花路结构较为单一，主要以旅游服务为主。从土地利用结构来看，西街、城中路、县前街、桂花路等街道主要为旅游用地，而蟠桃路、叠翠路具有包含旅游用地在内的不同用地类型。

表 6-17　建成区主要道路的旅游设施统计

设施	桂花路	芙蓉路	莲峰中巷	县前街	城中路	蟠桃路	西街	叠翠路
相片冲洗	0	0	0	0	0	0	3	4
俱乐部	2	0	0	0	0	0	2	2
超市	1	2	0	2	5	12	13	10
书画	0	0	0	0	0	0	13	5
音像	0	0	0	0	0	0	5	0
旅游服务	2	0	0	1	1	3	8	6
旅馆	10	0	2	2	2	11	10	3
酒吧	0	0	0	16	0	0	17	0
餐厅	10	7	0	1	2	13	35	28
工艺品	0	0	0	0	5	0	57	1
酒店	1	2	0	1	4	17	6	3
服装	3	0	0	4	6	1	67	45
纺织	0	0	0	0	10	0	6	7
民居	0	0	3	0	0	0	0	3
住&吃	12	0	0	0	0	0	7	0
其他	7	8	1	1	1	69	25	51
合计	48	19	6	28	36	126	274	168
旅游设施	41	11	5	27	35	57	249	117
占比/%	85.4	57.9	83.3	96.4	97.2	45.2	90.9	69.6

资料来源：中山大学旅游学院，2006 年 8 月调研数据。

根据阳朔商业店铺多按道路分布的特点，可用旅游设施的道路密度来反映旅游设施按道路分布的疏密，按道路设施密度指数来表示[①]，其反映了旅游设施的集聚程度。从表 6-18 可以看出，西街的密度指数最大，达到 0.48，反映了西街是最典型的旅游设施集聚街区；叠翠路次之，说明叠翠路是重要的旅游街区。蟠桃路、莲峰中巷的密度指数最小，说明蟠桃路与莲峰中巷属于多种功能聚集的街区。实际上，蟠桃路是阳朔的主要干道，分布着酒店、汽车修配、杂货、网吧、服装店、文具店等多种类型的店铺，其用地类型较为复杂。莲峰中巷除了酒店外，主要是居住区，旅游设施用地与居住地是主要的用地类型。

表 6-18　旅游设施道路密度

道路名称	设施总数/个	道路长度/m	设施密度指数
西街	249	520	0.48
叠翠路	117	790	0.15
桂花路	41	340	0.12
县前街	27	240	0.11
城中路	35	550	0.06
芙蓉路	11	200	0.06
蟠桃路	57	1590	0.04
莲峰中巷	5	400	0.01

资料来源：遥感计算机解译数据和土地利用现状图在 GIS 系统支持下获得。

由表 6-17 和表 6-18 可以看出，西街、桂花路、县前街、叠翠路等街道是主要的旅游设施分布街道，桂花路、县前街、叠翠路均与西街相通，形成网状布局。莲峰中巷虽临近西街，但旅游设施较少，主要是由于街道窄小，而多为居民居住区。蟠桃路、城中路旅游设施较多，但由于道路较长，密度较小。蟠桃路、城中路为主要的交通要道，其中蟠桃路向西连通桂林、城中路向北则是阳朔县主要的乡镇道路，在其道路两边的汽车修理、汽车配件、五金等店铺则具有明显的外向性服务的特点。

五、建成区土地利用变化的阶段划分

根据建成区土地利用变化与旅游企业的土地利用特点的分析，可以总结建成区土地利用变化大致可以分为三个阶段。

1. 1999 年前一般城镇化[②]缓慢扩张阶段

1999 年前，阳朔建成区集中在老城区（即中心组团所在的莲峰社区），城镇扩张多为城镇人口增加造成的自然扩张状态，城镇扩张的速度较为缓慢。此时期阳朔建成区的旅游商业发展较慢，多集中在西街、桂花路、县前街（RBD 形态处

---

① 道路设施密度指数＝旅游设施数量/道路长度。

② 这里所指的一般城镇化，是指城镇化发展过程是由城镇人口的自然增长而造成的城镇化现象。

于"十字形"与"工字形"时期)。西街并没有完全旅游化,属于商、住、旅三种用地混合时期,城镇化受旅游的影响较小。

2. 1999～2003 年旅游城镇化[1]较快扩张阶段

1999 年西街改造、2003 年阳朔老城区"五街一巷"改造的相继完成以及由此而来的国内游客的大幅度增长,使得阳朔建成区空间上得到拓展,阳朔建成区开始向大村门(西组团)、矮山门(南组团)等地扩展,RBD 的形态也发展到"日字形"结构时期。

该时期,阳朔建成区土地利用变化明显受到旅游化的影响。在旅游影响下,旅游者的选择、商铺主的选择、当地居民选择、地方政府的选择均朝着集体理性方向发展,即当地居民开始搬离老城区(中心组团)向西组团、南组团拓展,服饰、酒吧、西餐等商铺主开始向西街聚集,而大型酒店等则向西街外围的蟠桃路、城中路拓展。该时期,阳光 100、城中城等较大型商业地产开始进入建成区。

3. 2004～2006 年旅游城镇化快速扩张阶段

2006 年阳朔基本完成了老城区的改造,政府行政用地逐渐向大村门(西组团)拓展,加之《印象·刘三姐》的开发成功,阳朔聚集了旺盛的人气。这一时期,阳朔建成区开始向东岭(东组团)、北门厄(北组团)发展,其中依托《印象·刘三姐》公园开发出来的阳朔东街以及周围田家河、木山等旅游化的村落建设扩展较大。阳朔建成区的建设明显出现成片开发的趋势。

六、建成区土地利用变化的有关结论

本章第一、二节探讨了西街以及建成区土地利用变化的有关内容,得出如下结论。

(1)西街是阳朔土地利用变化的起点,西街用地经历了不同时期的变化后,用地结构渐趋稳定,呈现餐饮用地、旅游服务用地与旅游商店用地三分天下的格局。西街土地产权的变迁随着旅游业的发展更加频繁,但土地产权的出让则呈下降趋势。西街土地利用的强度呈现先上升后下降的趋势,但总体仍呈上升趋势。

(2)阳朔 RBD 的变化经历了不同形态的转变后,形成了较为稳定的双"日字形"结构。RBD 用地面积的扩张速度呈现为 1999～2003 年的平稳扩展时期,2004～2005 年的急速扩展期。

(3)阳朔功能组团在老城区(中心组团)居住用地、行政用地、教育用地等

---

[1] 旅游城镇化,是指以旅游产业发展,特别是以旅游为主导或支柱产业发展为目标引发的城镇化现象,或者说以旅游为主要动力的城镇化现象(邱云志,2005)。

的逐步外迁后形成了东（东岭）、西（大村门）、南（矮山门）、北（北门厄）以及中心组团（老城区）五个组团。其建设用地面积扩展速度以 2004 年、2005 年最快，而 2006 年则较慢。

（4）旅游企业用地变化宏观上呈现从西街向外围扩展的格局，而微观上则呈现占地面积小的旅游特色商店等小企业向西街集聚，占地面积大的酒店则向西街外围拓展。旅游企业主要是沿着道路布局，蟠桃路、观莲路、城中路成为旅游化较快的道路，这些道路从一般商业用地向旅游商业用地转化。

（5）阳朔建成区变化过程中没有大型的用地项目。由于进入难度较大（因国家风景名胜区对建设用地的限制），大型的房地产企业、占地面积大的房地产项目较少在阳朔出现。

（6）在租金与地价的控制之下，阳朔建成区土地利用类型变化较快，但土地利用面积变化的总量较小。

（7）阳朔建成区土地利用的变化呈现明显的阶段性。其中 1999 年、2003 年是重要的中间界点年份，在阳朔建成区土地利用变化中具有明显的分界作用。

（8）旅游影响下阳朔建成土地利用变化的基本过程是西街店铺扩张—RBD 扩展—城市功能组团扩张，即西街是阳朔建成区土地利用变化的核心，阳朔建成区土地利用变化的三个过程存在同步性，也存在异质性。

第三节　阳朔县建成区土地利用变化的影响因素

城镇化是社会文明演进过程的必然要求（柳士顺，2005）。在城镇化进程中，产生了较多关于土地利用的理论，其中城市的有机疏散理论、城市的聚集经济理论、城市的空间组织理论以及城市的地租和竞租理论是主要的理论形式（宋戈，2005）。阳朔的城镇化进程具有明显的阶段性，在市场控制因素、地方政府导向因素、事件促进因素、管理控制因素等影响下，阳朔建成区土地利用表现出不同的阶段特点。

一、市场控制因素

（一）地价

基准地价是一个历史的范畴，反映的是一定时期土地的基本市场价值，是土地转让与开发的基础。相比于实际地价来说，基准地价较为客观地反映了经济发展的速率，而实际地价则在操作中存在虚高或者热炒。阳朔的旅游发展所带来的经济利益刺激了外来投资，西街由于是历史文化街区，用地规模基本固定、建筑风格与容积率等受到严格的控制，现有的土地投资多为私人宅基地土地转让，或者是"公转私"。由于用地的极大限制，西街的地价上升很快，从 1996 年到 2003 年 8 年间，地价从 1571 元/m² 上升到 5950 元/m²，增长 2.79 倍。

旅游的发展与地价的关系被较多人研究，其中陈卫东（1996）以深圳为例探讨了旅游对地价的影响，其主要衡量因子为商品房的售价，并认为深圳锦绣中华、中国民俗文化村、世界之窗等主题公园的开发建设创造了良好的建设环境，促进了邻近土地使用价值的提升和使用功能的改变（表 6-19）。

表 6-19　深圳经济特区多层商品住宅综合售价

时间	罗湖		福田		南山		华侨城	
	售价/港元	增长率/%	售价/港元	增长率/%	售价/港元	增长率/%	售价/港元	增长率/%
1988 年	3063	—	3078	—	2033	—	2015	—
1989 年	3937	28.25	3904	26.48	2700	17.39	2495	18.86
1990 年	4948	25.65	4898	25.46	3100	14.81	2665	6.81
1991 年	6680	35.00	6539	33.50	4132	33.29	6167	131.41
1992 年	7692	15.15	7231	10.58	6000	45.21	7556	22.52

由于阳朔的产业结构较为单一，以旅游为主导产业的经济产业体系决定了地价更多地受到旅游业发展的影响。随着旅游业的发展，旅游用地的需求越来越强烈，在土地总量一定与严格的土地管理政策之下，阳朔的地价在外来投资增多的情况下将会出现较高的价格。

阳朔旅游的发展促进了地价的上升，在旅游发展的初期，这种上升趋势并不明显，地价上升的主要因素是城镇发展与城镇化。随着旅游业在阳朔主导地位的确立以及阳朔基础设施的建设与完善，旅游对地价的影响也越来越大。这种变化主要表现在作为阳朔 RBD 核心的西街，其地价大幅提升，而后这种效应扩展到与西街毗邻的新西街、蟠桃路、叠翠路、城中路、桂花路、滨江路、榕荫路、城西路、抗战路等阳朔城区的主要道路。

以旅游服务为主要功能的房地产项目在阳朔开始增加，阳朔城中城、阳朔阳光 100 是其中的代表。城中城项目由广州华太房地产发展有限公司开发，投资金额为 300 万元。阳光 100 商业街项目由北京阳光 100 集团投资开发，项目一期总投资金额为 1.5 亿元。2006 年城中城面街的一层店铺平均租金为 1300～1500 元/m²，而后建成的阳光 100 项目面街的一层店铺的租金则达到了 2000 元/m²[1]。阳朔的基准地价在 1996～2003 年发生了较大的变化，主要表现在以下几个方面（表 6-20、表 6-21）。

① 数据来源于作者对两家企业销售部经理访谈。

表6-20 阳朔县县城区基准地价表

属性	I			II			III			IV		
	1996年基准地价/(元/m²)	2003年基准地价/(元/m²)	增幅/%	1996年基准地价/(元/m²)	2003年基准地价/(元/m²)	增幅/%	1996年基准地价/(元/m²)	2003年基准地价/(元/m²)	增幅/%	1996年基准地价/(元/m²)	2003年基准地价/(元/m²)	增幅/%
商业	1571	5950	278.7	1082	3560	229.0	704	2390	239.5	445	1160	160.7
住宅	748	2850	281.0	460	1550	237.0	313	890	184.3	240	460	91.7
工业	345	450	30.4	250	360	44.0	190	270	42.1	150	190	26.7

资料来源：阳朔县土地局，2003，已整理。I表示阳朔县城老城区，II表示阳朔县城东岭村组团，III表示阳朔县城大村门组团，IV表示阳朔县城矮山门与北门厄组团。

表6-21 阳朔县县城区基准地价比率

属性	I		II		III		IV	
	1996年	2003年	1996年	2003年	1996年	2003年	1996年	2003年
商业	4.55	13.22	4.33	9.89	3.71	8.85	2.97	6.11
住宅	2.17	6.33	1.84	4.31	1.65	3.30	1.60	2.42
工业	1.00	1.00	1.00	1.00	1.00	1.00	1.00	1.00

（1）从不同类型的地价来看，商业用地的地价变化幅度最大，平均增长幅度达到227.0%；住宅用地地价的变化幅度次之，平均增长幅度达到198.4%；而工业用地增长幅度最小，平均增长幅度为35.8%。商业用地是阳朔城市的主要用地类型，受旅游业的影响，阳朔商业用地变化幅度较大，而商业地价的上升也相应地拉动了住宅用地价格上升。由于阳朔工业用地较少，阳朔的工业用地受旅游业的影响不大，35.8%的变化幅度可视为自然增长幅度。阳朔的商业用地较大部分是面向旅游者的旅游用地，因此商业用地地价的升高实际上主要是旅游用地地价的升高。

（2）从不同等级的地价来看，商业、住宅与工业三类地的二级用地增幅较大，平均增幅为170%，其中住宅用地二级用地的增幅最大，达到237.0%，而一级三种类型的用地平均增幅为103.8%，一级地的商业用地与住宅用地增幅相当。其主要原因可解释为受阳朔自身经济发展的抑制，位于城市核心区的一级三种类型的用地的基准地价已接近其地价的最高水平，但是位于核心区外围的二级用地却随着商业、住宅区的向外拓展，地价迅速提高，其增长幅度明显高于一级用地的增长幅度。

（3）从不同类型不同等级的用地来看，商业用地、住宅用地、工业用地的增幅按照等级的不同呈递减趋势，由此说明旅游对不同类型的用地呈现出距离衰减规律①与区位规律。一般来说距离城市中心区西街较远的各种不同类型的用地价格增长幅度较小，由此可以更加清楚地证明旅游对地价的作用。

（4）从时间断面来看，1996 年商业、住宅、工业用地三类用地地价的比率为 4.55∶2.17∶1.00，而 2003 年这个比率变为 13.22∶6.33∶1.00，商业用地地价变化幅度最大，而工业用地地价变化幅度最小，商业用地与住宅用地地价的比率处于较为稳定的状态，即商业用地地价是住宅用地的 2 倍。

按照线路的不同，阳朔建成区道路的地价表现不同的价格，以西街为核心，呈距离衰减规律，但同时又受到道路等级的影响（表 6-22）。从表 6-23 中，2003 年阳朔县城区商业路线段地价的统计可以得出如下结论。

表 6-22　道路属性表　　　　　　　　　　（单位：m）

道路名称	道路长度	宽度
叠翠路	790	16
城北路	650	9
滨江路	566	7
芙蓉路	200	8
府前巷	170	5
观莲路	850	11
城中路	550	11
桂花街	340	6
莲峰巷	400	4

资料来源：遥感计算机解译数据和土地利用现状图在 GIS 系统支持下获得。

表 6-23　2003 年阳朔县城区商业路线段地价

路段编号	路段名称	是否与西街接壤	道路中心与西街的距离/m	线路地价/(元/m²)
1	西街	—	—	7350
2	叠翠路	否	405	6820
3	蟠桃路	是	420	6510
4	新西街	是	360	6420
5	桂花路	否	190	5160
6	城中路	是	438	4840
7	榕荫路	否	476	3150
8	滨江路	是	484	3140
9	抗战路	否	1120	3050
10	城西路	否		1800

资料来源：线路地价为阳朔县国土资源局数据，2003。道路中心到西街的距离为遥感计算机解译数据在 GIS 系统支持下获得。

---

① 学术界公认的一般距离衰减有 3 种基本模式、5 种类型（张捷，1999）。

（1）西街是主要的商业街，因历史、区位的原因，其地价一直较高，反映了西街的土地价值在所有道路中处于第一位，远高于其他道路的线路价格。

（2）以西街为中心，与西街临近的蟠桃路、叠翠路地价仅次于西街，而与西街接壤的桂花路、新西街则地价次于蟠桃路、叠翠路，其主要原因在于蟠桃路、叠翠路是阳朔城市的主要交通干线，而桂花路、新西街的道路较窄。

（3）滨江路虽然与西街接壤，但其地价却排第 8 位，主要是由于滨江路交通较为不便，可达性较差。

（4）随着西街地价的升高，阳朔大型旅游设施开始向西街周围拓展，蟠桃路、叠翠路、滨江路、城中路等是主要的拓展道路。大型酒店设施在西街外围布局，原因是西街地价较高。但其结果是大型酒店设施在外围的布局，又使得外围道路的地价大幅度提升。

（5）图 6-6 表明，阳朔线路价格与道路交通中心到西街的距离具有较强的相关关系。R^2=0.9904，说明曲线拟合好，能通过该方程预测其他道路的线路价格。同时也可看出，阳朔线路地价按照距离西街远近呈现衰减趋势。

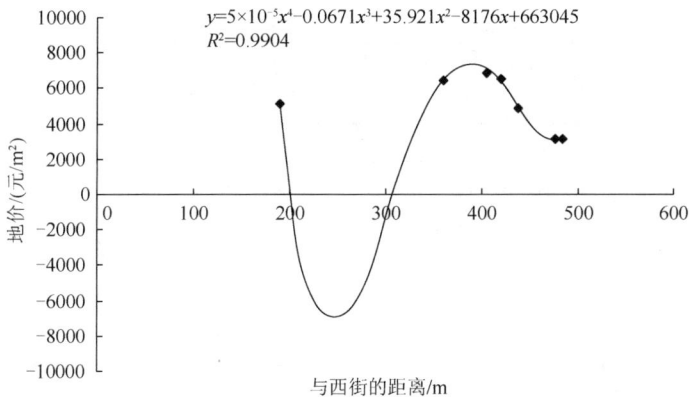

$$y=5\times10^{-5}x^4-0.0671x^3+35.921x^2-8176x+663045$$
$$R^2=0.9904$$

图 6-6　与西街距离和地价的回归分析

（6）从表 6-24 可以看出，蟠桃路、城中路、叠翠路、抗战路的酒店规模较大，而桂花路、滨江路、城西路多为家庭旅馆形式的旅店，酒店的规模较小。从道路的特性不难发现，蟠桃路、城中路、叠翠路以及抗战路为阳朔大的交通干线，而且距离西街较近。而桂花路、滨江路、城西路道路路面多较窄，不是主要的交通干道，虽然距离西街较近，但其酒店的规模也较小。

表 6-24　2006 年主要道路上主要酒店统计

道路名称	酒店名称	酒店规模		
		房间数/间	床位数/张	从业人数/人
西街	瑷源饭店	78	136	50
	丽景假日宾馆	65	145	23
	威尼斯酒店	40	72	30
蟠桃路	华荣大酒店	118	230	72
	百乐来度假饭店	147	286	60
	锦竹宾馆	57	111	35
叠翠路	鸿泰假日酒店	98	220	60
	映山红酒店	92	180	45
	金龙饭店	34	71	30
桂花路	天然居	27	54	4
	龙泉酒店	10	27	4
城中路	书童宾馆	60	118	40
	晨光酒店	23	47	10
滨江路	观景酒店	15	35	10
	华侨酒店	71	40	15
抗战路	漓江酒店	100	190	50
	汇长峰大酒店	66	119	25
	景阁酒店	60	118	25
城西路	李莎饭店	92	180	45
	山水宾馆	39	83	18
	阳城酒店	40	79	25

资料来源：阳朔县旅游局，2006。

（二）租金的变化

　　租金是一个历史范畴，是指使用土地的代价——土地使用者向土地所有者交纳的租用土地的代价。旅游发展对阳朔租金的影响直接反映在租金的变动上，特别是旅游街区最近的变化。为了控制租金的畸形增长，阳朔县政府在建成区房屋出租时增加了对出租土地出租契约的税、费的规定（表 6-25）。从表 6-26 可以看出，阳朔从 2003～2006 年的租金年平均增长率为 38.0%，道路的年平均增长率较为平均，除西街外均在 37%以上。

表 6-25　建成区房屋出租税费

收费项目	计费方法
房产税	年租金的 4%
营业税	年租金的 3%
住房租赁手续费	100 元/套，由出租人承担
城市建设维护税	营业税的 5%
教育费附加	营业税的 3%
城镇土地使用税	视地段征收
防洪保安费	租金的 1‰

资料来源：根据阳朔县国土资源局 HRC 访谈整理。

表 6-26　建成区主要线路租金

主要道路	2003 年平均租金/（元/m²）	2006 年平均租金/（元/m²）	年均增长率/%
西街	900	1958	29.6
蟠桃路	550	1750	47.1
叠翠路	550	1500	39.7
县前街	650	1700	37.7
榕荫路	550	1500	39.7
平均	640	1681.6	38.0

资料来源：根据 10 个深度访谈与 22 份土地租赁合同资料整理，2006。

二、地方政府导向因素

　　阳朔地方政府在建成区发展过程中起到非常重要的作用，除了政策制定外，政府对老城区的投资改造对改变阳朔投资硬环境起到重要的作用，使得外来投资、本地投资开始向老城区集中并向外围扩散。

　　阳朔老城区是指以西街为中心的建成区，属于莲峰社区管辖，主要包括西街、新西街、滨江路、蟠桃路、桂花路、府前巷、叠翠路、城北路、芙蓉路、观莲路、城中路和莲峰巷等街道在内的范围，即北到龙头山，南到蟠桃山，西至独秀山、西郎山、阳朔公园，东至漓江、碧莲峰的区域。区域周长为 3211m²，面积为 0.39km²，形状指数为 0.048，区域较为规则。随着游客人数的增多，加大了对老城区道路、旅游设施的利用强度。老城区内道路景观、建筑以及功能需要面向旅游者，历史建筑保护性改造、交通干道等级提升需要以旅游者为主要诉求。未改造前，老城区是阳朔旅游、工业、商业、行政、文化、体育和居住等功能的中心，其功能分区并不明确。随着阳朔社会经济的发展，特别是以旅游为核心的第三产业的兴起，老城区已经难以承载太多的功能，其发展受到制约，在游人较多的"黄金周"，老城区已经不堪重负。

从 1999 年的西街改造开始，阳朔为了适应旅游驱动下城市化的发展需要，通过以道路整饬、房屋整改、建筑扩建为核心的老城区的改造，将不同功能区逐步外迁，使之形成单一旅游功能的旅游商业区。2001 年，阳朔开始叠翠路、城北路、滨江路、芙蓉路、府前巷、观莲路"五街一巷"的改造，继此之后，阳朔又开始了城中路、桂花街、莲峰巷"二街一巷"的改造。截至 2006 年，阳朔已基本形成以西街、叠翠路、城中路、滨江路等主干道路为核心的旅游商业网络布局（表 6-27、表 6-28）。

表 6-27　阳朔主要道路改造基本完成年份

主要道路	改造基本完成年份
西街	1999
新西街	2001
蟠桃路	2001
城西路	2001
芙蓉路	2002
叠翠路	2002
县前街	2003
抗战路	2003
桂花路	2004

资料来源：阳朔县建设规划局 MG、LYS 访谈整理，2006。

表 6-28　"五街一巷"有关城市设计技术参数

道路名称	道路长度/m	拆迁面积/m^2	保护面积/m^2	整治面积/m^2	新建面积/m^2	绿地面积/m^2	车场面积/m^2
叠翠路	790	24925	—	11568	13615	10252	125
城北路	650	14000	—	12330	10248	10850	640
滨江路	566	6636	1300	7380	5760	13734	190
芙蓉路	200	5308	—	6002	5233	335	216
府前巷	170	5280	—	3450	6550	300	120
观莲路	850	6000	—	2340	14768	33534	300

资料来源：阳朔县老城区街道城市设计基础资料汇编，桂林城市规划设计研究院，2000。

三、事件促进因素

在西街土地利用格局形成过程中，1999 年西街的保护性改造[①]以及 2004 年《印象·刘三姐》实景剧的成功上演起到较大的作用。

[①] 本应将西街改造纳入到地方政府因素中，但鉴于西街改造的重要意义及其产生的游客增加、城镇旅游化以及 RBD 的变化等连锁反应，本章将西街改造作为实践因素单列出来，主要是为了突出其重要性，以彰显其在阳朔土地利用变化中的重要作用。

（一）1999 年西街改造

　　1999 年改造前，西街的店铺多为 50m² 的铺面，建筑以 20 世纪 70 年代以前的居多，其比例达到 72.3%，而 80 年代以后的建筑只占 27.7%。房屋建筑结构以砖木结构为主，所占比例达 71.8%，其他结构所占比例仅为 28.2%。房屋的完整程度较低，仅占 22.3% 以下，其中砖木结构的房屋的完整率只占 9.8%。整个西街的建筑处于破旧、风格不统一的状态，为了使得西街接纳更多的旅游者，真正成为阳朔的主要旅游节点，对西街进行保护性开发显得非常重要[①]。

　　1999 年，阳朔县开始实施西街保护性整治工程，工程总预算 2600 万元。整治内容包括西街两旁公、私房屋立面整治，上、下水管道治理，电力、电讯线路治理，县前街、桂花路、龙家巷 3 条小街的路面整治，电影院门前广场和江西会馆门前广场整治，双月桥改造等。1999 年阳朔县政府委托桂林城市规划设计研究院完成《西街保护性改造规划》编制，规划通过审批后，西街改造正式进行，截至 2000 年，西街保护性改造主体完成。西街改造分为三期：第一期将西街翻修成现有的青石板路；第二期将电线、通信线路地埋；第三期改造建筑风貌等。西街的改造本着"整旧如旧"的原则，对建筑、色彩进行统一改造，特别是对重点节点——西街西入口、江西会馆（现文化宫）、滨江路东入口三个节点进行重点的设计，形成了节点突出、建筑风格统一的特色旅游街区。

　　西街改造后，其建筑风貌得到较大的改观，游客数量得到较大的提高（表 6-29），成为桂林包价旅游线路上的重要节点。以店铺租赁经营旅游商品为主的外来投资开始增多，西街住户开始逐步外迁，并将房屋租赁，收取租金。西街开始从商、住混杂的街区向单一功能的旅游商业区转化。

表 6-29　西街游客统计

年份	人数/万人次	增加幅度/%
2001	146.5	—
2002	178	21.5
2003	128.9	−27.6
2004	189.5	47.0
2005	233.7	23.3

　　资料来源：阳朔旅游局，2005。

（二）2004 年《印象·刘三姐》大型实景歌舞剧

　　《印象·刘三姐》是由桂林广维文华旅游文化产业有限公司投资建设，由张艺谋

---

① 数据来源：阳朔县老城区街道城市设计基础资料汇编，桂林城市规划设计研究院，2000。

等执导的大型桂林山水实景剧，于 2004 年 3 月 20 日公演。演出场地占水域 1.654km²、占地 100 亩（约 0.067km²），观众席设座位 2500 个，其中普通席 2365 个，贵宾席 100 个，总统席 35 个，其规模较为庞大，直接带来当地就业 120 人。《印象·刘三姐》的成功运作，带来了大批的游客，白天游西街、赏阳朔山水，晚上看《印象·刘三姐》成为桂林旅游线路上的重要内容，阳朔也成为留驻游客的重要目的地。2004 年阳朔的旅游人数大幅提升，总人数达到 320.2 万人，增幅达到 13.9%[1]。

《印象·刘三姐》的后续效应明显，主要体现在两个方面。①形成旅游产业聚集。阳朔东街（紧邻《印象·刘三姐》公园的商业街）因为《印象·刘三姐》的成功演出而开发出来，占地 30 亩（0.02km²），形成了以餐饮、旅游房地产为主的街区；西街以及其他建成区的街道因为游客的增多，渐趋兴旺。《印象·刘三姐》与西街成为阳朔旅游的重要内容。由于发展的需要，《印象·刘三姐》希望在现有土地的基础上拓展企业发展的空间，除了将原来租用的木山村的 120 亩（0.08km²）土地征用外，还增加征用了木山村的 50 亩（约 0.03km²）土地用作酒店建设开发。②乡村旅游化。围绕着《印象·刘三姐》及其演出场地的田家河村形成一系列的家庭旅馆，木山村也在土地征用后开始了旅游化进程[2]。

四、管理控制因素

（一）西街土地管理

阳朔县政府为了保证西街的旅游土地利用的稳定性，采取了严格的土地利用变更控制措施。从表 6-30 可以看出，西街土地管制主要集中在以下几个方面。

（1）土地变更方面。土地之上房屋的扩建、改建需要阳朔县建设规划局与国土资源局联合审定，由国土资源局确定四界，建设规划局审定施工方案，审定后不能私自改变图纸施工，必须符合施工要求。

（2）土地控制红线方面。西街的建筑应严格按照《西街保护性整治规划》《老城区详细规划》和《城市规划法》的有关规定进行，建筑不能占用公共空间，不能随意建设与规划不相符的任何建筑。西街土地管理的实施，保证了西街的建

---

① 由于 2003 年的数据不具有参考价值，此处的增幅以 2002 年游客总人数为基年数据。
② 陈志钢等（2007）在研究山东日照王家皂村城市边缘区乡村旅游化效应时，得出如下结论：旅游化的效应，一方面反应了旅游化的进程，另一方面反映了城市发展对农村的影响。有利于将"农村现代化"与"国家政治、经济变迁对农村社区造成的影响"两种农村社区的研究取向结合起来，使之在过程与结果研究上形成契合，突破单方面研究的局限性，构建整体研究框架；旅游化给农户带来了可观的经济收入，但更重要的是在旅游化进程中，农民具有较强的自主性与参与性。通过参与旅游，农户的经济意识得以提高，在旅游正的示范效应的影响下，农民的道德素质、社会责任感等方面得到增强。陈志钢等（2007）在研究城市边缘区乡村旅游化动力机制时得出，农村劳动力向旅游服务集中、旅游经济收入已成为农村收入的主要来源、旅游化呈现非均衡性等特点。

筑特色、总体大小以及旅游范围。

（3）法律责任方面。由于经营的需要，西街企业主往往会对房屋进行改造。西街管理规定中为了规避西街公共土地的私自占用和西街建筑不符合规范的私自拆迁、改造，从法律责任上对有关建筑改造、土地利用进行了规定，使得西街处于严格的保护之下。

表 6-30 西街土地利用与建设管理规定

规定	颁布时间	内容	解释
《西街保护性整治建设审批程序》	1999 年	建筑定性	西街定性四类建筑：一类为保存建筑；二类为外立面保留、内部改造建筑；三类为外立面改造、内部整治建筑；四类为外立面改造建筑
		办领《建设用地规划许可证》	业主填报的"申请表"，报经县建设规划局及"西街整治办"审定批准后，根据西街保护性整治实施进程安排，分期、分批、分段进行审批，核发《规划建设用地界线图》以及《建设用地规划许可证》及其附件，业主凭以上手续到县土地局办理有关土地使用手续，并委托设计单位进行建筑整治施工设计
		办领《建设工程规划许可证》	业主凭土地审批有关证件，填报《建设工程规划申请表》同时上报建筑整治设计施工图，由县建设规划局核发《建设工程规划许可证》及其附件，并确定施工工期
		开工及建设	按照施工图进行施工
《阳朔县西街保护性整治工程建设管理规定》	1999 年	规划建设管理规定	1.西街临街各类建筑整治，经专家鉴定后对各类建筑按照不同的研究进行整治。2.西街临街需改建的建筑，由户主到西街保护整治办公室领取西街建房申请表，经有关部门批准后，按《城市规划法》中的规划审批程序办理建房手续。3.西街建筑物前的地面、雨棚、广告牌及建筑室内，建房户不得随意建设，要上报设计方案，经规划审批后由专业人员负责施工制作。4.为了不影响西街的旅游发展，根据规划管理的需要，西街的保护性整治必须是分期、分批、分段进行
		西街建筑设计管理规定	1.西街临街建筑设计依据《西街保护性整治规划》和《旧城详细规划》的规定统一设计，西街临街建筑设计应具有浓厚的地方民居风格，建筑要求：外墙为白粉墙、小青瓦坡屋面、木门、木窗、木制栏杆、油漆手刷漆，青石板步行道。2.西街临街建筑的建筑层数、层高按《西街保护性整治规划》的规定执行。3.所有西街建筑的设计均按《西街保护性整治规划》进行方案设计，设计方案经县建设规划局审批后，方可进行建筑施工图设计，施工阶段设计人员应到现场指导，保证设计内容的完全体现
		西街建筑的法律责任	1.西街环境整治必须严格按照《西街保护性整治规划》《老城区详细规划》和《城市规划法》的有关规定执行。2.对于施工过程中违反上述有关规定、擅自更改图纸施工者，由县城管大队依据《城市规划法》的有关规定进行处罚，并申请县人民法院强制执行，按图恢复施工。3.西街建筑物的户主在施工过程中无理取闹、阻挠、威胁、破坏西街的保护性整治，视情节轻重给予处罚，直至追究法律责任

资料来源：阳朔县建设规划局，1999。

（二）县城总体规划

《阳朔县城总体规划》的编制与实施对阳朔建成区土地利用起到较大的控制作用，由于受国家风景名胜区有关条例控制，《阳朔县城总体规划》实际上受到国家建设部和广西壮族自治区两级的规划与土地的双重制约，其县城总体规划具有较高级别的法律约束力。1985 年阳朔县编制了中华人民共和国成立后的第一个《阳朔县城总体规划》，此次规划在县城各项社会经济及城建工作中发挥了较好的指导作用，城市的主要道路，大型公共建筑及其他公共服务设施基本按照总体规划建设实施。由于受历史的局限以及市场经济发展的制约，1985 年的规划难以满足城镇发展的需要。1999 年由桂林市城市规划研究设计院开始修编，2001 年完成，在 1985 年《阳朔县城总体规划》的基础上，提出了功能组团的概念（表 6-31）。

表 6-31　阳朔县历次城市总体规划

编制时间	规划内容	规划详细介绍
1985 年		根据 1985 年县城总体规划，县城有东、西、南、北四个发展方向，由于主导发展方向不明确，虽经多年建设，仍未能形成完整的城市组团，疏解旧城人口，造成旧区的压力不断加剧。因此，必须对城市发展进行新的分析与评价，作为新城市规划布局的依据
2001 年	总体目标	风景旅游名县
	总体布局	古城居中再现旅游名县风貌；自然山水划分的组团式格局；山环水绕的园林城市骨架；五组团分化城市经济职能
	城市建设用地规模	1995 年建成区用地 90.82m²/人，2000 年为 95m²/人；2010～2020 年为 105m²/人。阳朔县城城市用地规模：2000 年为 3～4km²，2010 年为 5～6km²，2020 年为 7～8km²
	规划用地布局	工业用地：城区工业用地 10.33hm²，该区除主要规划为居住用地外，还将工业用地规划调整为科研、教育及市政用地，进行土地置换，原用地改为第三产业用地，适当扩大城南工业用地，作为无污染工业用地。
		居住用地：原居住用地主要集于中心组团，住宅基本是经单位建房和私人建房形式零星兴建；随着城市规模的扩大，现已向城西、北、南三方向发展，主要是以私人建房形式兴建

资料来源：根据《阳朔县城市总体规划》修改，2001。

（三）国家风景名胜区管理条例

阳朔属于漓江国家风景名胜区的重要组成部分，按照国家风景名胜区的相关管理条例，建设以及建设用地受到非常严格的控制。阳朔建成区土地利用受国家风景名胜区条例的控制较严。2006 年未颁布《风景名胜区条例》以前，《风景名胜区管理暂行条例》起到监督、管制的作用。

1. 《风景名胜区管理暂行条例》

1985年6月27日，国务院发布《风景名胜区管理暂行条例》①（为了引用的方便，以下简称《暂行条例》），对风景名胜区的组织管理与主管部门、土地管理与控制有关条款如下：

> 第四条　城乡建设环境保护部主管全国风景名胜区工作。地方各级人民政府城乡建设部门主管本地区的风景名胜区工作。
>
> 第五条　风景名胜区依法设立人民政府，全面负责风景名胜区的保护、利用、规划和建设。风景名胜区没有设立人民政府的，应当设立管理机构，在所属人民政府领导下，主持风景名胜区的管理工作。设在风景名胜区内的所有单位，除各自业务受上级主管部门领导外，都必须服从管理机构对风景名胜区的统一规划和管理。
>
> 第八条　风景名胜区的土地，任何单位和个人都不得侵占。……在游人集中的游览区内，不得建设宾馆、招待所以及休养、疗养机构。在珍贵景物周围和重要景点上，除必须的保护和附属设施外，不得增建其他工程设施。

在《暂行条例》中，建设部确定了建设部门是风景名胜区的主管部门，同时规定在游人集中的游览区不得建设宾馆、招待所等旅游设施，但是"游人集中的游览区"的概念是随着风景名胜区旅游发展而发展的，属于动态的概念，而《暂行条例》中的概念属于静态的概念，因此其规定存在较多的不确定性，这也给风景名胜区土地管理、控制带来较多的不确定因素。

2. 《风景名胜区条例》

2006年9月6日国务院第149次常务会议通过《风景名胜区条例》（为了引用的方便，以下简称《条例》），该《条例》自施行之日起取代1985年的《暂行条例》。对比《暂行条例》，《条例》更为全面，其中在风景名胜区的组织管理与主管部门、土地管理与控制的有关条款如下：

> 第四条　风景名胜区所在地县级以上地方人民政府设置的风景名胜区管理机构，负责风景名胜区的保护、利用和统一管理工作。
>
> 第五条　国务院建设主管部门负责全国风景名胜区的监督

① 城乡建设环境保护部. http://www.cin.gov.cn/law/admin/2000111008.htm。

管理工作。国务院其他有关部门按照国务院规定的职责分工，负责风景名胜区的有关监督管理工作。省、自治区人民政府建设主管部门和直辖市人民政府风景名胜区主管部门，负责本行政区域内风景名胜区的监督管理工作。省、自治区、直辖市人民政府其他有关部门按照规定的职责分工，负责风景名胜区的有关监督管理工作。

第十一条　风景名胜区内的土地、森林等自然资源和房屋等财产的所有权人、使用权人的合法权益受法律保护。

第二十七条　禁止违反风景名胜区规划，在风景名胜区内设立各类开发区和在核心景区内建设宾馆、招待所、培训中心、疗养院以及与风景名胜资源保护无关的其他建筑物；已经建设的，应当按照风景名胜区规划，逐步迁出。

第三十一条　国家建立风景名胜区管理信息系统，对风景名胜区规划实施和资源保护情况进行动态监测。

国家级风景名胜区所在地的风景名胜区管理机构应当每年向国务院建设主管部门报送风景名胜区规划实施和土地、森林等自然资源保护的情况；国务院建设主管部门应当将土地、森林等自然资源保护的情况，及时抄送国务院有关部门。

第四十条　违反本条例的规定，有下列行为之一的，由风景名胜区管理机构责令停止违法行为、恢复原状或者限期拆除，没收违法所得，并处 50 万元以上 100 万元以下的罚款……。

第四十一条　违反本条例的规定，在风景名胜区内从事禁止范围以外的建设活动，未经风景名胜区管理机构审核的，由风景名胜区管理机构责令停止建设、限期拆除，对个人处 2 万元以上 5 万元以下的罚款，对单位处 20 万元以上 50 万元以下的罚款。

第四十八条　违反本条例的规定，风景名胜区管理机构有下列行为之一的，由设立该风景名胜区管理机构的县级以上地方人民政府责令改正；情节严重的，对直接负责的主管人员和其他直接责任人员给予降级或者撤职的处分；构成犯罪的，依法追究刑事责任。

第五十一条　依照本条例的规定，责令限期拆除在风景名胜区内违法建设的建筑物、构筑物或者其他设施的，有关单位或者个人必须立即停止建设活动，自行拆除；对继续进行建设的，作出责令限期拆除决定的机关有权制止。有关单位或者个

人对责令限期拆除决定不服的，可以在接到责令限期拆除决定
之日起 15 日内，向人民法院起诉；期满不起诉又不自行拆除的，
由作出责令限期拆除决定的机关依法申请人民法院强制执行，
费用由违法者承担。

从 1985 年《暂行条例》颁布，到 2006 年《条例》最终确定，中间跨度 21 年，对比《条例》和《暂行条例》，可以简单总结如下。

（1）内容更加丰富。从《暂行条例》的十一条到《条例》的七章五十二条，内容更加丰富、体系更加健全，首次对法律责任进行了详细的界定。特别是对风景名胜区所管辖的地方政府提出了问责制度。将风景名胜区的审批、规划、信息建设等详细地纳入条例之中，使得有规可依。

（2）考虑更加全面。对风景名胜区内的经营行为，审定、规划、组织、权责、保护等行为进行了更加全面的考虑，特别是通过规划控制调控给予严格的界定。《条例》对保护内容有了更为详尽的表述，特别是对风景名胜区内的土地利用、建筑控制、资源保护等做出了一系列的规定。

（3）保障更加有力。对违规行为进行的惩罚进行了详细的界定，对企业、个人以及地方政府在风景名胜区土地的建设行为、经营行为进行了详细的界定，特别是加强对地方政府违规的责任约束，除了经济罚款外，还应上升到刑法惩罚的高度。

（4）动态地考虑发展的需要。随着旅游的发展，风景名胜区的范围在不断扩展，但其核心区却是一定的，《条例》明确地对风景名胜区核心区的土地利用形式以及建设进行了严格的控制，而对缓冲区、外围区的土地利用要求有所松动，基本保障风景名胜区发展的需要。

（5）不难看出，《条例》是伴随着社会经济的发展而在《暂行条例》的基础上不断改进、逐步完善的。可以认为，《暂行条例》与《条例》都是符合当时社会发展需要的产物，在风景名胜区不同时代的管理、监督、保护中起到重要的作用。

五、小结

阳朔建成区土地利用变化是多种因素作用的结果，其中市场控制因素是基础，地价、地租抑制着阳朔建成区土地利用的过快增长。由于地价的原因，中、大型土地项目开发的土地成本非常高，开发商在项目开发中需要综合考虑投资收益情况，不会盲目投资。

地方政府导向因素与事件控制因素起到较大的推动作用，使得阳朔建成区土地利用在短时间内能较快增长。阳朔县政府投资"五街一巷""两街一巷"为主要

内容的老城区改造，改变了阳朔城市面貌，提高了阳朔建成区的硬件水平，为外来投资的进入提供了良好的硬件条件，同时也造成土地利用的变化。国家风景名胜区的控制政策是独立于阳朔土地利用变化系统之外的外部作用力，在它的刚性控制之下，阳朔建成区土地利用变化的速度不会出现畸形增长。1999 年西街改造、2004 年《印象·刘三姐》的演出成功带来可观的旅游收益，刺激了外来投资。西街改造后，西街成为团队游客的重要节点，而《印象·刘三姐》的演出成功增加了游客在阳朔的停留时间，过夜游客明显增多，这些因素改变了建成区土地利用的结构与形态，使得建成区呈现一系列的扩展状态（图 6-7）。

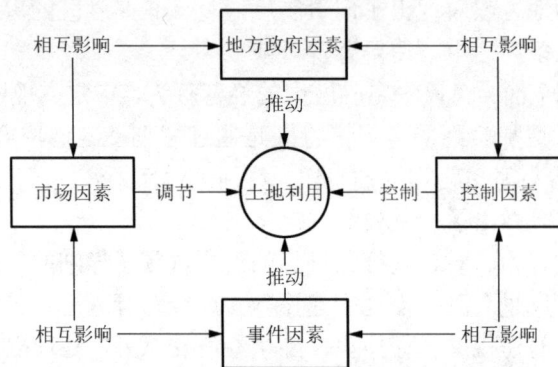

图 6-7　建成区土地利用影响因素相互关系图

第四节　阳朔县建成区土地利用变化过程

基于第六章第一～第三节的有关研究可以归纳出，在阳朔建成区空间扩展以及土地利用变化的过程中，存在两种不同类型的驱动过程。

其一是一般城镇化的驱动过程（指城镇人口自然增长所造成的城镇化过程）。由于阳朔工业规模非常弱小，工业发展对城镇化的影响作用较小。1999 年前，影响阳朔建成区城镇化的主要因素是城镇人口的自然增长所造成的城镇扩张。商业用地、居住用地的增加是阳朔建成区土地利用变化的主要内容。这一时期并不存在工业化导致的城镇人口的机械增长以及由此造成的建设用地的大幅度增长状态。建成区土地利用变化较为缓慢，其扩张范围多集中在阳朔老城区（即中心组团）。一般城镇化造成的土地利用变化是减缓的反馈过程，主要原因在于城镇人口缓慢的自然增长。1999 年前阳朔城镇人口增加总量较少，随着城镇人口结构的稳定，由城镇人口自然增加所带来的用地需求将逐步减缓。

其二是旅游城镇化的驱动过程。1999 年后，阳朔旅游业快速发展，特别是国内游客与背包散客的增多，以旅游服务为主要内容的家庭旅馆、酒店、餐馆、商店用地的增加构成了这一阶段土地利用变化的主要内容,阳朔建成区城镇化具有旅游驱动的作用。1999~2006 年,外来旅游投资的增多(主要形式为租赁与购买店铺、开发酒店)以及由此造成的旅游从业人员的增多,使得城镇人口在较短时间内得到较快增长,由此加大了对建设用地的需求。由于《风景名胜区条例》对国家风景名胜区建设用地的严格控制,阳朔外来置房受到严格的限制,外来人口一般通过租赁的形式获取居住用地,而由外来人口增加的居住用地的使用量则转化为本地居民的房屋建设用地的需求量,当地居民开始购置第二房产。1999~2006 年,阳朔重要居住小区:北门厄居住小区、大村门居住小区、书童·国际苑小区、鲤鱼井居住小区等均在这一时期建设完成。

　　旅游城镇化造成的土地利用变化过程是加强的正反馈过程,主要原因在于外来人口的增多造成的土地利用的需求增大。1999 年后,旅游城镇化成为阳朔建成区城镇化的重要特点。由于外来人口的增加(包括外来投资者、外来旅游从业者、过夜游客)造成的建设用地需求的增多,城镇用地规模扩展较快,特别是 2003~2005 年。

　　城镇化说到底就是人口和经济的“城市化”,它所带来的效应会在土地利用上得到体现,所引起主要的土地利用变化是建设用地的增加、农用地的减少(周青等,2004)。由于我国土地利用的市场流程,土地增量需要通过土地征用(对农用地)、土地购买(对工业等建设用地)转化成储备用地,之后通过“招、拍、挂”的形式才能转换成其他类型的建设用地。关于土地市场这里不做深入探讨,本章只是分析变成储备土地后的阳朔建成区土地的使用途径、方式与过程。在这两个转换过程中,风景名胜区建设的有关规定起到控制、监测的作用,使得阳朔建成区用地控制在一定的范围内,其建成区土地利用变化基本结构与总体因果关系如图 6-8 所示。

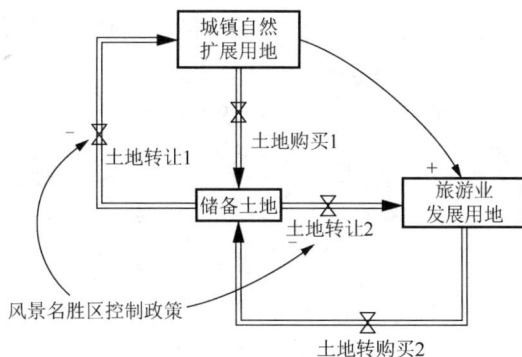

图 6-8　阳朔建成区土地利用变化基本结构

　　从驱动路径（图 6-9）来看，阳朔建成区土地利用变化由两个正反馈路径组成：一是自然城镇化的土地利用减弱反馈路径，主要是由于城镇人口的自然增长而造成的城镇土地扩张；二是旅游城镇化的加强路径，主要是由于旅游业的发展所造成的快速城镇化以及由此造成的以旅游业服务为主要功能的土地利用变化形态与格局。旅游城镇化的路径在游客人数递增情况下得到进一步的强化。

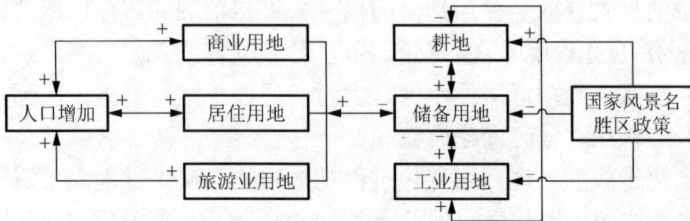

图 6-9　阳朔建成区土地利用变化总体因果关系

　　建成区土地利用变化主要是由于城镇人口的增加造成的，除了具有城镇户口的本地城镇人口的自然增长外，旅游业带来的外来投资人员、旅游服务人员的增加以及过夜游客的短暂停留加大了对商业用地、居住用地的需求，这种需求使城镇周边的耕地、林地以及效益不好的工业用地向具有旅游性质的用地转化，但这种转化由于受到国家风景名胜区有关政策的控制而处于较为理性的增长状态。

　　在旅游城镇化驱动反馈中，游客数量是初始变量。由于游客数量的增多所引发的联动效应主要有：旅游投资增加、旅游从业人员增加、旅游业规模的扩大。在旅游化驱动的路径中，主要存在两个正反馈与一个负反馈（图 6-10）：一是游客数量-旅游规模正反馈；二是旅游从业人员-旅游规模正反馈；三是地价-旅游业规模负反馈。旅游业规模的主要通过游客数量、旅游从业人员的数量、旅游用地规模三个指标来表征，第一、二过程是阳朔旅游业用地需求不断扩大的过程；第三个过程则是旅游业规模潜力受地价、风景名胜区土地政策控制的过程。

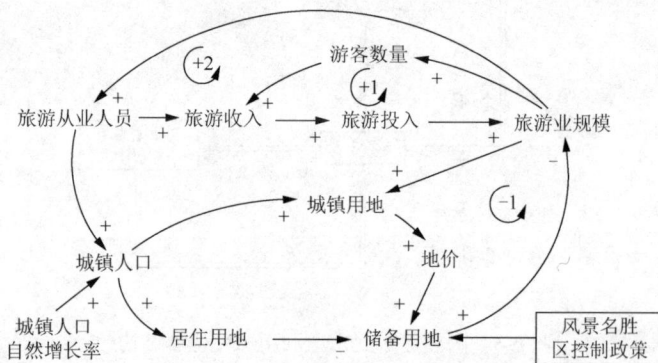

图 6-10　旅游城镇化驱动路径图

旅游从业人员的增多使得阳朔城镇人口增加，并导致居住用地需求增加。一方面，由于阳朔较为严格的外来人员置房的控制政策，旅游从业人员的需求转化为对建成区本地人的租赁需求，由此进一步造成本地居民向外置房，而将建成区内房屋出租或者转让的状态，如此循环，建成区进一步扩大。另一方面，城镇人口的增多，使得面向城镇人口的城镇用地增加，由此使得建成区进一步扩大。

由于国家风景名胜区对建设用地严格的控制政策，实际上阳朔的储备用地一直非常少（2004年、2005年没有储备用地），储备用地向建设用地的市场流转非常快，基本不存在大量储备土地的情况。这种供需矛盾控制着阳朔建成区土地扩张的速度。

第五节　阳朔县建成区土地变化的旅游驱动过程

阳朔建成区土地利用变化受旅游影响成阶段性发展。旅游影响下，阳朔建成区土地利用变化的起点在于西街的旅游化，其变化过程为西街—RBD—功能组团，三个过程逐步演进，形成了土地利用变化的阶段性特色。随着此过程的加快，阳朔建成区土地利用变化的速度也开始加快，但其发展过程受到风景名胜区建设用地管制的影响，变化较为理性（图6-11）。为了进一步分析旅游影响下建成区土地利用的变化过程、路径、机制以及模式，本节在本章第四节的基础上进行进一步细化，并按照本章第二节的有关变化过程探讨旅游对西街、RBD以及功能组团土地利用变化的影响过程。

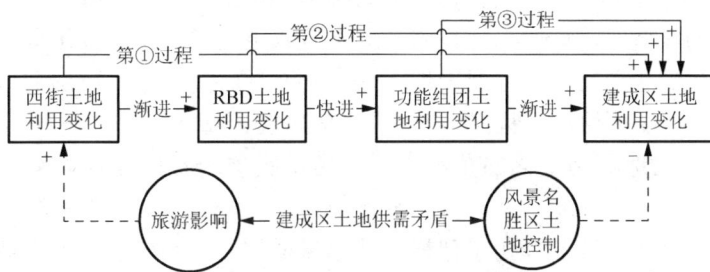

图6-11　建成区土地利用变化过程模型图

从旅游驱动下阳朔建成区土地利用变化的路径来看（图6-12），游客数量的增加是主要的驱动力，游客数量的增加使得旅游业总体规模增大，由此加大了对可利用地的需求。由于对风景名胜区建设用地管制，可利用地面积有限，使得地价升高，诱使工业用地等其他用地类型向可用地转化，这一转化使得建成区总面积增大。

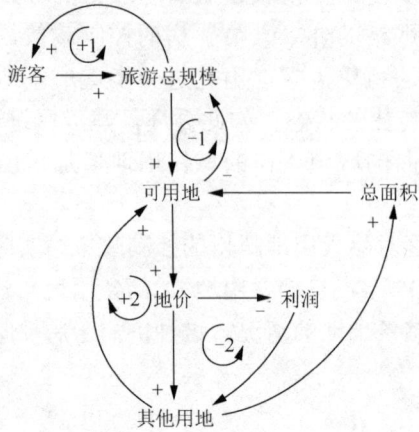

图 6-12　建成区土地利用变化驱动过程图

在该过程中，第二个正反馈使得建成区土地利用的密度与强度增大，第二个负反馈则使得旅游商业用地不断外拓。

一、旅游影响下西街的土地利用变化过程

西街是阳朔团队旅游的重要节点，是散客停驻、消费的主要场所，酒吧、西餐厅、家庭旅馆、旅游商店主要为游客服务。自古以来，西街就是商贾往来之地，中华人民共和国成立前，西街为商、住、农三种类型的土地利用形式。改革开放后，阳朔旅游发展的初期以境外游客为主，西街的土地利用变化处于缓慢增长状态。1999 年西街改造后，阳朔国内游客人数大幅度提升，大量游客的进入给阳朔带来了较好的旅游经济效益，也加大了对土地利用的需求。旅游化是旅游影响下西街土地变化的主要特征，主要表现在面向旅游者店铺的总面积越来越大、而店铺体量越来越小，店铺类型发生较大的变化以及西街土地产权的转让、店铺出租等方面。从土地利用变化的角度来看，店铺类型的变化实质上是土地利用的变化。

西街土地利用的变化经历了建设用地总量增加、不同旅游用地类型的变化、居民大量外迁与土地产权转让四个相互影响、同步进行的过程。从其变化路径来看，1999 年后西街土地利用变化主要源于旅游发展所带来的经济利益的增加，使得本地人经营与外来投资增多。但在土地总量有限的情况下，西街的土地利用出现了土地使用功能的变化，在地租的影响下，西街的老住户开始逐步搬出，收取租金，其路径如图 6-13 所示。

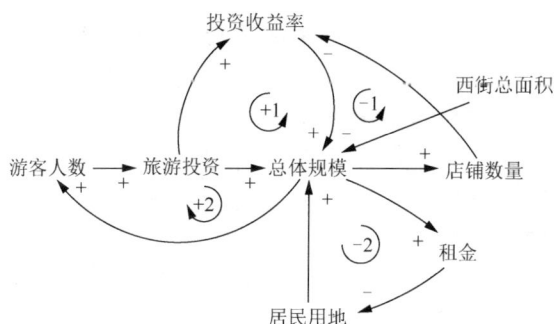

图 6-13　旅游驱动西街土地利用变化简图

　　在图 6-13 的路径中存在两个正反馈、两个负反馈：一是旅游投资-旅游规模正反馈；二是游客人数-旅游投资正反馈；三是店铺数量-旅游投资收益负反馈；四是租金-居民地负反馈。在第一个正反馈中，投资收益率是控制量，投资收益率越大，投资的回报越多，规模就会进一步扩大。在第二个正反馈中，游客人数越多，西街旅游店铺的总体规模越大，其中投资是中间变量，投资额影响着西街店铺的总体规模。在第三个负反馈中，店铺数量的增多使得竞争加剧，竞争的加剧使得投资收益率降低，从而影响西街不同类型店铺的总体规模。在第四个负反馈中，租金的增加使得本地居民觉得有利可图，将西街的房屋租赁出去，这个过程也是西街建筑产权变化的过程。在该路径中，西街总面积是系统的外部力量，在其控制之下，西街的土地利用变化前期经历了建设面积上的增长，但当建设面积=西街的总面积时候，就变成了西街建设用地类型与内部功能的重组，即出现不同的旅游用地类型在不同时间段的变化。

　　西街土地利用的变化主要是游客数量增加而形成的完全旅游化的结果。在其早期是西街土地的充分利用，当西街用地饱和后，则是西街内部不同旅游用地类型的变化。在西街的土地利用的变化过程中，事件因素的作用很大，1999 年西街改造在西街土地利用变化中起到关键作用。

二、旅游影响下 RBD 的土地利用变化过程

　　由于西街土地面积总量一定，随着旅游业的进一步发展，西街土地利用饱和并完全旅游化，在地租的影响下，效益较差、竞租能力较弱的旅游企业开始逐步外撤，西街周围的蟠桃路、桂花街、新西街、城中路等成为扩展的重要道路。旅游企业的外向拓展一方面促使阳朔 RBD 逐步扩大，另一方面促使土地利用发生变化。主要表现为土地利用类型、土地使用属性的改变，这个过程随着国内游客以及背包散客的增多而逐步加快[①]，其中 2003～2005 年为急速扩展期。与此同时，

---

① 第五章的团队游客促使了建设用地空间形态的聚集与背包散客促使了建设用地空间的分散在此仍然适用。

部分游客（主要是散客）由于西街消费成本较高、环境容量较小、与预期存在较大差异等多方面的原因，开始选择西街周围的桂花街、城中路等转移。

从旅游驱动下 RBD 的变化路径来看，主要有两条：一是企业被动外拓的过程，即企业在衡量自身投入产出比的前提下，选择西街周围的街区作为发展的区域；二是由于部分游客活动空间、消费空间向外拓展而造成的部分企业主动外拓的过程，其变化路径如图 6-14 所示。

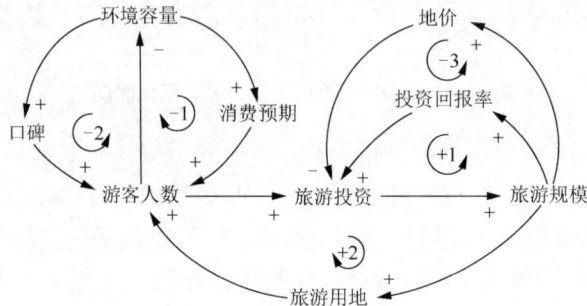

图 6-14　旅游驱动 RBD 土地利用变化简图

旅游驱动下阳朔 RBD 变化的路径主要包括两个正反馈与三个负反馈：一是旅游投资-旅游规模正反馈，随着旅游投资的增多，旅游规模越来越大；二是游客人数-旅游规模正反馈，随着游客的增多，旅游业的规模也越来越大；三是消费预期-游客人数负反馈，由于环境容量越来越小，游客感到心理不适，与消费预期存在较大差异，游客人数就会越来越少；四是旅游口碑-游客人数负反馈，随着环境容量越来越小，消费者感觉越来越不好，则口碑传播就会越来越少，则游客人数就会越来越少；五是旅游规模-地价负反馈，即随着旅游规模的越来越大，在储备用地有限的前提下，地价就会越来越高，则地价进一步影响旅游投资规模，由此影响旅游规模。在三、四两个负反馈作用下，游客开始向西街外围拓展。在五的作用下，投资开始向西街外围拓展，由此造成旅游用地向西街外围拓展，如此循环则逐步形成 RBD 空间上的拓展。

在阳朔 RBD 的外拓过程中，阳朔县政府的"五街一巷""两街一巷"等基础设施的改造以及政府主导下的老城区政府行政办公用设施、仓储设施、居住设施外迁加速了 RBD 的变化过程。

三、旅游影响下功能组团土地利用变化过程

阳朔 RBD 扩展带来老城区（中心组团）用地的紧张，在竞标地租与政府引导下，政府用地、科教文化用地、居住用地、仓储用地逐步外撤，老城区变成以旅游为单一功能的功能区，阳朔建成区形成了以老城区为中心的菱形发展空间格局，在空间变化的同时是土地利用的变化。例如，大村门开发区所在的西组团

（0.48km^2）的区域范围在 1999 年前只有少量的村落建设用地，其他为林地、耕地与园地，2003 年开始开发建设后，该区域成为阳朔建成区最大功能组团，成为行政办公、居住小区用地区域，林地、耕地急剧减少。

从旅游驱动下功能组团变化的路径来看，主要有两条：一是游客人数增加造成的旅游用地的增加；二是文教用地、居住地、行政办公用地的逐渐外撤，及其向旅游用地的转化的过程（图 6-15）。其中游客人数的增加是功能组团形态变化的原初力量，旅游投资、旅游规模因游客人数的增加而逐步变化，从而逐步影响土地利用的变化。

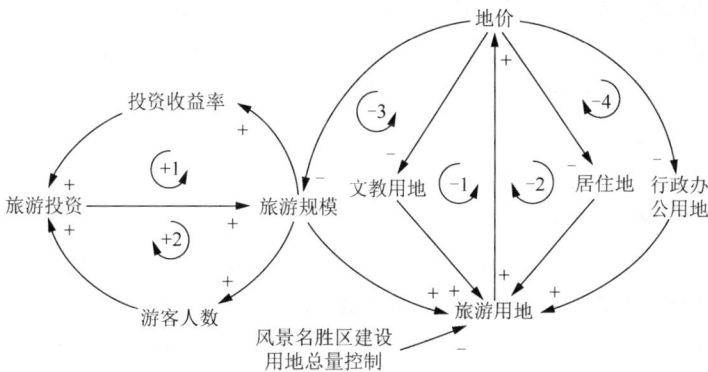

图 6-15　旅游驱动功能组团土地利用变化简图

旅游驱动下功能组团变化的路径中，存在两个正反馈、四个负反馈：一是旅游投资-旅游规模正反馈；二是旅游规模-旅游投资正反馈；三是旅游用地-文教用地负反馈；四是旅游用地-居住用地负反馈；五是旅游用地-旅游规模负反馈，旅游用地使得地价升高，而地价的升高则抑制了旅游业的规模扩张；六是旅游用地-行政办公用地负反馈。在三、四、六三个负反馈中，地价是控制因素，即随着旅游用地需求的增加，储备用地较少的情况下，地价上升很大，而地价上升则加速了文教用地、行政办公用地、居住地向旅游用地转化（用地客体的竞标地租能力决定了其转化的必然性）。在系统的外部是风景名胜区建设用地总量的控制，即系统的边界以及变化以不超过阳朔县每年的建设用地指标的刚性控制范围以内发生的旅游影响下的功能组团的形成与土地利用的变化（图 6-15）。

第六节　阳朔县建成区土地利用变化的驱动机制

一、建成区土地利用变化的驱动机制分析

阳朔建成区土地利用变化总体上可以分为两个阶段：一是 1999 年前自然城镇

化造成的城镇扩张与土地利用变化；二是 1999 年后旅游城镇化的快速发展与土地利用的快速变化，其中 2003～2005 年变化速度最快。在这两个阶段中，1999 年前的土地利用变化较为缓慢，而 1999 年后土地利用变化则较为迅速。

阳朔旅游对土地利用变化的影响存在正、负反馈的过程，从阳朔建成区土地利用变化的驱动因素与路径来看，其经历了一个逐步选择与渐进发展的过程。从一般城镇化到旅游城镇化，从旅游化影响西街的土地利用变化，到旅游化影响 RBD 形成以及旅游化影响建成区功能组团的形成来看，游客人数的增加与旅游收入的增多使得阳朔建成区土地利用变化回归到旅游影响之下的选择上来。在旅游的影响下，阳朔建成区土地利用变化较为迅速。

西街自古就是商贸之地，1979 年改革开放后，西街更成为享誉国内外的旅游胜地。20 世纪 90 年代末，阳朔旅游迅速发展，作为阳朔主要吸引点的西街，游客数量开始大幅提升，并带来旅游经济收益的增长，西街店铺渐渐成为能给商家带来较多利润的旺铺。1999 年，西街进行了统一的建筑整治，其面貌焕然一新。基础设施的改善吸引了国外资本、外地资本和本地资本投资西街，特色商铺、酒吧、餐馆是主要投资类型。2004 年，全国最大水上实景歌剧——《印象·刘三姐》的成功演出使得阳朔成为桂林旅游团队线路延伸上的必选节点，游客数量大幅提升，西街成为阳朔旅游经营的黄金地带，同时也是外来投资的主要吸引点。由于西街有限的铺面难以满足快速增长的投资需求，西街户主提高租金与缩短租赁年限就成为必然，加之西街的店铺业内竞争激烈，一部分店铺被淘汰，而另一部分店铺主转向与西街相邻的街道的店铺经营。于是形成了级差地租导向下的旅游用地空间布局，由此以西街为基础逐步改变了阳朔县的土地利用类型。

游客人数大幅提升（特别是过夜游客与散客的增加）使得阳朔旅游店铺、家庭旅馆、旅游服务点、餐饮以及酒店的需求增大，在西街容量饱和的情况下，近邻西街的其他街区就成为店铺主的主要选择，由此逐步形成了阳朔以老城区为核心的 RBD 形态结构。

RBD 的扩张使得老城区用地不足，在地租、地价的影响下，老城区的居住、文教、行政办公用地逐步外撤，形成了阳朔目前围绕中心组团的东、西、南、北四个组团，由此形成了建成区基本用地空间格局。

由于国家风景名胜区关于建设用地的数量控制，阳朔建成区基本没有占地面积大的地产与旅游项目，国家宏观控制使得阳朔建成区的土地扩张控制在一定的幅度范围内，不会出现较大的畸形发展。

从路径选择与土地利用过程的变化可以看出，影响阳朔建成区旅游用地变化的主要因素有市场、管理、事件以及地方政府等多方面的因素。在这些因素的影响下，阳朔建成区土地利用呈现以下几个特点。一是大型项目用地困难，这主要是由于建设部、广西壮族自治区对阳朔大型建设项目的严格控制。二是小型旅游企业用地蓬勃发展，围绕西街及其周围的主要街区形成了餐饮、住宿、旅游服务等旅游小企业的用地类型，小型旅游企业不失为建成区用地项目的折中选择。三是建设用地变化理性发展，无论是从 RBD、功能组团的土地利用动态度、土地利用强度、土地利用形状指数来看均没有畸形增长。

在阳朔建成区土地利用的变化过程中，地价（地租）的调节起到"看不见的手"的作用，使得旅游小企业向西街外围拓展，实现 RBD 的扩张与功能组团的形成，最终使得阳朔老城区（中心组团）逐步形成以旅游服务为单一功能的格局。

总体来说，阳朔建成区空间格局的形成以及土地利用的变化是旅游驱动、地价（地租）与国家管制之下，旅游企业与居民以及地方政府集体选择的结果，也是事件促进因素、地方政府导向因素、市场控制因素与管理控制因素造成的旅游用地需求与储备用地供给之间短暂的动态平衡。在这个动态平衡中，旅游土地需求与储备用地数量间仍存在较大的供需矛盾，国家的刚性控制起到抑制需求的作用。如图 6-16 所示，其中黑实箭头表示强作用力与因素。

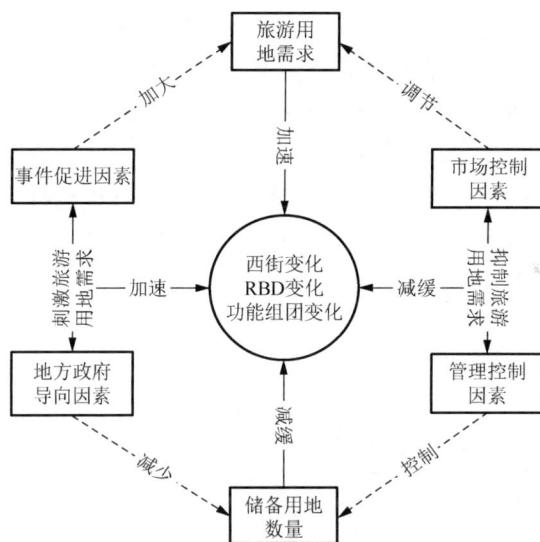

图 6-16　阳朔建成区土地利用变化旅游驱动机制

二、建成区土地利用变化的理论解释

阳朔建成区土地利用变化主要是受地租（地价）、政府管制等因素控制之下集体选择的结果，为了进一步分析旅游影响下阳朔建成区土地利用变化的机制，引入城市竞标地租、政府管制、集体选择、聚集效应理论进行解释。

（一）竞标地租与土地空间配置

竞标地租观点以及竞标地租曲线是 20 世纪 60 年代美国土地经济学家阿朗索在研究新古典主义地租理论和城市土地区位理论时的杰作，其以竞标地租函数来求取个别厂商的区位结构均衡点，进而解释金融业和商业、住宅、工业和郊区农业等各类用地在城市空间内形成的模型，做出城市租金梯度曲线和同心圆上土地利用模式图（何芳，2004）。

竞标地租模型的实质是：城市土地的需求由购买者愿意付出的招标租金决定，出价最高的投标者将获得土地。在土地私有制下，土地利用通过价格进行调节，地租是制定土地价格的基础，土地价格是地租的资本化（江曼琦，1997）。城市竞标地租理论揭示了地租与土地利用的空间结构、土地利用集约程度的关系。在土地竞标过程中，地租和土地利用集约程度间存在着正相关关系，当地租量最大时，土地利用集约度也达到最高程度。各种用地最高竞标地租的市场均衡曲线反映了城市土地利用的空间结构，同时又决定了城市土地利用总的集约程度。

本节引入完全市场条件下的土地竞租曲线来解释阳朔土地利用变化的机制。如图 6-17 所示，在完全竞争下，阳朔城镇区域的旅游业用地、商业、办公与居住用地在空间上出现均衡，并从西街向外逐个分布，距西街越远土地租金水平越低，形成一条向右下方倾斜的曲线 P_2C_1；而城市边缘区的农村地区，农业耕作在各处区位的效益几乎一样，农村土地的租金曲线表现出一条水平的直线 P_1E。由于是完全市场条件，可视 P_2C_1 竞租曲线为经济主体对区位理性选择的结果。

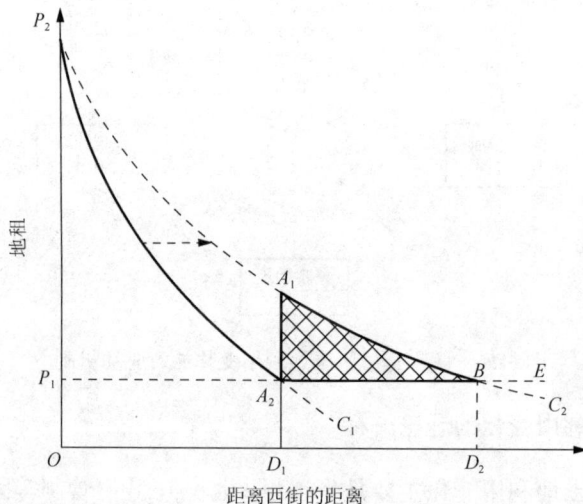

图 6-17　完全竞争下的地租竞租曲线[①]

① 受李郇等《转型期间中国城市化的激励机制：土地产权的视角》的启发，特此致谢。

随着旅游业带来的阳朔建成区城镇化水平越来越高，城市储备土地的不足导致土地价格的上升，地租曲线向右移，形成新的城市竞租曲线 P_2C_2，D_1D_2 为农用地转化成建设用地的数量，土地出让者得到土地收益 A_1A_2B，而地方政府通过土地市场获取 $R=(P_2-P_1)\times A_2B$ 的土地租金剩余收益，R 越大，地方政府将农用地转换成储备地并出让的积极性就越大，城市土地利用变化的速度就越快。由于阳朔旅游业发展所造成的用地需求较大，在没有外界控制的情况下，阳朔建设用地的增长速度将大大加快，这其中有大部分为旅游业用地。因此，在完全市场条件下，阳朔建成区土地利用的变化由旅游用地、商业用地、居住用地的需求决定，这些用地的需求越大，则土地利用变化就越大。

阳朔建成区土地布局与地租、地价存在较大的正相关关系，在竞标地租的影响下，不同的用地类型从中心组团向其他组团逐步变化，呈现梯级变化格局。

其中第Ⅰ区主要以旅游业用地为主，用地类型以游客旅游服务为主；第Ⅱ区主要以商业用地为主，用地类型以满足本地居民商业需求为主；第Ⅲ区主要以办公、住宅用地为主，用地类型以满足行政办公、居住需求；第Ⅳ区为耕地、林地，属于城市边缘区的用地类型，随着城镇的扩展，有向前面几类用地转化的可能，如图6-18所示，其中第Ⅰ区主要指中心组团、第Ⅱ、Ⅲ、Ⅳ区主要指东、西、南、北组团。

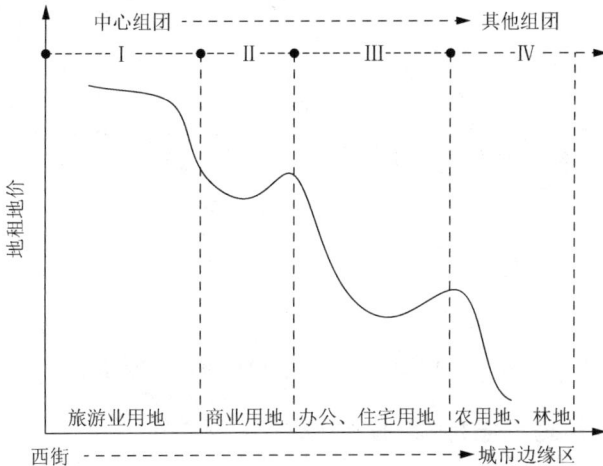

图6-18　阳朔建成区土地布局与地租地价密度关系

由于地租支付能力的限制，阳朔建成区旅游用地呈现梯级扩散的格局，从扩散单位距离来看，大约以 200m 作为一个单位扩散等级。酒吧因利润较高，地租支付能力较强，多布局在西街或者新西街；餐饮（特别是西餐厅）的地租支付能力次于酒吧，多布局在西街或者紧邻西街的街区（主要包括桂花路、城中路等）；服饰店铺等利润较少（假冒名牌服饰除外），其地租支付能力次于餐厅，其布局结构多向外延伸（主要包括滨江路、叠翠路、蟠桃路）。大型酒店由于受到成本的限制，其地租支付能力最弱，多布局在远离西街的街区（主要包括榕荫路、抗战路、城西路、城北路等），如图 6-19 所示。

　　在竞标地租的作用下，阳朔建成区土地利用类型呈现不同的分布格局，主要表现为从中心组团向外围扩展的过程中呈现旅游业用地、商业用地、办公与住宅用地、耕地与林地等类型的分异。同时，不同类型的旅游企业按照距离西街的远近呈现梯度扩散格局，主要表现在酒吧主要布局在西街 200m 范围内，餐厅布局在 400m 范围内，服饰等商铺布局在 600m 范围内，而大型酒店则布局在 1000m 范围以内。值得指出的是，建成区土地利用布局与不同类型旅游企业空间配置是动态的过程，而这个动态过程则表明土地利用的变化。

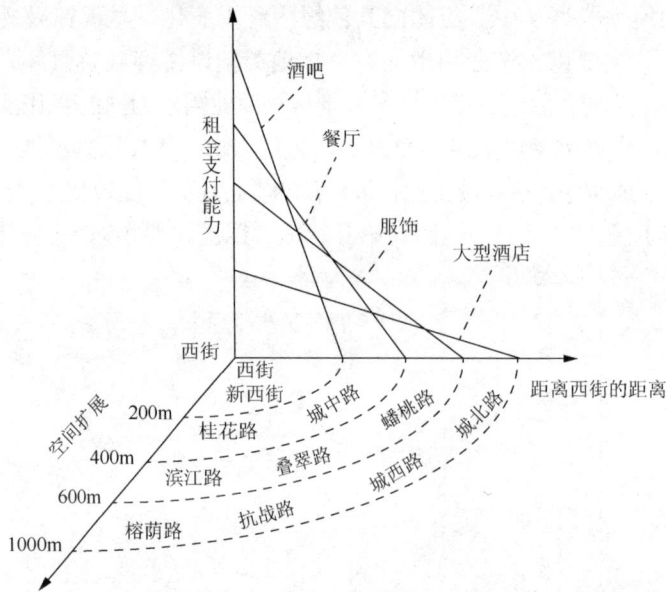

图 6-19　不同类型旅游企业的空间配置示意图

（二）政府管制与土地利用理性变化

　　分析表明，在完全市场条件下，阳朔建成区建设用地的增长将在旺盛的旅游需求驱动下呈现快速发展的趋势。但实际上，阳朔无论是县域建设用地还是建成区建设用地的变化均没有出现畸形的变化状态，这种土地利用理性变化状态的形成主要是由于政府的管制作用。

　　管制政治经济学是西方 20 世纪 70 年代以后发展起来的一门新的学科，主要研究市场经济体制下，政府如何依据一定规则对市场微观经济行为进行制约、干预和管理。其和宏观调控一样，都是国家对经济活动的干预，但又有重大区别（谢茹，2006），强权是政府管制的重要基石。

政府管制主要分为经济管制、社会管制和投资性管制三大类别。政府管制常用的手段包括：法律禁止、进入控制、数量控制、价格决定、产权与权利界定（表 6-32）。经济管制中价格管制是基本的手段，在资源市场配置失灵的情况下，政府配置就显得相当重要。政府管制的目的是为了实现资源的优化配置，风景名胜区土地是公共资源，在缺乏管制体系情况下，必然会出现恶性搭便车行为并最终演变为"公地悲剧"。政府管制过程包括政府管制立法、政府管制执法、法规的修改与调整、放松或解除政府管制这四个阶段。

表 6-32　政府管制的手段及内涵

管制手段	主要内涵
法律禁止	通过法律条文强制执行
进入控制	对进入者设定门槛，建立特别许可、特别注册、申报等制度
数量控制	对产出数量进行控制，通过行政杠杆调节数量，从而影响价格
产品质量标准	制定有关产品和服务的质量标准和质量规范制度；建立产品和服务的申报制度；建立并强化对产品服务质量的专门检查和监督制度
生产技术标准	对特定产品的生产秩序或过程提出要求
决定价格	对产业价格体系和价格水平进行的管制
补贴	通过发放补贴确保特定产品或服务的生产不会低于正常的市场条件
向消费者提供信息	通过产品信息标识来直接向消费者提供信息，以弥补信息不对称的市场失灵
界定产权和权利	弥补市场失灵，通过产权使民事补救和合同契约得以应用

资料来源：谢茹，2006，有修改。

在阳朔土地利用的政府管制中，主要是对建设用地的管制。本小节借鉴孙弘（2004）关于征地价值补偿模型来解释政府在土地利用管制中的作用机制。在城镇周边，新增建设用地源于征地，一定时期内征地增多，新增建设用地边际收益递减，单位建设用地经济价值下降。单位耕地的经济价值不因征地而发生变化。在没有任何管制的情况下，以建设用地经济价值交换耕地经济价值，当两者相等时，达到均衡状态，此时征地数量为 OA，政府没有能力对耕地损失进行额外补偿（图 6-20）。由于土地总量的有限性，实际上在现实生活中，均衡状态并不存在，只是理想化条件下的均衡状态。

当国家对建设用地指标刚性控制时，征地数量一定，假定建设用地指标的增加值均通过征地获得，则 OB 为政府管制下的刚性征地指标，征地数量从 OA 向 OB 移动（图 6-21）。此时新增建设用地经济价值的价值增大，而耕地经济价值不变，$P_2>P_1$，政府通过征地获得 P_2-P_1 价值，政府可将 P_2-P_1 价值对耕地进行额外补偿或者对土地资源进行保护。同时由于征地数量的限制，有利于促使新增建设用地得到合理、高效的利用，防止新增建设用地的闲置与浪费。

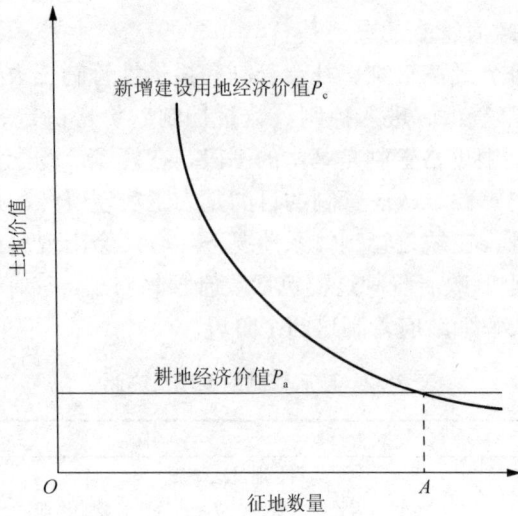

图 6-20　无管制时的征地数量

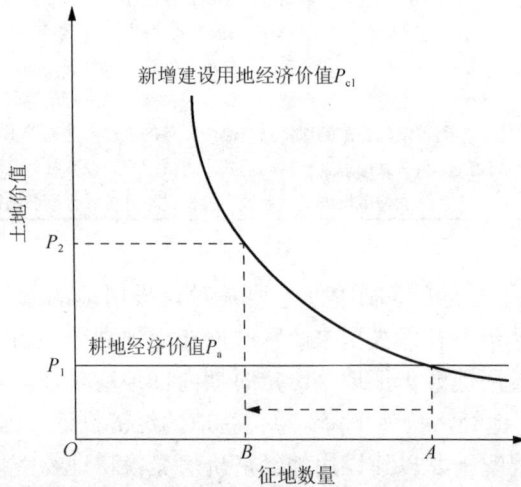

图 6-21　政府征地数量管制下的土地价值

在阳朔县域土地利用变化的过程中，中央政府的管制主要体现在建设用地指标的刚性控制、耕地的严格保护与土地用途转换的控制等方面。由于建设用地的刚性控制使得阳朔建设总量的增加控制在一定的范围内，即城镇化所用建设用地与居民点的建设用地之和不能超过 7hm^2。同时建设用地的刚性控制则使得耕地、林地向建设用地转化的数量得到控制，防止大规模城镇建设、旅游开发破坏耕地、林地资源与旅游资源，最终有利于风景名胜区的保护，实现风景名胜区的可持续发展。

在阳朔风景名胜城市的土地资源管理中，存在中央政府与地方政府的委托-

代理关系，但这种关系不是纯粹的委托-代理关系，因为中央政府对地方政府具有极大的控制权。风景名胜城市土地管制中，中央政府与地方政府之间的关系也是通过契约的形式来确定的。不同的是这种契约是以中央政府制定的控制性标准（主要标准为《风景名胜区条例》《中华人民共和国土地管理法》等）作为基础，而地方政府作为委托方不存在讨价还价的前提与基础，只能按照委托方的契约来实现代理，但所产生的经济收益归地方政府所有。

在国家级风景名胜区的土地利用的管理中，中央政府在委托地方政府对风景名胜区进行管理时，其信息是对称的，即地方政府知道中央政府保护风景名胜城市土地资源与旅游资源的利益要求，而中央政府也知道地方政府获取城市发展与旅游发展的利益要求。但当这些契约成为既成事实的时候，中央政府与地方政府之间的信息就不对称起来，在我国现行的管理体制与管理结构下，中央政府并不能对地方政府进行有效的监控与激励，因此地方政府的经济行为、管理行为、经营行为与控制行为就会在一定的程度下得到不受约束的放大。如果在公众监督、社区居民监督失效的情况下，中央政府对地方政府的行为就会"失聪"，这种模型实际上是隐藏信息的道德风险模型[1]。

从中央政府管制的手段来看，法律手段起到关键性的作用，《风景名胜区条例》《中华人民共和国土地管理法》等规定了风景名胜保护区内建设用地的类型、数量以及对耕地的保护等，法律的强权使得地方政府的寻租、设租活动的可能性降低，风景名胜城市可以得到可持续发展。由于大型用地项目的审批权在高级别的行政单位（建设部与广西壮族自治区政府），属于特批，从中央政府管制的结果来看，阳朔形成了以旅游服务为主要功能的旅游城镇，并且旅游小企业用地成为主要的用地类型。

（三）集体选择与空间形态变化

集体选择是研究如何将一集体中的每一个成员对某类事物的偏好汇集成集体的偏好，以使该集体对此类事物中的所有事物做出有效的优劣排序或从中选优的问题。在民主社会中，任何一种体制都应当尽可能地满足它的每一个成员的需求。然而，在一个集体中，各个个体对所考虑的事物总会存在着价值观念上的差别和个人利益间的冲突，因而对各种事物必然会存在着不同的偏好。将众多不同的个体偏好汇集成一个集体偏好，以对某类事物做出集体选择，是当今社会处理

① 隐藏信息的道德风险模型（moral hazard with hidden action）签约时信息是对称的（因而是完全信息）；签约后，代理人选择行动（如工作努力还是不努力），"自然"选择"状态"（the state of the world）；代理人的行动和自然状态一起决定某些可观测的结果；委托人只能观测到结果，而不能直接观测到代理人的行动本身和自然状态本身（因而是不完美信息）。委托人的问题是设计一个激励合同以诱使代理人从自身利益出发选择对委托人最有利的行动（张维迎，2004）。

各种重大决策和分配问题的有效手段（阿马蒂亚·森，2004）。集体选择理论是对亚当·斯密自由市场经济的"个体理性选择"和詹姆斯·布坎南"公共选择理论"的修正。集体选择围绕"多数人一致同意"的问题展开，几乎是各种决策和分配问题的基本特征，因此该理论的核心价值在于试图接近"公共产品"提供的"自发秩序"与"管制方式"的制衡，成为政府制定和推行公共政策的重要思维。美国经济学家肯尼斯·阿罗的"不可能定理"，道出了和谐选择的现实困难性，博弈论中的"囚徒困境"就是个人理性选择到和谐选择之间的鸿沟。2005 年，在纳什等"非合作博弈论"获得诺贝尔经济奖十年后，罗伯特·典曼和马斯·谢林的"合作博弈论"也获得诺贝尔经济学奖。"合作博弈论"的重大进展再次证明了和谐选择的"博弈均衡点"的确存在，这使得"集体选择理论"更加功德圆满（沈海虹，2005）。

集体选择理论为旅游城镇商业化以及由此导致的旅游城镇土地利用的变化提供了理论支撑，能较好地阐述旅游城镇发展中的个人选择与集体选择之间的和谐。保继刚等（2004）在对旅游城镇商业化的理论进行探讨时，曾用集体选择理论来解释旅游商业化的形成。在建成区空间形态的演变与土地利用类型的改变过程中，实际上也存在集体选择的过程。它们是按照旅游者的选择、小企业主的选择、居民的选择与政府的选择的先后顺序进行的，在这个过程中，旅游者的选择是起始点，是集体选择的初始力量，而政府城市发展政策的制定则是将众多不同的个体偏好汇集成一个集体偏好。

从"理性的经济人"角度来考虑，旅游者一般选择风景优美、购物环境好的目的地作为出游选择，这种选择有利于带来消费的最大化。出游前，旅游者会对目的地的安全度、美誉度，特别是"口碑"等做出综合评判，因此良好的购物环境、美好的旅游资源等是选择的基础。在旅游者的选择中经济利益并不是最重要的标准，而物有所值的旅游体验与享受是其主要选择偏好。

随着旅游者的增多，旅游小企业主开始集中在以西街为中心的街道上，但随着外来投资的增多，西街的地租开始上升，一些经营不善的企业主考虑到成本的原因开始向外迁移，西街周围街区的土地利用类型从居住用地开始向旅游用地转化，这种转化随着《印象·刘三姐》的成功而带来游客人数的增多，速率开始加快。从店铺的类型来看，西街店铺类型经历了"字画、工艺品—餐饮—酒吧"的选择过程，在改革开放初至 1990 年前后，阳朔的旅游市场是外向型的旅游市场，境外游客较多，西街的店铺所经营的字画、工艺品多为外国人所喜欢，经营此类商品的店铺能带来较大利润。20 世纪 90 年代以后，阳朔旅游市场开始向内向型转型，西街以西餐为主的店铺适应国内游客追求新潮的需求。此时，餐饮能给经营者带来较大利益。随着酒吧文化在我国的发展，酒吧所带来的丰厚利润使得其成为西街的重要店铺类型，从西街店铺的变迁中，可以看出旅游小企业主一直在追逐着旅游者的需求、潮流与利润，经济利益构成了西街店铺变迁的主要内容，而店铺的变迁对应的是旅游用地类型的变化，因此可以认为西街旅游用地类型的变化是小企业主追求经济利润的选择结果。从建成区的土地利用类型来看，占地面积较大，需要较大成本的宾馆与旅店开始向西街外围布局，按照道路的通达程度以及距离衰减原则，酒店设施成散点布局。实际上，这也是旅游小企业主的选择过程，由于经营旅店所占用面积较大，所付地租较多，加之一系列成本，在西街，大型的酒店生存存在一定的难度。由此出现了西街的小企业越来越小型化、变动化，而西街外围的旅游企业则越来越大型化、稳定化。

在经济利益的驱动之下，西街的居民开始利用一层面街的店铺经营旅游商品，但刚开始时的人数较少，随着旅游所带来收入的增多，西街本地人经营旅游商铺的人数增多，但这个增长受到外来资金的挤压。西街人发现将店铺出租出去所赚取的租金比自己经营所赚取的利润多，而且稳定无风险，西街大多数本地居民将房屋租赁出去，收取租金，而后在西街外围的住宅小区买房置产，一方面拉动了西街外围的房价的增长，一方面又促使了城市形态的扩展。在居民的选择中还存在一种现象：少数西街人自己经营店铺。其主要原因有两种类型，一是"给自己找点事情做"；二是"没有合适的租金"。无论是哪种类型，旅游化是他们的共同选择。

阳朔的产业结构是以旅游业为主导的产业结构，旅游者的人数与购买力决定着阳朔的经济发展，因此通过改善环境、优化旅游氛围，达到吸引游客是政府的目的。阳朔县政府从西街开始，进行了一系列的改造与城市环境的建设，"五街一巷""二街一巷"以及功能组团的变化反映了政府的这一目标，作为非人格化的"理性的经济人"来说，政府的目的是为了获得更多的财政收入，更好地满足居民与游客的需求。游客的大幅度提升以及由此带来的旅游设施用地的需求增多，老城区已经难以满足旅游发展的需要，阳朔县政府开始考虑行政功能区、文化功能区、交通功能区向外拓展，由此形成了目前阳朔东、西、南、北组团发展的空间形态。阳朔县现有城市格局的形成是由于集体选择构成的，旅游为主导产业的城市产业特征决定了旅游小企业、当地居民、政府均将旅游者作为共同利益诉求对象，这种利益多为经济利益，在经济利益的驱动下，以旅游者的选择为原点，阳朔建成区开始了一系列的变动，并形成了目前的城市空间格局与形态。

从 RBD 的形成过程与发展历程来看，也经历了集体选择的过程。西街自古就是交通要冲，商旅之地，以"十字街"为核心是阳朔 RBD 发展的雏形与基础，由于受喀斯特地形的影响，阳朔 RBD 的发展局限在东起漓江、碧莲峰，西至独秀山、西郎山，北到龙头山，南至蟠桃山狭窄的溶蚀盆地内。其发展是非人格化的地形的选择过程，但其空间形态从两条主街道的"十字形"向五条主街的"日字形"，再向八条主街的双"日字形"形态的演变却经历了旅游者的选择、居民的选择、旅游小企业主的选择、政府的选择过程，旅游者希望环境优雅、居民希望居住安静、旅游小企业主希望节约成本以及政府需要经济与社会效益等利益诉求，将老城区改造成以旅游为主要功能的土地利用类型是集体选择的结果。

在阳朔建成区的发展、RBD 形成过程中，政府"自上而下"的决策与管制起到了较大的作用，规避了个人选择的私利行为，使城市的发展回归到集体理性上来，由此也较好地解决了土地这个公共产品的"市场失灵"问题，可算集体选择理论的一种实践贡献。在政府的决策过程中，来自旅地系统之外的"专家""智库"的作用较大，在旅游规划、城市规划以及土地利用规划的决策和指引之下，阳朔县政府在综合各个群体个人选择的基础上，也逐步回归理性。

（四）聚散效应与旅游企业空间布局

聚散效应是一个综合概念，一方面泛指因城市聚集与扩散而产生的各种效应和影响，另一方面在经济学中具体还包含有聚集经济、聚集不经济、扩散经济、扩散不经济等多个层面的基本含义。聚散效应既是社会聚集活动和各种资源要素在城市地区集中和扩散的结果，同时又是影响城市形成与发展的决定性力量。聚散效应的形成和变动是由居民、厂商及有关社会经济要素在城市地区空间配置所决定的。聚散效应的空间分布与演化同土地利用的布局与演变相辅相成，城市聚散效应对城市土地利用具有决定性调节作用（冯先宁，2004）。

聚散效应中一个非常重要的概念与理论基础为聚集经济，其概念由德国经济地理学家阿尔弗雷德·韦伯在其经典著作《工业区位论》中明确提出，意指由于一批厂商相对聚集而带来的经济效益的增加或费用的减少。聚集效应对城市具有特别重要的意义，它是城市各种经济要素、经济活动的相关性与结构性产生的重要机制，也是城市空间结构形成的内在动力。

在阳朔建成区土地利用空间变化的过程中，存在着聚散效应的明显影响，主要表现为①酒吧、旅游特产商铺、西餐厅等小型用地企业向西街聚集；②旅游饭店等较大型用地企业向蟠桃路、荆风路、观莲路扩散；③住宅等用地类型向北部、西部、南部扩散。

为了进一步论述旅游企业的空间布局机制，参考冯先宁（2004）的假定与方法来分析阳朔建成区旅游企业空间布局。如图 6-22 所示，曲线 F_0 为既定技术条件下旅游企业的生产集边界线。在聚集效应的影响下，因区位不同，即使生产投入不变，也可能得到不同的最大产出。显然，因区位上的接近而得到的外部经济效果，也会扩大生产的边界线，即 F_0 向 F_1 方向移动。随着聚集规模的进一步扩大，聚集不经济则有可能增加，竞争有可能加剧，于是，聚集净利益减少，聚集效益下降，从而又促使 F_1 向 F_2 方向移动。极端的情况下 F_2 甚至可能低于 F_0，此时，企业必然向外迁移。

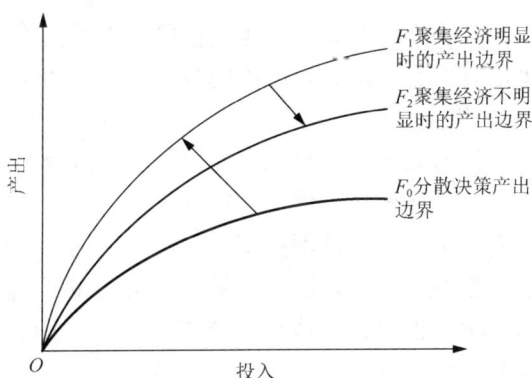

图 6-22　聚集效应对产出的影响

在阳朔旅游发展的早期，旅游企业兼具服务本地与旅游者的功能，在老城区内呈散点布局，呈现分散状态，西街、蟠桃路、榕荫路、桂花路、叠翠路、观莲路等均有旅游企业布局，这些企业的生产函数位于 F_0 状态，企业利润在空间上呈现分散格局。随着国内游客的增多及其在西街、新西街、蟠桃路等重要街区的空间聚散，阳朔的旅游企业开始向上述道路聚集，西餐厅、酒吧、家庭旅馆、旅游特产商铺、酒店向上述道路聚集，这些企业的生产函数处于 F_1 状态，旅游企业在街区的聚集能获得更多的旅游收益。但随着聚集的企业越来越多，同类型的旅游企业加剧，因为区位的竞争必然增加具有不可移动性质的土地的稀缺性，从而会提高土地要素的价格，投入增加，类似于大型旅馆等固定投入较高的旅游企业（即房租、设备成本较高的旅游企业）并不能获得较多的额外利益，于是开始向 F_2 移动，此时这些企业的生产函数处于 F_2 状态。上述旅游企业的变化过程反映了企业空间布局的改变，随之而来的是土地利用的变化。

聚散效应在阳朔建成区企业的空间布局中起到非常重要的作用。其驱动着旅游企业向重要街区布局。作为生产者的旅游企业，总是要争取获得尽可能多的利润，其区位选择尽可能寻找利益最大化的地点。具有聚集经济利益的西街以及周边的街区自然成为其选址的理想场所。但只要存在超额利润，就会有更多的旅游企业的靠近和加入。这样，企业将面临两方面的竞争约束，一方面西街及其周围的土地因竞争变得更加稀缺，从而地租支出将随之下降；另一方面旅游企业的市场份额和辐射区将因竞争而缩小，产品价格因供给增加而下降（冯先宁，2004）。部分旅游企业开始向西街外围迁移。总体来说，聚散效应的作用如下。

（1）旅游企业的聚散效应决定着土地利用的布局结构。由于旅游聚集经济利益的存在，以追求最大利润为目标的旅游企业主和最高效用的居民的均衡决策也将会随之向聚集效益高的地方聚集。因此，由聚集经济所形成的吸引力与聚集不经济所引起的排斥力，从整体上影响并决定城市的形成和发展，而且在微观上影响旅游企业主向西街及其临近区域集聚、居民在居住选址决策上向外拓展，它们的相互作用促使城市地域内部土地利用结构的分化。在这种分化过程中，形成了阳朔不同的功能分区。

（2）旅游影响下的聚散效应决定着城市内部各功能组团聚集的规模。随着阳朔城镇聚集规模的扩大，获取成本也增加，特别是随着聚集程度的加深，土地稀缺加剧，使得土地开发成本增加，从而控制着城市土地利用的总规模。在各功能区发展的最初阶段，聚集经济明显，居民、旅游小企业和资本大量进入，导致老城区以加速方式发展起来。但是，当达到一定规模后，由于道路拥挤、住房条件差等，聚集不经济逐步增强，并不断削弱聚集经济的作用，直到完全抵消或超过聚集经济效益，这时老城区的旅游规模不再增加。因此，聚集经济与土地利用在空间分布上具有高度的一致性，聚集经济明显的地区自然是土地利用强度最高的地方。阳朔城市功能组团的集聚作用由于地形的原因出现较为矛盾的用地关系，旅游企业主希望在人气较旺的老城区租赁或者获取土地来进行经营，但老城区明显存在用地不足，难以满足旅游企业主的需求，但旅游的经济利益较多，于是老城区的行政、文化、体育、仓储等功能开始向老城区外围迁移，从而形成了不同类型的功能组团。

（3）地价地租与聚散效应紧密相关。集聚效应所造成的地租、地价资本化明显地表现在阳朔 RBD 的形成过程中。由于地价、地租对建成区店铺的影响，从而形成了阳朔 RBD 以西街为基础向外拓展的过程，在这个过程中，地租、地价起到了调节城市空间结构的作用。

第七节　本章小结

本章利用遥感数据、历史数据、统计数据与访谈数据对建成区的旅游土地利用的变迁、RBD 的形成、建成区空间形态的变化以及建成区土地利用的驱动因素、路径与机制进行了分析，并进一步对建成区土地利用变化进行了理论探讨，得出如下结论。

（1）1999 年是西街土地利用变化的重要节点。1999 年前，西街土地利用变化较为缓慢。1999 年后，旅游影响下，西街的土地利用变化非常迅速。其中西街建设用地总量增加，西街不同旅游用地类型的变化，居民外迁，土地产权转让是主要表现。

（2）阳朔 RBD 的变化经历了不同形态的转变后，形成了目前较为稳定的双"日字形"结构。RBD 用地面积的扩张速度呈现 1999～2003 年的平稳扩展时期，2004～2005 年的急速扩展期。

（3）阳朔功能组团在老城区（中心组团）居住用地、行政用地、教育用地等的逐步外迁后形成了东（东岭）、西（大村门）、南（矮山门）、北（北门厄）以及中心组团（老城区）五个组团。其建设用地面积扩展速度以 2004 年、2005 年最快，而 2006 年则较慢。

（4）旅游企业用地变化宏观上呈现从西街向外围扩展的格局，微观上则呈现占地面积小的旅游特色商店等小企业向西街集聚，而占地面积大的酒店则向西街外围拓展。旅游企业主要是沿着道路布局，蟠桃路、观莲路、城中路成为旅游化较快的道路，这些道路从一般商业用地向旅游商业用地转化。

（5）阳朔建成区变化过程中没有大型的用地项目。由于进入难度较大（国家风景名胜区对建设用地的限制），大型的房地产企业、占地面积大的房地产项目较少在阳朔出现。

（6）旅游影响下阳朔建成区土地利用变化的基本过程是：西街店铺扩张—RBD扩展—城市功能组团扩张，即西街是阳朔建成区土地利用变化的核心，阳朔建成区土地利用变化的三个过程存在同步性，也存在异质性。

（7）阳朔建成区土地利用变化是多种因素作用的结果，其中市场控制因素是基础，地价、地租抑制着阳朔建成区土地利用的过快增长。由于地价的原因，中、大型土地项目开发的土地成本非常高，开发商在项目开发中需要综合考虑投资收益情况，不会盲目投资。

（8）地方政府导向因素与事件控制因素起到较大的推动作用，使得阳朔建成区土地利用在短时间内能较快增长。

（9）在竞标地租的作用下，阳朔建成区土地利用类型呈现不同的布局格局，主要表现为从中心组团向外围扩展的过程中呈现旅游业用地、商业用地、办公与住宅用地、耕地与林地等类型的分异。同时，不同类型的旅游企业按照距离西街的远近呈现梯度扩散格局。

（10）由于大型用地项目的审批权在高级别的行政单位（建设部与广西壮族自治区政府），属于特批，从中央政府管制的结果来看，阳朔形成了以旅游服务为主要功能的旅游城镇，并且旅游小企业用地成为主要的用地类型。

（11）在旅游者、社区居民、地方政府与旅游小企业主的选择下，形成了阳朔建成区 RBD、功能组团的空间形态的变化，土地利用的变化也随之发生。

（12）在聚散效应的影响下，酒吧、餐厅等企业向西街聚集，形成规模效益。而大型的酒店则向西街外围拓展。同时，居住用地、工业用地等则向外拓展。

第七章　阳朔县土地利用特点与模式探讨

城市土地合理利用问题的研究自城市产生之日起便已开始，它是城市建设和发展的核心问题（何芳，2003）。特殊的地形条件决定了阳朔可供开发的用地总量不多，加之漓江国家风景名胜区建设用地的严格管制，使得阳朔城镇土地的合理利用变得更加重要。20 世纪 90 年代以来，旅地关系是阳朔旅游业强势发展背景下人地关系的主要表现之一。随着旅游业的异军突起，游客、旅游开发商、地方政府、当地居民对土地的利用与需求日益增强，但土地供给特别是建设用地的供给却存在着较大的限制，旅地关系在此时期主要表现为矛盾关系，旅游越发展，这种矛盾越激烈。总体来看，阳朔旅地关系的矛盾是由阳朔目前土地利用的特点决定的。

第一节　阳朔县土地利用的特点

一、旅游驱动特色明显

第五章、第六章的有关研究表明，旅游业的发展驱动了土地利用总量上的变化与使用功能上的重新组合及其空间配置。由于农业产业地位的逐步下降，工业产业规模的弱小以及旅游业的异军突起，20 世纪 90 年代以来，阳朔土地利用的变化主要受到旅游业发展的影响。特别是 1999 年以来，阳朔土地利用变化主要是受旅游业发展的驱动，其中城镇扩张、城镇居民点的建设、行政办公设施的新建、大型公共设施的建设、交通设施用地的增加、农村居民点的建设均与旅游业的发展存在较强的关系。在旅游业的驱动之下，阳朔土地利用变化 1999 年前呈现建设用地较慢增长，而 1999 年后则较快增长。旅游业驱动了阳朔建设用地利用总量上的变化和土地利用方式上的改变，随着阳朔旅游业的继续强势发展，阳朔土地利用变化的旅游影响特色也越来越浓厚，建设用地变化与旅游业的关系也越来越紧密。

旅游业驱动下的县域土地利用变化表现在建设用地在空间上的聚集与分散，即建设用地越来越向旅游城镇、重要景点聚集，而村落的建设用地却因为旅游业的发展越来越分散。旅游驱动下建成区的建设用地经历了"西街—RBD—功能组团"相互影响、逐步渐进的变化过程。随着旅游业的继续发展，阳朔土地利用变化的旅游驱动特色也越来越浓。

二、建设用地变化较缓

阳朔建设用地历年的使用用途主要有七种。一是城镇发展用地，其中商业功能用地是主要的用地类型；二是农村居民点建设用地，其中农民的宅基地扩展是主要的内容；三是城镇居民点建设用地，其中居住小区的建设是主要的用地形式；四是行政办公用地，其中新的行政中心建设是主要的用地形式；五是旅游景点建设用地，其中老景点的扩容、新景点的开发是主要内容；六是大型公共设施用地，其中游憩广场的建设是主要内容；七是交通设施建设用地，其中各级道路、停车场是主要的用地内容。

阳朔"十一五"规划土地利用项目计划中，交通用地是主要的用地类型，共计 18 个，新增用地 598hm^2（表 7-1）。主要包括全长约 110km 的旅游公路建设、全长约 230km 的乡村公路建设、全长约 66km 的高田经金宝、葡萄至兴坪三级公路建设以及 11 个码头、8 个站场的建设。

在建设用地指标刚性控制之下，阳朔建设用地的变化较缓，无论是县域建设用地还是建成区的建设用地均没有畸形增长状态，控制在一定的变化幅度内。

表 7-1　阳朔"十一五"规划土地利用项目计划

序号	名称	项目数量/个	用地总面积/hm^2	新增用地面积/hm^2	农用地面积/hm^2	
					小计	耕地
1	交通类项目	18	724	598	411	275
2	旅游类项目	8	258	258	203	133
3	社会发展类项目	6	264	264	171	107
4	工业类项目	7	342	337	224	172
5	能源类项目	1	14	14	10	5
6	公益事业类项目	2	50	50	35	25
7	农林水类项目	6	54	54	38	25
	合计	48	1706	1575	1092	742

资料来源：阳朔县国土资源局，2006。

三、旅地供需矛盾大

由于阳朔建设用地的审批权在广西壮族自治区政府，建设用地的总体控制权在建设部，每年的建设用地使用量一定。各种用途建设均需要用地指标，建设用地指标明显呈现"僧多粥少"。2006 年，桂林市政府鉴于阳朔县强烈的建设用地需求，特从广西壮族自治区政府申请 100 亩（约 0.067km^2）建设用地以解决严重的旅地矛盾，但其供给总量距离用地需求仍然存在较大差距，旅地矛盾仍然突出。正如阳朔县招商局 NXY 股长所说：

　　　　现在阳朔不缺大型投资项目，主动找我接洽的较大投资商
　　就有好几个（多为珠三角的客商），他们多希望开发大型的旅游
　　项目实现规模经营，但是大型项目进入阳朔有很多方面的困难，

其中土地（指标）[①]问题是主要的问题。县政府倒是很希望能让大型项目投资进来，带动阳朔旅游的提质增效，但是大型项目的土地审批权不在县政府，所以许多较大的开发商来过阳朔考察几天后都下不了决心，但目前仍还有一些开发商，例如深圳的某公司同我保持联系，每年找我要阳朔的社会经济统计资料、旅游方面的统计资料、调研材料。

就此问题向阳朔县国土资源局的 SBC 局长进行求证时，他对此种情况很无奈：

其实我也想为大型旅游项目进入阳朔提供方便（主要是用地指标上的方便），但是阳朔建设用地指标很少，上头卡得很严（"上头"是指建设部与广西壮族自治区），大型旅游项目一般都向自治区申请用地指标，有能量的投资商可能批到地，目前阳朔几个大型的旅游开发项目，例如刘宇一文化园、潘庄等均是上头批的地。

由于用地指标的刚性控制，大型旅游项目难以进入阳朔。阳朔的用地指标仅能满足基本的城镇、村落建设与发展需要，旅游用地的供给更加紧张，供需矛盾更加突出。

四、小结

1999 年后，旅游发展造成的旅游用地需求与土地供给之间的矛盾会随着旅游业的迅速发展而越来越激烈。在中央政府建设用地刚性控制指标不变的情况下，旅游用地的总量控制在一定的范围之内。在旅地关系的天平之上，供需矛盾开始失衡，其砝码已严重地偏向旅游用地需求一端（图 7-1）。在此背景之下，探讨类似阳朔这种类型的风景名胜城市的未来土地利用与旅游发展之路就成为当务之急。阳朔在此方面也做出一些实践，如阳朔西街地下商城项目[②]，但并不成功。因

[①] 括号内文字为作者根据叙述人的前后语境所加，为了理解的方便。

[②] 阳朔地下商城项目是阳朔县土地利用向地下空间发展的尝试性项目。由阳朔县旺顺房地产开发有限公司开发，是阳朔解决建成区用地不足的一项举措。该项目位于阳朔县阳朔镇城中路与西街交叉处，东接西街，南与锦锈阁相对，西连蟠桃路，北靠百乐来度假饭店，总面积为 1500m²。该项目所用地为国有土地使用权拍卖所得，工程主要建设内容为地下商铺 900m²，地面部分绿化工程，地下商铺防水工程、通风系统工程及电梯等配套项目建设，该项目总投资 700 万元，全部由业主自筹解决。

该项目建成后，主要通过铺面出售来实现投资回收与成本维护。地下商铺面积约 900m²，按市场价 9000 元/m² 进行买卖，业主投资大部分已收回。地下商城的建设聚焦着政府、投资商、当地居民、业主等主要的收入利益群体的期望。开业之初也能聚集着人气，但随着经营时间的增长，地下商城慢慢出现衰败，主要原因有三个。一是过高的租金使得经营成本增大，大多数业主均选择了通过转租铺面的形式坐收渔翁之利。二是地下商城所销售物品多为普通的日常衣饰等物品，相比西街特色旅游商品而言，不具有竞争优势，不能分享游客所带来的高额利润。三是地下商城空间不开敞，游客一般不会去地下商城购物。阳朔西街商城项目是一个不能带来较多利益的土地空间扩展项目。

此，类似于阳朔这样的风景名胜城市解决土地利用供需矛盾的主要途径还是应立足现有的土地利用现状与特点，通过对陆地表面土地的集约利用与土地利用模式创新解决旅地矛盾。

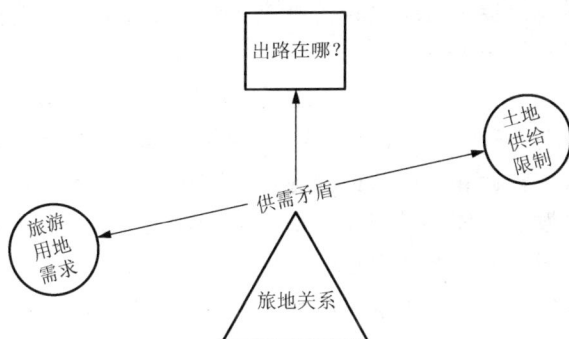

图 7-1　失衡的旅地关系

第二节　阳朔县土地利用模式探讨

地形地貌条件、土地利用的现状与特点、土地利用驱动机制的差异决定土地利用模式的异质性。阳朔独特的喀斯特地形地貌条件、旅游驱动下的土地利用变化以及国家建设指标的严格控制使得阳朔土地利用的模式应具有地方特色，突出本地差异。结合国内外成功经验以及阳朔的自身特色，旅游影响下阳朔的土地利用应该采取一般模式与创新模式相结合的思路。一般模式是指国内外普遍采用的土地利用模式，即土地集约利用模式[①]。创新模式是指以旅游小企业土地利用为导向的土地利用模式，即阳朔土地利用特别是建设用地的利用应该以旅游小企业为导向，防止占地面积过大的土地利用项目。

一、一般模式：集约利用模式

（一）阳朔土地集约利用的意义

（1）阳朔土地利用与管理现状需要土地资源的集约利用。1999 年《新一轮国土资源大纲》中指出，"土地资源监测和调查工程，以调查城乡土地利用状况为核心，摸清全国重点区域土地利用动态变化、土地利用状况和土地市场状况，为土

---

① 集约利用的本质内涵是指充分挖掘城市土地资源经济供给潜力，使城市投入产出比最高和土地利用率最高，具体表现在两个层面：一是城市土地规模潜力，称集聚力，其表达了对城市总量土地的经济供给潜力挖潜；二是用途转换带来的城市土地经济供给潜力的空间经济供给的潜力挖掘，称垂直空间利用强度潜力，其表达了土地空间开发投入的程度（何芳，2003）。

地资源的合理利用、开发、保护和整治提供科学依据"。进行城市土地集约利用研究是我国土地管理具体管理工作的直接需要（何芳，2003）。阳朔人口多、耕地少、可利用国土面积少的现状特点使得地方土地管理在土地管理中必须立足集约土地利用模式，并实现城镇建设有序发展、耕地保护持续发展、土地资源合理利用，实现人地关系的和谐与平衡。

（2）阳朔土地利用合理配置需要土地资源的集约利用。阳朔虽然做了多轮县城总体规划，但目前的城市规划控制中关于土地的配置多侧重于物质形态的研究，缺乏对土地的经济、社会和生态特征的综合研究和对土地资源及其资产特性的深入研究。旅游业的发展，使得城市规划研究的内容又多了一个重要的部分。由于旅游业发展的生命周期性，在旅游目的地生命周期的发展、稳定时期更应该强调土地资源的集约利用，以免摊子铺得过大，造成土地资源的闲置与浪费。

（二）阳朔土地集约利用措施

（1）提高建成区的土地利用率。加大对闲置地的利用，杜绝"晒地"行为，对多年不用的土地进行重新收购储备，再度"招、拍、挂"向社会出售。将老城区内零散的工业用地、仓储用地、居民用地、行政办公用地向外调整，使老城区形成较为完整的以旅游服务为主要功能的土地单元。对老城区之外①的建成区（东、西、南、北组团）建筑特别是住宅建筑放宽楼层限制，但不能超过 6 层，层高不能超过 25m，以此节约建设用地指标。外围组团建筑密集区提高建筑容积率，提高土地利用效率。

（2）适度增加市政设施投入。老城区现有 0.8 万 m^2 的停车场，不能满足旅游停车的需求，应增加停车场等交通设施用地以满足旅游服务需求。继续完成老城区现有的道路交通系统改造，游憩广场、游憩设施、绿地系统的建设。在原有用地性质的基础上，增加与旅游相关用地的面积，如传统商业区用地、旅游服务区用地、文化娱乐用地、道路广场用地、公共绿地用地、水面用地和文化古迹用地等。恢复老城区的水面、文物古迹用地和广场用地。通过水系改造，古迹，修缮，恢复阳朔"九井十八桥"旧貌以及历史文化古迹，如湖南会馆、江西会馆、孙中山讲学处、徐悲鸿故居、南熏门等景观，使阳朔重现"山多、水多、井多、桥多、古迹多"的优美景观。

（3）优化用地结构。中心组团主要是对家庭旅馆进行整改，东、南、西、北组团增加旅游饭店设施用地，特别是老的旅游饭店改造、新的高星级饭店的建设。逐步将老城区的住宅用地、行政设施用地、文教用地、仓储用地、工业用地、生活市场用地外迁，使中心城区形成旅游城镇。外围组团（东、南、西、北组团）

---

① 《阳朔县城总体规划》对老城区建筑限高，层数不能超过 4 层，层高不能超过 15m。

多布置占地面积较大的酒店设施，而小型的家庭旅馆设施与旅游店铺则向中心组团集中，形成旅游产业聚集。

（4）风景区土地用途管制。严控景区的建设用地指标，对外来投资企业进行准入限制，防止"圈地"行为与零散投资开发。对遇龙河、月亮山、潘庄、阳朔公园、古榕公园等旅游风景区的土地进行用途管制，防止过度铺张与破坏土地资源，杜绝以旅游开发之名，占用大批建设用地，开发旅游房地产与景观房产。根据国家风景名胜区的保护分级的不同区域，按照风景游览用地、旅游设施用地、居民社会用地、交通与工程用地、林地、耕地、草地、水域等不同类型进行分级用途管制（表 7-2）。

表 7-2　土地利用管制一览表

用地类型		特级景观保护区	一级景观保护区	二级景观保护区	三级景观保护区	城镇及设施建设区
风景游赏用地	风景点建设用地	×	○	○	○	○
	风景保护用地	●	—	△	○	⋮
	风景恢复用地	—	—	△	○	—
	野外游憩用地	×	●	●	○	—
	其他观光用地	×	○	○	○	●
旅游设施用地	旅游点建设用地	×	×	○	○	●
	游娱文体用地	×	×	×	○	●
	休养保健用地	×	×	×	○	●
	购物商贸用地	×	×	×	×	●
	其他旅游设施用地	×	×	×	○	●
居民社会用地	居民点建设用地	×	×	△	○	●
	管理机构用地	×	△	△	○	●
	科技教育用地	×	×	×	×	●
	工副业生产用地	×	×	×	△	●
	其他居民社会用地	×	×	△	○	●
交通与工程用地	对外交通通讯用地	×	×	○	○	●
	内部交通通讯用地	×	●	●	●	●
	供应工程用地	×	×	○	○	●
	其他工程用地	×	△	○	○	●
林地		○	○	○	○	—
园地		×	—	○	○	○
耕地		×	△	○	○	○
草地	天然牧草地	○	○	○	○	—
	人工草地	—	—	—	—	○
	其他草地	—	△	○	○	○
水域		△	○	△	○	○
滞留用地		×	×	○	○	○

资料来源：根据《桂林漓江风景名胜区总体规划（纲要）》文本修改，中国城市规划设计研究院，2003 年 9 月。●表示应该设置；○表示允许设置；△表示有条件允许设置；—表示不适用；×表示不允许设置。

二、创新模式：旅游小企业导向的土地利用模式

（一）旅游小企业界定

关于旅游小企业的界定，尚没有标准化的概念，在不同的国家，由于研究的目的不同，旅游小企业有着不同的标准（邱继勤，2004）。邱继勤（2004）在总结多人的概念标准并结合中国的经济发展状态以及旅游小企业发展的实际情况后，将旅游小企业定义为：雇工人数在 20 人以下，并以游客为主要服务对象的企业。

关于旅游小企业的界定方式多从企业雇工人数来考量，并未涉及旅游服务性企业重要的规模指标——占地面积，为了研究的需要，在前人关于旅游小企业定义的基础上加入土地的要素，定义如下：旅游小企业是指以游客为服务对象，雇工在 50 人以下，服务场所占地面积在 $700m^2$ 以下的企业。

（二）旅游小企业导向的土地利用模式的提出背景与意义

在土地利用指标的刚性控制之下，阳朔旅游土地利用现状表现为：大型旅游项目难以进入、旅游小企业蓬勃发展。阳朔旺盛的土地利用需求（特别是旅游用地需求）与土地供给之间的差距使得阳朔需要新的土地利用模式与思路来解决现存矛盾。

基于阳朔土地利用现状与特点、旅游小企业发展的现状与特点（邱继勤，2004）以及旅游聚集效应的需要，认为阳朔解决旅地供需矛盾的创新模式应为旅游小企业导向的土地利用模式，通过以旅游小企业为导向的土地利用模式来解决四大问题（图 7-2）。

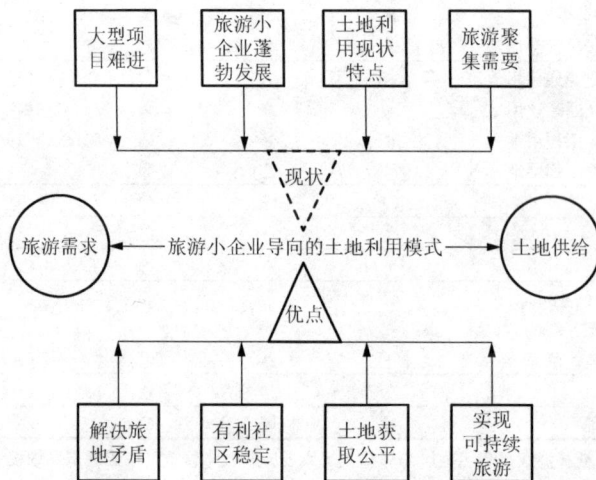

图 7-2　旅游小企业导向的土地利用模式

（1）能够解决旅游用地与土地利用矛盾问题，即通过发展不同类型与功能的旅游小企业来分担日益增长的旅游服务需求，而大部分旅游小企业用地可通过建成区住宅用地转换而来，不需要另增建设用地指标，可保证土地利用发展的可持续性。

（2）有利于社区稳定。由于旅游小企业的规模较小，企业之间的规模效益差距较小，旅游小企业的发展模式可以实现企业间的公平竞争，有利于社区稳定。

（3）有利于土地资源的公平获取。旅游小企业导向的土地利用模式可以使得企业获取土地的数量较为公平，解决因为土地、资本等因素造成的企业的非均衡发展。

（4）有利于可持续发展。旅游小企业导向的土地利用模式可以降低类似阳朔这样的风景名胜城市的大规模旅游开发的破坏，实现风景名胜城市的可持续发展。

需要特别说明的是此处所说的旅游小企业导向的创新模式是基于解决土地利用供需矛盾的角度提出的，较少关注旅游企业规模效益等经济方面的指标。

（三）发展措施

（1）控制旅游企业用地规模。中央政府、自治区政府及其所属地方政府应该严格控制旅游企业用地规模，即从旅游企业的增长源头来进行控制。一可以实现社区的稳定与多元发展；二也可解决建设用地指标用地不足的问题，缓解旅地供需矛盾；三可杜绝大规模旅游开发对阳朔这样的风景名胜城市自然景观的破坏，从而有利于实现旅游业的可持续发展。

（2）大力发展多类型、多功能的旅游小企业。游客的增多带来旅游服务需求的增多，大力发展多类型、多功能的旅游小企业一方面可以满足日益多元化的游客服务的需求；另一方面则通过旅游小企业的功能分担降低阳朔对旅游大型企业的需求，从而达到降低建设用地指标的目的，将旅游开发的规模控制在较小限度内，有利于旅游业的可持续发展。

（3）做好原有土地使用功能的转化。从阳朔建成区的土地利用现状来看，老城区（中心组团）由于工业用地、仓储用地、居住用地、办公用地的逐渐外迁，有较大数量的建设用地可以通过租赁或者拍卖的形式实现向旅游功能用地的转化，如西街的店铺租赁等形式可以缓解建设用地指标不足问题。通过土地置换的形式将不同类型的建设用地向旅游用地转化，形成一个以游憩与商业服务为主的旅游小企业聚集的区域。

三、阳朔土地利用模式可推广性分析

按照风景名胜城市的定义，我国目前的风景名胜城市较多。依据国家风景名胜区的建设管理规定，风景名胜城市建设用地将受到严格的控制，在此背景之下，风景名胜城市存在着旅游发展与土地供给的矛盾，旅游发展越快，这种矛盾越突出，土地利用模式需要依据地方特色做出创新。总体来看，阳朔土地利用模式具有可推广性，主要原因如下。

（1）土地利用变化的驱动力前提相同。类似于阳朔的风景名胜城市的土地利用变化具有旅游驱动的特点，城市产业结构越单一，旅游业的驱动力量就越大，在旅游业的驱动之下，风景名胜城市出现土地利用变化具有不同于工业化驱动的特色。

（2）土地利用变化的主要约束因素相同。类似于阳朔的风景名胜城市内具有相当大面积为国家、省级风景名胜区的管辖范围，建设以及建设用地的约束是政府管制的主要内容，在一系列硬性指标的控制之下，风景名胜城市建设用地的增长较为稳定，不会出现畸形增长。

（3）旅游小企业发展路径相同。类似于阳朔的风景名胜城市内的旅游小企业的出现与发展完全是对市场需求的一种自发的行为。游客的行为特征及其需求促使了旅游小企业的产生和发展，而企业的集聚所产生的效应则加剧了旅游小企业的发展（邱继勤，2004）。

（4）城镇发展过程一样。类似于阳朔的风景名胜城市其城镇发展受旅游业发展的影响较大。旅游业驱动下的城镇化与工业化驱动下的城镇化相比，其中重要的一点是不会出现常住人口的大量机械增长。因此，其土地利用变化不会出现大幅度的增长，增长较为理性。

基于以上分析，阳朔集约土地利用与旅游小企业导向的土地利用模式可以推广到其他风景名胜城市，并可成为其他风景名胜城市土地利用模式创新的基础。

第三节　本 章 小 结

本章首先分析了阳朔土地利用的特点，归纳起来可以称为：旅游驱动下建设用地供需矛盾突出。

在国家刚性指标的控制之下，阳朔土地利用需要有效的模式进行指导，否则将对社会经济发展起到制约作用，特别是对旅游业的发展起到较大的束缚作用。从现实性、前瞻性与可操作性来看，土地的集约利用与旅游小企业为导向的土地利用方式是阳朔解决土地利用供需矛盾的最可行的方法。

首先，土地集约利用有利于节省建设用地指标，使得商业用地、居住用地形成空间聚集。同时，又可使得储备用地增加，为其他建设提供多余的用地指标。

其次，旅游小企业的土地利用形式符合目前阳朔旅游业发展的要求，也能使得旅游经营者用地获取与使用土地资源的相对公平。

再次，旅游小企业的土地利用方式可以缓解土地利用的供需矛盾。

最后，阳朔可通过建设用地置换的形式实现其他功能的建设用地向旅游小企业用地转化。

类似于阳朔这样的风景名胜城市，其土地利用的现实性与特色性，使得其用地模式不同于一般的城市，旅游影响下的土地利用供需矛盾更需要土地利用形式的创新，土地的集约与旅游小企业为导向土地利用模式是最为可行方法与指导思想。阳朔的案例为此提供了参考。

第八章　结论与展望

一、主要结论

城镇化、工业化是现今土地利用研究中的热点，土地利用/植被覆盖形态的变化主要受这两个因素的影响。随着我国旅游业的发展，旅游影响下的土地利用供需矛盾已经彰显，而旅游业是如何影响土地利用变化的？其驱动机制怎样？目前国内外的研究远远落后于实践。本书以广西阳朔县为例探讨了旅游对土地利用的影响，其相关结论如下。

（一）阳朔旅游产业

（1）旅游业是阳朔的主导产业，与国民经济的其他产业有着密切的关系，阳朔旅游业产业主导地位是逐步确立的。1990 年后，农业地位的下降，工业规模的弱小，使得具有良好资源禀赋与区位条件的旅游业成为阳朔产业选择的主要方向。

（2）旅游业与国民经济其他产业有着较强的相关关系。阳朔旅游业与国民经济其他产业的关系主要通过旅游业的驱动作用表现出来。1990 年后，国内游客人数的增加是最重要动力因子，其控制了国民经济产业体系的发展与扩展作用；旅游总收入是构成阳朔国民生产总值的首要因素，虽并未直接反映在统计数字上，但其关联效应却非常明显；由于旅游产业的主导地位，阳朔重要的财政支出部门都直接或者间接围绕着旅游业服务，其劳动报酬、日常开支等构成了财政支出的重要内容。

（3）阳朔的旅游业具有较强的阶段性。阳朔旅游业大致可以分为迅速发展阶段（1979~1988 年）、波动式缓慢发展阶段（1989~1998 年）、国内旅游快速发展阶段（1999 年至今）。其中 1999 年后阳朔旅游业发展较快，1999 年西街改造、2004 年《印象·刘三姐》项目具有重要的推动作用。

（二）阳朔县域土地利用变化

（1）1993 年来，阳朔县域建设用地是相对变化最大的土地利用类型，且呈现从中心向外围扩展的空间分布格局。1993~2005 年，耕地经历了 20 世纪 90 年代初期土地整理耕地增加，21 世纪初期建设用地占用耕地，耕地减少的过程。林地的变化则经历了相反的过程，即 20 世纪 90 年代初期土地整理耕地占用林地，林地减少，21 世纪初期生态建设，退耕还林，林地增加。Moran 系数与 Geary 系数显示阳朔县域建设用地在空间上分布呈现从集中向分散的趋势发展，充分反映了建设用地从中心向外围扩展的空间分布格局。虽然受地形条件的限制，阳朔建设用地不能从中心向外围呈均匀的扩展格局，但其分散趋势则较为明显。

（2）旅游发展是阳朔县域土地利用变化的主要驱动因素。驱动阳朔县域土地利用变化的第一驱动要素是基础设施建设，第二驱动要素是旅游业的发展。旅游的发展加大了阳朔旅游基础设施用地、旅游服务设施用地的需求，这些增加的建设用地均从林地、耕地转化而来。其中，1999 年的建设用地的增加值主要是由林地转化而来，而 2005 年的建设用地的增加值主要由耕地转化而来。实际上，正是因为旅游业的发展，才使得阳朔县政府有财力进行主动的基础建设投资，有压力被动地加强基础设施建设。

（3）阳朔县域土地利用变化具有明显的阶段性。以 1999 年为界点，1999 年前属于自然状态下的蔓延式扩展阶段，1999 年后则为旅游影响下的飞地式扩展阶段。在农业发展减弱反馈、工业发展减弱反馈以及旅游业发展加强反馈的影响之下呈现农业用地（耕地）、工业用地向旅游业用地转化的过程，但这个过程由于受国家风景名胜区的有关控制并没有出现过快的变化趋势。旅游影响下的阳朔土地利用的变化中，在游江游客（团队游客）旅游空间行为、境外游客（背包散客）旅游活动行为的驱动之下，阳朔建设用地空间扩展呈聚集与扩散两种形态，而聚集与扩散均控制在一定的规模之内。总体来说，阳朔县域土地利用变化主要是游客行为驱动—政府政策推动—中央行政权力控制之下的变化过程。

（三）阳朔建成区土地利用变化

（1）1999 年是西街土地利用变化的重要节点年份。1999 年前，西街土地利用变化较为缓慢。1999 年后，在旅游影响下，西街的土地利用变化非常迅速。其中西街建设用地总量增加、西街不同旅游用地类型的变化、居民外迁、土地产权转让是主要表现。

（2）阳朔 RBD 的变化经历了不同形态的转变后，形成了较为稳定的双"日字形"结构。RBD 用地面积的扩张速度呈现 1999～2003 年平稳扩展时期，2004～2005 年的急速扩展期。

（3）阳朔功能组团在老城区（中心组团）居住用地、行政用地、教育用地等逐步外迁后形成了东（东岭）、西（大村门）、南（矮山门）、北（北门厄）以及中心组团（老城区）五个组团。其建设用地面积扩展速度以 2004 年、2005 年最快，而 2006 年则较慢。

（4）旅游企业用地变化宏观上呈现从西街向外围扩展的格局，而微观上则呈现占地面积小的旅游特色小企业向西街集聚，占地面积较大的酒店则向西街外围拓展。旅游企业主要是沿着道路布局，蟠桃路、观莲路、城中路成为旅游化较快的道路，这些道路从一般商业用地向旅游商业用地转化。

（5）阳朔建成区变化过程中没有大型的用地项目。由于进入难度较大（国家风景名胜区对建设用地的限制），大型的房地产企业、占地面积大的房地产项目较少在阳朔出现。

（6）旅游影响下阳朔建成区土地利用变化的基本过程是西街店铺扩张—RBD扩展—城市功能组团扩张，即西街是阳朔建成区土地利用变化的核心，阳朔建成区土地利用变化的三个过程存在同步性也存在异质性。

（7）阳朔建成区土地利用变化是多种因素作用的结果，其中市场控制因素是基础，地价、地租抑制着阳朔建成区土地利用的过快增长。由于地价的原因，中、大型土地项目开发的土地成本非常高，开发商在项目开发中需要综合考虑投资收益情况，不会盲目投资。地方政府导向因素与事件控制因素起到较大的推动作用，使得阳朔建成区土地利用在短时间内能较快增长。

（8）在竞标地租的作用下，阳朔建成区土地利用类型呈现不同的布局格局，主要表现为从中心组团向外围扩展的过程中呈现旅游业用地、商业用地、办公与住宅用地、耕地与林地等类型的分异。同时，不同类型的旅游企业按照距离西街的远近呈现梯度扩散格局。

（9）由于大型用地项目的审批权在于高级别的行政单位（建设部与广西壮族自治区政府），从中央政府土地管制的结果来看，阳朔形成了以旅游服务为主要功能的旅游城镇，并且旅游小企业用地成为主要的用地类型。

（10）在旅游者、社区居民、地方政府与旅游小企业主的选择下，形成了阳朔建成区 RBD、功能组团的空间形态的变化，土地利用的变化也随之发生。

（11）在聚散效应的影响下，酒吧、餐厅等企业向西街聚集，形成规模效益。而大型的酒店则向西街外围拓展。同时，居住用地、工业用地等则向外拓展。

（四）阳朔土地利用的特点

阳朔土地利用在多种因素的影响下表现出旅游驱动特色明显，建设用地变化较缓，旅地供需矛盾大等特点，概括起来为旅游驱动下建设用地供需矛盾突出。

（五）风景名胜城市土地利用模式

结合国内外成功经验以及阳朔的自身特点，旅游影响下阳朔的土地利用应该采取土地集约利用一般模式与旅游小企业导向的土地利用创新模式相结合的思路。并认为应该采取以下措施：一是提高建成区的土地利用率；二是适度增加市政设施投入；三是优化用地结构；四是风景区土地用途管制；五是控制旅游企业用地规模；六是大力发展多类型、多功能的旅游小企业；七是做好原有土地使用功能的转化等。

风景名胜城市在①土地利用变化的驱动力前提；②土地利用变化的主要约束因素；③旅游小企业发展路径；④城镇发展过程等方面与阳朔存在共性，阳朔的土地利用模式可以推广到其他风景名胜城市，并可成为其他风景名胜城市土地利用模式创新的基础。

二、研究的创新点

（一）研究视角、方法创新

（1）将土地利用变化的影响因素扩展到旅游领域，以阳朔为例探讨了旅游与土地利用变化的关系以及旅游影响下的土地利用变化的驱动力模型。利用 3S 软件分析了阳朔土地利用变化的现状，并利用灰色关联方法探讨旅游与各种土地利用类型变化的关系。这一研究过程与方法在国内旅游影响下的土地利用研究方面较少。

（2）通过对历史资料、访谈资料、遥感数据的分析，提出了阳朔建成区土地利用变化的旅游驱动力过程模型。阳朔是风景名胜城市，具有较强的代表性，对其旅游影响下的土地利用的空间结构演化的提炼有助于将此研究结论做为更多其他类型的旅游城市的借鉴。

（3）借助系统动力学的反馈图式的形式探讨了旅游影响下县域、建成区土地利用变化的表现、因素、路径、机制以及模式等内容。此前没有学者系统地探讨过旅游影响下的土地利用变化。

（二）结论创新

（1）阳朔县域土地利用变化具有明显的阶段性。以 1999 年为界点，1999 年前属于自然状态下的蔓延式扩展阶段，1999 年后则为旅游影响下的飞地式扩展阶段。在农业发展、工业发展减弱反馈以及旅游业发展加强反馈的影响之下呈现农业用地（耕地）、工业用地向旅游业用地转化的过程，但这个过程由于受国家风景名胜区的有关控制并没有出现过快的趋势。

（2）在旅游驱动下阳朔土地利用的变化中，游江游客（团队游客）旅游空间行为、境外游客（背包散客）旅游活动行为的驱动之下，阳朔建设用地空间扩展成聚集与扩散两种形态，而聚集与扩散均控制在一定的规模之内。

（3）风景名胜城市建成区土地利用由于受国家有关建设用地的控制，其变化向旅游化、小体量化的利用方向发展，即除了大型公益性项目用地外，其土地利用的主要方向为旅游小企业的土地利用模式。

（三）研究的局限性

由于主观或者客观原因，本书存在以下局限性。

（1）因为本书是旅游对土地利用的影响，有关调研、数据获取存在较大难度。

（2）由于阳朔县国土资源部门人力、财力、物力有限，尚不能对土地资源进行及时的普查与更新，难以形成较长时间的连续数据，不利于旅游与土地利用建立统计关系与数学模型。

（3）旅游对土地利用影响的研究较少，国内外可供借鉴的文献较少。

（四）进一步研究的方向

由于本书是对旅游影响下的县域、建成区的土地利用实践与理论的初步探讨，仍需要大量的进一步工作。以下问题需要进一步探讨。

（1）不同类型的旅游城市，旅游是如何驱动城市土地利用变化研究。不同类型的旅游城市，由于地形、历史沿革、资源禀赋、旅游发展状态与阶段不一样，旅游驱动下的城市土地利用的变化也存在较大的差异。明晰不同类型旅游城市的土地利用变化速率以及变化的主要旅游驱动要素是探讨旅游是如何驱动城市土地利用变化的基础。因此，针对不同的旅游城市，需要总结不同的旅游驱动的特性与共性，为旅游城市的土地开发提供决策依据。

（2）克服旅游数据不足的方法创新。由于我国旅游发展的时间较短，旅游统计数据时序性不长，加之旅游统计数据类别的不完整以及旅游统计数据的真实性欠佳，探讨旅游影响下的城市土地利用具有相当大的难度。因此寻找既满足统计要求，又体现科学性的新方法就成为研究旅游与土地利用影响的重要内容。

（3）旅游驱动下土地利用管理制度层面的进一步研究。本书虽然对旅游影响下风景旅游城市土地利用的政府管制进行了探讨，但属于初步探讨，尚未上升到政府管制的制度设计、制度实施层面，这也成为下一阶段研究的重要方向。

（4）个案的普及。本书以阳朔为案例探讨了旅游与县域土地利用、旅游与建成区土地利用的关系，并提出了旅游土地的概念以及政府管制之下的土地利用的一般模式与创新模式的思路。但由于阳朔虽是风景旅游城市，然其地形条件、旅游发展阶段、旅游发展动因较为特殊，所取得的研究成果能否全部推广到其他的旅游城市尚未得到检验。因此，多类型案例地的研究有利于总结旅游城市土地利用的共性与特性，为土地决策提供理论支撑。

参 考 文 献

阿马蒂亚·森，2004. 集体选择与社会福利[M]. 胡的的，胡毓达，译. 上海: 上海科学技术出版社.

诺斯D C，1994. 制度、制度变迁与经济绩效[M]. 上海: 上海三联书店.

艾建国，2001. 中国城市土地制度经济问题研究[M]. 武汉: 华中师范大学出版社.

摆万奇，赵士洞，2001. 土地利用变化驱动力系统分析[J]. 资源科学，23(3): 39-41.

摆万奇，2000. 深圳市土地利用动态趋势[J]. 自然资源学报，15(2): 225-227.

摆万奇，阎建忠，2004. 大渡河上游地区土地利用/土地覆被变化与驱动力分析[J]. 地理科学进展，23(1): 71-78.

摆万奇，赵士洞，1997. 土地利用和土地覆盖变化研究模型综述[J]. 自然资源学报，12(2): 169-175.

保继刚，1995. 主题公园的发展及其影响研究——以深圳市为例[D]. 广州: 中山大学博士学位论文.

保继刚，楚义芳，1999. 旅游地理学[M]. 北京: 高等教育出版社.

保继刚，古诗韵，1998. 城市RBD初步研究[J]. 规划师，(4):59-64.

保继刚，古诗韵，2002. 广州城市游憩商业区(RBD)的形成与发展[J]. 人文地理，(5): 1-6.

保继刚，2005. 城市旅游原理·案例[M]. 天津: 南开大学出版社.

保继刚，苏晓波，2004. 历史城镇的旅游商业化研究[J]. 地理学报，59(3): 427-436.

毕宝德，2006. 土地经济学[M]. 北京: 中国人民大学出版社.

布坎南，1989. 自由、市场和国家[M]. 吴良健，桑伍，曾获，译. 北京: 北京经济学院出版社.

蔡运龙，霍雅勤，2002. 耕地非农化的供动驱动[J]. 中国土地，(7): 20-22.

曹宝，秦其明，马海建，等，2006. 面向对象方法在SPOT5遥感图像分类中的应用——以北京市海淀区为例[J]. 地理与地理信息科学，22(2): 46-54.

陈启石，1999. 关于深圳市工业主导产业发展情况的调研报告[J]. 特区经济，(2): 48-50.

陈泮勤，1994. 国际全球变化核心计划[M]. 北京: 气象出版社.

陈百明，1997. 试论中国土地利用和土地覆被变化及其人类驱动力研究[J]. 自然资源，(2): 31-36.

陈浮，陈刚，包浩生，等，2001. 城市边缘区土地利用变化及人文驱动力机制研究[J]. 自然资源学报 (3): 204-210.

陈慧，2006. 旅游发展对城市土地利用的影响——以肇庆市为例[D]. 广州: 中山大学硕士学位论文.

陈南江，2005. 滨水度假区旅游规划创新[D]. 上海: 华东师范大学博士学位论文.

陈树，2000. 桂林的旅游与土地[J]. 中国土地，(7): 35-36.

陈卫东，1996. 区域旅游房地产开发研究[J]. 经济地理，9(16): 86-90.

陈卫东，王华，2007. 教育与经济协调发展的灰关联度分析[J]. 西南民族大学学报，187(3): 194-197.

陈志钢，蔡泽辉，2006. 非均衡性旅游地空间竞争中搭便车问题研究[J]. 地理与地理信息科学，20(5): 70-74.

陈志钢，保继刚，2007. 城市边缘区乡村旅游化效应及其意义——以山东日照王家皂村为例[J]. 地域研究与开发，(3): 70-74.

陈志钢，孙九霞，2007. 城市边缘区乡村旅游化动力机制分析[J]. 西南民族大学学报，187(3): 206-209.

程绍文，徐樵利，2004. 湖泊景区旅游地价评价方法探讨——以武汉市东湖风景区为例[J]. 资源科学，26(1): 83-90.

丁文魁，1993. 风景科学导论[M]. 上海: 上海科技教育出版社.

邓聚龙，1992. 灰色系统理论教程[M]. 武汉: 华中理工大学出版社.

董黎明，胡健颖，1995. 房地产开发经营与管理[M]. 北京: 北京大学出版社.

樊志勇，2003. 关于当前旅游房地产热的思考[J]. 湖北社会科学，(12): 120-122.

冯维波，2005. 对我国风景名胜区城市化现象的思考[J]. 重庆师范大学学报(自然科学版)，22(4): 58-61.

冯先宁，2004. 城市聚散经济散论[D]. 成都: 四川大学博士学位论文.

冯雁军，2002. 旅游房地产: 浮躁之后是理性[J]. 中国房地产信息，(5): 54-55.

风笑天，2001. 社会学研究方法[M]. 北京: 人民出版社.

傅伯杰，陈利顶，马克明，等，2001. 景观生态学原理及应用[M]. 北京: 科学出版社.

傅伯杰, 陈利顶, 马克明, 1999. 黄土丘陵区小流域土地利用变化对生态环境的影响[J]. 地理学报, 54(3): 241-245.

桂林市城市规划设计研究院, 2000. 西街保护性改造规划[Z].

黄杏元, 1992. 地理信息系统在土地适宜性评价中的应用[J]. 科学通报, 37(15): 1403-1404.

何芳, 2003. 城市土地集约利用及其潜力评价[M]. 上海: 同济大学出版社.

何芳, 2004. 城市土地经济与利用[M]. 上海: 同济大学出版社.

何春阳, 史培军, 陈晋等, 2001. 北京地区土地利用/覆盖变化研究[J]. 地理研究, 20(6): 679-687.

侯国林, 黄震方, 赵志霞, 2002. 城市商业游憩区的形成及其空间结构分析[J]. 人文地理, (5): 12-15.

胡敏, 2003. 风景名胜资源产权辨析及使用权分割[J]. 旅游学刊, 18(4): 38-42.

黄祖辉, 汪晖, 2002. 非公共利益性质的征地行为与土地发展权补偿[J]. 经济研究 (5): 66-71.

江世银, 2004. 区域产业结构调整与主导产业选择研究[M]. 上海: 上海人民出版社.

江曼琦, 1997. 对西方竞标地租理论的几点认识[M]. 南开经济研究, (6): 43-46.

蒋丽, 周彦, 2005. 阳朔县游憩商业区用地规划调整探讨[J]. 规划师, 21(1): 97-99.

李景奇, 秦小平, 1999. 美国国家公园系统与中国风景名胜区比较研究[J]. 中国园林 (3): 70-73.

李江敏, 张立明, 2005. 基于环城游憩带建设的城郊土地利用研究[J]. 理论月刊, (5): 82-83.

李丽梅, 2003. 基于旅游者-目的地相互作用的旅游者行为研究——以阳朔海外旅游者为例[D]. 广州: 中山大学硕
　　士学位论文.

李如生, 2001. 风景名胜区开发经营问题的探讨[J]. 中国园林, (5): 16-18.

李世平, 2002. 土地发展权浅说[J]. 国土资源科技管理, (2): 15-17.

黎夏, 2004. 珠江三角洲发展走廊 1988～1997 年土地利用变化特征的空间分析[J]. 自然资源学报, 19(3): 307-315.

黎夏, 2005. 基于神经网络的元胞自动机及模拟复杂土地利用系统[J]. 地理研究, 24(1): 19-27.

李秀彬, 1996. 全球环境变化的核心领域——土地利用/土地覆被变化的国际研究动向[J]. 地理学报, 51(6): 553-557.

李晓刚, 徐梦洁, 欧名豪, 等, 2005. 土地利用规划与旅游规划协调研究[J]. 资源开发与市场, 21(4): 330-332.

李志龙, 2006. 华南岬间海湾沙质海岸平衡形态与侵蚀机制[D]. 广州: 中山大学博士学位论文.

林超, 1980. 北京山区土地类型研究的初步总结[J]. 地理学报, (3): 117-197.

梁留科, 2002. 中德土地生态利用比较研究及其案例分析[D]. 杭州: 浙江大学博士学位论文.

梁栋栋, 2004. 不同类型旅游地的旅游用地研究[D]. 合肥: 安徽师范大学硕士学位论文.

梁栋栋, 陆林, 2005a. 旅游用地的初步研究[J]. 资源开发与市场, 21(5): 462-464.

梁栋栋, 陆林, 2005b. 古村落型旅游地土地利用的初步研究——世界文化遗产黟县西递案例分析[J]. 经济地理,
　　25(4): 562-564.

梁栋栋, 陆林, 2006. 山岳型宗教旅游地的土地利用分析利用——九华山风景名胜区实证研究[J]. 资源开发与市场,
　　22(2): 160-163.

刘书楷, 1996. 土地经济学[M]. 北京: 中国农业出版社.

刘纪远, 张增祥, 张树文, 等, 2005. 中国土地利用变化的遥感时空信息研究[M]. 北京: 科学出版社.

刘家明, 2000. 旅游度假区土地利用规划[J]. 国外城市规划, (3): 13-17.

刘家明, 2003. 旅游度假区发展演化规律的初步探讨[J]. 地理科学进展, 22(2): 211-218.

刘俊, 2006. 中国海滨旅游度假区发展历程及影响因素比较研究[D]. 广州: 中山大学博士学位论文.

刘静艳, 2006. 旅游地居民对旅游业发展认知及影响因素研究[J]. 学术研究, (4): 65-69.

刘思峰, 郭天榜, 1999. 灰色系统理论及其应用[M]. 2 版. 北京: 科学出版社.

刘盛和, 2002. 城市土地利用扩展的空间模式与动力机制[J]. 地理科学进展, 21(1): 43-50.

刘盛和, 何书金, 2002. 土地利用动态变化的空间分析测算模型[J]. 自然资源学报, 17(5): 535.

刘永湘, 杨明洪, 2003. 农村建设用地流转的创新模式分析与评价[J]. 国土经济, (5): 13-15.

刘艳红, 2005. 中国分时度假发展研究——旅游房地产创新[M]. 北京: 经济科学出版社.

刘小平, 2004. 像元信息分解和决策树相结合的影像分类方法[J]. 地理与地理信息科学, 20(6): 35-39.

毛恒青, 李小泉, 1997. 典型相关分析(CCA)对我国冬季气温的短期气候预测试验[J]. 应用气象学报, 8(4): 385-392.

毛建华, 蔡湛, 1996. 旅游度假区定义的探讨[J]. 地理学与国土研究, 12(2): 52-54.

马梅, 2003. 公共产品悖论——国家公园旅游产品生产分析[J]. 旅游学刊, 18(4): 43-46.

马耀峰，杨舒丹，2006. 来桂林欧洲游客旅游行为分析研究[J]. 陕西师范大学继续教育学报, 23(4): 118-121.

倪源，2001. 旅游房地产的开发模式[J]. 中国旅游房地产专刊(杭州),(3): 12-15.

柳士顺，2005. 影响城镇化进程的因素分析[J]. 经济师, (11): 257-258.

欧阳安蛟，2003. 建立和实施土地收购储备制度面临的问题及对策研究[R].

欧阳安蛟，陈立定，2002. 风景区开发项目用地基准地价评估方法初步研究[J]. 浙江大学学报, 29(4): 476-480.

欧阳安蛟，陈立定，2005. 旅游风景区基准地价评估方法体系研究[J]. 资源科学, 27(3): 156-160.

邱继勤，2004. 旅游小企业的发展与影响[D]. 广州: 中山大学博士学位论文.

潘丽丽，徐红罡，2005. 广东旅游度假地空间分布特征及其发展趋势[J]. 地域研究与开发, 24(2): 65-69.

潘世炳，2005. 委托-代理理论及国有土地产权分级授权管理[J]. 中国土地科学, 19(4): 34-37.

仇保兴，2002. 风景名胜资源保护和利用的若干问题[J]. 中国园林, (6): 3-10.

邱志云，2005. 少数民族区域旅游城镇化研究[J]. 西南民族大学学报, 26(10): 26-28.

全石琳，1988. 综合自然地理学[M]. 开封: 河南大学出版社.

饶勇，黄福才，2006. 旅游市场中的逆向选择和重复博弈——以海南旅游业为例[J]. 旅游学刊, 21(6): 33-38.

任致远，2000. 21世纪城市规划管理[M]. 南京: 东南大学出版社.

沈海虹，2006. "集体选择"视野下的城市遗产保护研究[D]. 上海: 同济大学博士学位论文.

施蒂格勒，1996. 产业组织与政府管制[M]. 上海: 上海三联书店和上海人民出版社.

史培军，宫鹏，李晓兵，等，2000a. 土地利用/覆盖变化研究的方法与实践[M]. 北京: 科学出版社.

史培军，陈晋，潘耀忠，2000b. 深圳市土地利用变化机制分析[J]. 地理学报, 55(2): 151-160.

史培军，刘宝元，张科利，等，1999. 土壤侵蚀过程与模型研究[J]. 资源科学, 21(5): 9-18.

施能，孙立平，申建北，1984. 典型相关方法及其在天气分析和预报中的应用[J]. 南京气象学院学报,(2): 2-4.

宋戈，2005. 中国城镇化过程中土地利用问题研究[M]. 北京: 中国农业出版社.

苏平，党宁，吴必虎，2004. 北京环城游憩带旅游地类型与空间结构特征[J]. 地理研究, 23(3): 403-410.

苏懋康，1988. 系统动力学原理及应用[M]. 上海: 上海交通大学出版社.

孙弘，2004. 中国土地发展权研究: 土地开发与资源保护的新视角[M]. 北京: 中国人民大学出版社.

孙根年，韩宇平，2000. 宁夏滥泥河流域古滑坡地貌对村落建设及农业土地利用的正面影响[J]. 山地学报, 18(2): 110-114.

谭永忠，2004. 县级尺度土地利用变化的驱动机制及空间格局变化模拟研究[D]. 杭州: 浙江大学博士学位论文.

田喜洲，王渤，2003. 旅游市场效率及其博弈分析——以旅行社产品为例[J]. 旅游学刊, 18(6): 57-60.

宛素春，2004. 城市空间形态解析[M]. 北京: 科学出版社.

汪宇明，2001. 广西桂林旅游资源深度开发研究[J]. 人文地理, 16(6): 53-80.

王思远，刘纪远，张增祥，等，2001. 中国土地利用时空特征分析[J]. 地理学报, 56(6): 631-639.

王爱民，刘加林，2005. 高度城市化地区非城市建设用地导向——深圳案例研究[J]. 中山大学学报(自然科学版), (44) (增刊): 314-317.

王兆礼，2004. 深圳市土地利用变化对生态环境的影响研究[D]. 广州: 中山大学硕士学位论文.

王兆礼，陈晓宏，曾乐春，等，2006. 深圳市土地利用变化驱动力系统分析[J]. 中国人口·资源与环境, 16(6): 124-128.

王兴斌，2002. 中国自然文化遗产地管理模式的改革[J]. 旅游学刊, (5): 15-21.

王兴中，高万辉，杨晓俊，等，2006. 古城镇旅游控规的控制指标体系及技术规范探讨[J]. 西北大学学报, 36(3): 467-472.

王亚华，2005. 水权解释[M]. 上海: 上海三联书店和上海人民出版社.

汪秀莲，王静，2004. 日本韩国土地管理法律制度与土地利用规划制度及其借鉴[M]. 北京: 中国大地出版社.

王晓栋，2000. 基于3S技术的县级土地利用动态监测技术[J]. 山地学报, 18(1): 26-30.

魏凤英，1999. 现代气候统计诊断预测技术[M]. 北京: 气象出版社.

吴必虎，2004. 区域旅游规划原理[M]. 北京: 中国旅游出版社.

吴宏安，蒋建军，周杰，2005. 西安城市扩张及其驱动力分析[J]. 地理学报, 60(1): 143-150.

吴承照，过宝兴，1991. 名山风景区旅游开发用地研究[J]. 地理学与国土研究, 7(4): 48-53.

吴忠宏，洪常明，钟林生，2005. 居民对生态旅游认知与态度之研究——以澎湖列岛为例[M]. 旅游学刊，21(1): 57-62.

席娅，2004. 旅游开发中土地资源的综合利用[J]. 国土资源，(6): 32-33.

谢雨萍，邓祝仁，2002. 中国优秀旅游城市会展旅游之定位[J]. 地域研究与开发，21(4): 78-81.

谢茹，2006. 国家风景名胜区经营权研究[M]. 北京: 人民出版社.

谢凝高，2002. 国家风景名胜区功能的发展及其保护利用[J]. 中国园林，(4): 16-20.

徐涵秋，涂平，肖桂荣，2000. 基于"3S"技术的县级土地资源动态监测技术系统[J]. 遥感技术与应用，15(1): 22-27.

徐邵良，2004. 保护区管理规划之权益关系人分析——以金门国家公园慈湖区为例[D]. 台北: 台湾大学地理环境资源研究所硕士学位论文.

徐文雄，2006. 基于度假的第二居所空间分布和影响研究[D]. 广州: 中山大学博士学位论文.

徐勇，沈洪泉，2002. 北京丰台区农村居住用地变化及与人口相关模型[J]. 地理学报，57(5): 569-576.

阎小培，2006. 高密度开发城市的交通系统与土地利用——以广州为例[M]. 北京: 科学出版社.

严国义，张志军，2005. 中国各地区旅游企业经济效益评价与统计分析[J]. 武汉化工学院学报，27(4): 93-96.

游勇，2005. 西岭雪山温泉旅游度假区开发规划研究[D]. 成都: 成都理工大学硕士学位论文.

喻建良，2006. 国有采矿权转让价值评估——基于利益相关者理论的分析与实证[M]. 北京: 中国经济出版社.

余咪咪，2004. 基于生态理念的华山风景名胜区土地利用规划研究[D]. 西安: 西安建筑科技大学硕士学位论文.

章牧，李月兰，2006. 土地利用总体规划修编中的旅游用地问题研究[J]. 社会科学家，120(4): 124-127.

张广瑞，2000. 旅游业面临的三大挑战及其对策——一位资深旅游学家谈当前世界旅游发展的形势[J]. 旅游学刊，(6): 72-73.

张捷，1997. 自然观光旅游地客源市场的空间结构研究——以九寨沟及比较风景区为例[J]. 地理学报，54(4): 357-363.

张红，2004. 大城市环城游憩带旅游开发与土地利用研究——以西安为例[D]. 西安: 陕西师范大学硕士学位论文.

张宏民，2005. 土地象征——禄村再研究[M]. 北京: 社会科学文献出版社.

张蕾，2006. 长三角优秀旅游城市体系研究[D]. 上海: 华东师范大学硕士学位论文.

张立生，2006. 中国城市 RBD 发展的驱动机制研究——沪宁苏杭汴等城市的案例[D]. 上海: 华东师范大学博士学位论文.

张凌云，2000. 关于旅游景区公司上市争论的几个问题[J]. 旅游学刊，(3): 25-27.

张小铁，1994. 我国传统城市土地产权制度评析[J]. 财经问题研究，127(6): 57.

张小铁，1996. 市场经济与征地制度[J]. 中国土地科学，(1):17-20.

张骁鸣，2006. 旅游对乡村社区的社会经济影响研究——以世界文化遗产地西递为例[D]. 广州: 中山大学博士学位论文.

张昕竹，2001. 论风景名胜区的政府规制[J]. 经济社会体制比较，(4): 65-75.

张雪晶，2005. 旅游房地产开发模式研究[J]. 商场现代化(学术版)，(5): 38-39.

周青，黄贤金，2004. 快速城镇化农村区域土地利用变化及驱动机制研究——以江苏省原锡山市为例[J]. 资源科学，26(1): 22-30.

赵贺，2004. 中国城市土地利用机制研究[M]. 北京: 经济管理出版社.

赵英时，2003. 遥感应用分析原理与方法[M]. 北京: 科学出版社.

中国城市规划设计研究院，2003. 桂林漓江风景名胜区总体规划(纲要)[Z].

中山大学旅游发展与规划研究中心，2004. 阳朔县旅游发展总体规划[Z].

朱冬亮，2003. 社会变迁中的村级土地制度[M]. 厦门: 厦门大学出版社.

朱会义，李秀彬，何书金，等，2001. 环渤海地区土地利用的时空变化分析[M]. 地理学报，56(3): 253-260.

朱会义，李秀彬，2003. 关于区域土地利用变化指数模型方法的讨论[J]. 地理学报，58(5): 643-650.

庄大方，刘纪远，1997. 中国土地利用程度的区域分异模型研究[J]. 自然资源学报，(2): 105-111.

左冰，2005. 土地利用变化的旅游驱动力研究[J]. 云南财贸学院学报，21(5): 106-110.

ALPHAN H, 2003. Land-use change and urbanization of Adana, Turkey[J]. Land Degradation & Development, 14(6): 575-586.

ALVIN, CHEUNG C L, 2001. Land use planning for the promotion of tourism development of Hong Kong[D]. Hong Kong: The Requirements for the Degree of Master of Science, Hong Kong University.

ANTHONY V F, LAFFERTY G. 2001. Contrasting models of land use regulation: Community, government and tourism development[J]. Community Development Journal, 36(3): 198-211.

BIHU W, LIPING C, 2006. Spatial modeling: Suburban leisure in Shanghai[J]. Annals of Tourism Research, 33(1): 179-198.

BREEN A, RIGBY D, 1996. The New Waterfront: A Worldwide Urban Success Story[M]. New York: McGraw-Hill.

BUITENSHAW D, BUTTERMAN M, 1991. The European City[M]. London: David Fulton Publisher.

BURAK S, DOGAN E, 2004. Impact of urbanization and tourism on coastal environment[J]. Ocean & Coastal Management, (47): 515-527.

CLAWSON M, 1959. Methods of Measuring the Demand for and Value of Outdoor Recreation[J]. Resources for the Future, 10.

DAY M J, CHENOWTEH M, 2004. The Karstlands of Trinidad and Tobago, their land use and conservation[J]. The Geographical Journal, 170(3): 256-266.

DIAMOND H, NOONAN P, 1996. Land Use in America[M]. Washington, D C: The Lincoln Institute.

EDWARDS R, 2001. British Columbia Land Use Planning: Backcountry Tourism Perspectives[D]. Vancouver: The Thesis Requirement for the Degree of Master of Resource Management, Simon Fraser University.

FEICK R D, 2000. A Multi-participant Spatial Decision Support System for Planning Tourism-related Land Use Change in Small Island States [D]. Waterloo: The Thesis Requirement for the Degree of Doctor of Philosophy in Geography, Waterloo University.

FORM W H, 1954. The place of social structure in the determination of land use: Some implications for a theory of urban ecology[J]. Social Forces, (32): 317-323.

FOSSEN A V, LAFFERTY G, 2001. Contrasting models of land use regulation: community, government and tourism development[J]. Community Development Journal, 36(3): 198-211.

GETZ D, 1993. Planning for tourism business districts [J]. Annals of Tourism Research, (20): 583-600.

GILBERT E W, 1949. The growth of Brighton[J]. Geographical Journal, 114(1): 30-52.

HAMMES D L, 1994. Resort development impact on labour and land market[J]. Annals of Tourism Research, 21(4): 729-744.

HARVEY D, 1978. The urban process under capitalism: A framework for analysis[J]. International Journal of Urban and Regional Research, 2(1):101-131.

HELBER L E, 1995. Redeveloping Mature Resorts in New Markets. In Conlin M. V., Baum T., Island Tourism: Management Principles and Practice[M]. Chichester: John Wiley & Sons.

HOYLE B P, HUSAIN M S, 1988. Revitalising the Waterfront: International Dimensions of Dockland Redevelopment [M]. London: Belnaven Press.

HOYLE B S, 1996. Cityports, Coastal Zones, and Regional Change: International Perspectives on Planning and Management[M]. Chichester: Wiley.

HOYLE B, PINTER D, 1981. Cityport Industrialization and Regional Development: Spatial Analysis and Planning Strategies[M]. Oxford: Pergamon Press.

IAN KEIRLE, 2002. Should access to the coastal lands of wales be developed through a voluntary or statutory approach? a discussion[J]. Land Use Policy, 19(2): 177-185.

IIASA, 1998. Modeling land-use and land-cover changes in Europe and Northern Asia[R].

INSKEEP E, 1991. Tourism Planning: An Integrated and Sustainable Development Approach[M]. New York: Van Nostrand Reinhold.

ISARD W, 1956. Location and Space Economy[M]. Cambridge: MIT Press.

ISARD W, et al, 1969. General theory: Social, Political, Economic and Regional[M]. Cambridge: MIT Press.

JANSEN M C, ASHWORTH G, 1990. Environmental integration of recreation and tourism[J]. Annals of Tourism Research, 17(4): 618-622.

MALONE P, 1996. City, Capital and Water [M]. London: Routledge.

MARIA G P, LEILA N M, et al, 2001. Environment, tourism and land use planning—Riachinho Basin, Brazil[J]. Environmental Management and Health, 12(1) 1: 57.

MARKS R, 1996. Conservation and community: The contradictions and ambiguities of tourism in the Stone Town of Zanzibar[J]. Habitat International, 20(2): 265-271.

MARKS R, 1996. Conservation and community[J]. Habitat International, 20(2): 265-278.

MARKWICK M C, 2000. Golf tourism development, stakeholders, differing discourses and alternative agendas: the case of Malta[J]. Tourism Management, 21(5): 515-524.

MCCARTHY J, 1998. Waterfront regeneration: recent practice in Dundee[J]. European Planning Studies, 6(6): 731-736.

MCCARTHY J, 2004. Tourism-related waterfront development in historic cities: Malta's cottonera project[J]. International planning studies, 9(1): 43-64.

MCGARIGAL K, MARKSB J, 1995. Fragstats: spatial pattern analysis program for quantifying landscape structure[R].

MCKERCHER B, 1992. Tourism as a conflicting land use[J]. Annals of Tourism Research, (19): 467-481.

NICHOLLS N, 1987. The use of canonical correlation to study teleconnections[J]. Monthly Weather Review, 115(27) 393-399.

OTREMBA E, 1953. Raumordnung, raumforschung und geographie[A]// Institut für raumforschung[C].

OTSUBO K, 1994. Towards Land-use for Global Environmental Conservation Project[C]//Proceedings of the Workshop on Land-use for Global Environmental Conservation, Tsukuba.

PACIONE M, 2005. Urban Geography: A Global Perspective (second edition)[M]. New York: Routledge.

PEARCE D G, 1998. Tourist districts in Paris: Structure and functions[J]. Tourism Management, 19(1): 49-51.

PEARCE D G, 2001. Tourism and urban land use change: Assessing the impact of chrishchurch's tourism tramway[J]. Tourism and Hospitality Research, (9): 132-148.

PETER W W, ROBERT W P, 1998. Shared decision-making in tourism land use planning[J]. Annals of Tourism Research, (25): 860-889.

PETER W W, ROBERT W P, SUZANNE H, 1998. Shared decision-making in tourism land use planning[J]. Annals of Tourism Research, 25(4): 860-889.

PIGRAM, JOHN J, 1977. Beach resort morphology[J]. Habitat International, 2(5): 525-541.

REBEAH E C, PETER W, 2001. Backcountry tourism perspectives on shared decision making in B.C. Land Use Planning[J]. Environments, 31(3): 31-50.

SHAW G. and WILLIAMS A., 1994. Critical Issues in Tourism: A Geographical Perspective[M]. Oxford: Blackwell.

SMITH R A, 1991. Beach Resorts: A model of development evolution [J]. Landscape and Urban Planning, (21): 189-210.

SMITH R A, 1992. Beach Resort Evolution: Implication for Planning[J]. Annals of Tourism Research, 19(2): 304-322.

SROEHI W, FESENMAIER D R, 1987. Tourism land use conflict in the United States [J]. Annals of Tourism Research, 15(3): 471-485.

STANSFIELD C A, 1990. Cape may: selling history by the sea[J]. Journal of Cultural Geography, 11(1): 25-37.

STANSFIELD C A, RICKET J E, 1970. The recreational business district[J]. Journal of Leisure Research, (4): 213-225.

SUTTLES G D, 1972. The Social Construction of Communities[M]. Chicago: University of Chicago Press.

TANRIVERMIS H, 2003. Agricultural land use change and sustainable use of land resources in the mediterranean region of Turkey[J]. Journal of Arid Environments, (54): 553-564.

WEAVER D B, 1993. Model of Urban Tourism for Small Caribbean Islands [M]. New York: Geographical Review.

WU B H, WU J, 2007. Industrial upgrading of rural tourism development in China[J]. Tourism Science, 21(3): 11-13.

YALC K, 2005. The use of forests for the purpose of tourism: The case of Belek Tourism Center in Turkey [J]. Journal of Environmental Management, (75): 263-274.

彩　　图

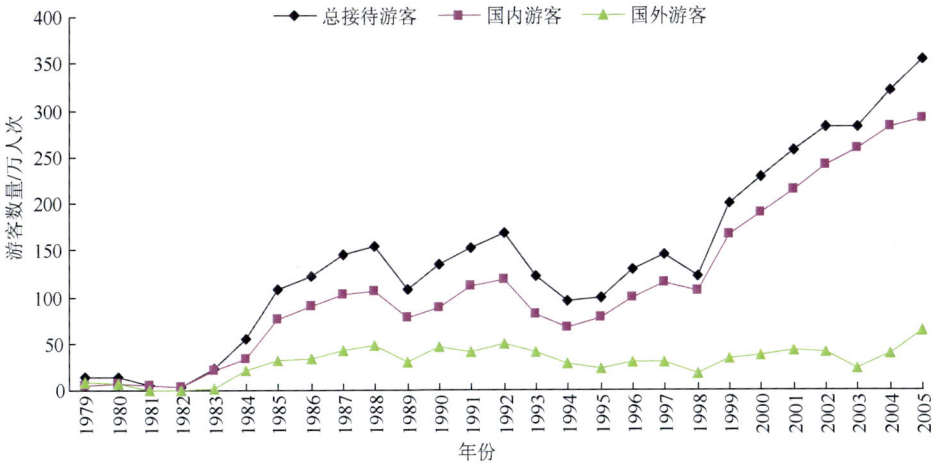

图 4-2　1979～2005 年阳朔接待国内外游客变化情况

资料来源：阳朔县旅游局，2006 年

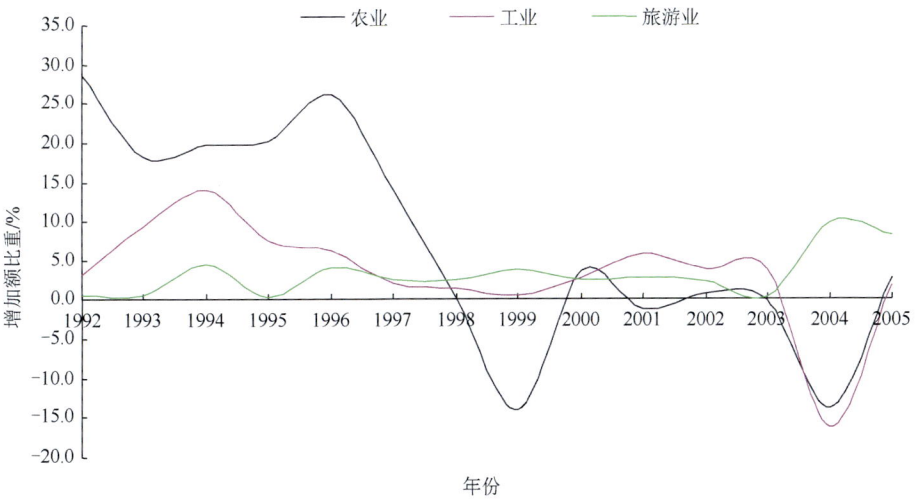

图 4-3　1992～2005 年农业、工业、旅游业增加额比重

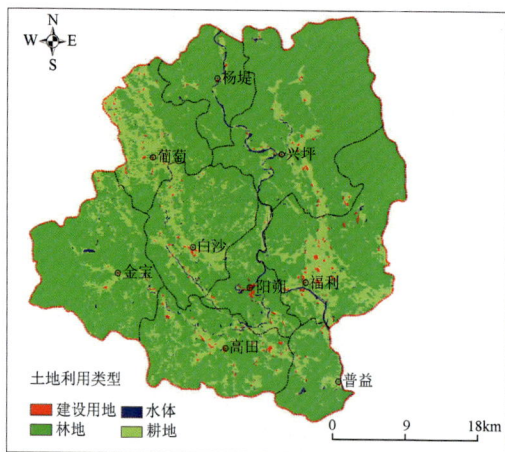

（a）1993年

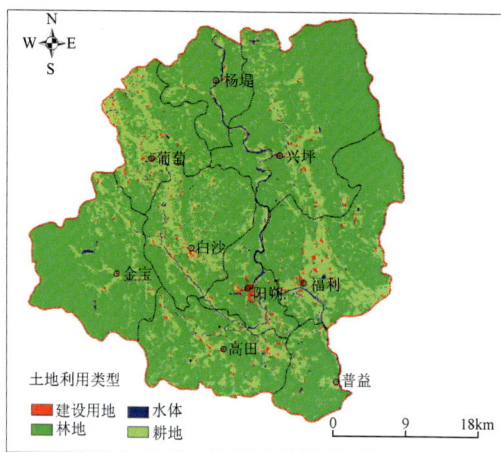

（b）1999年

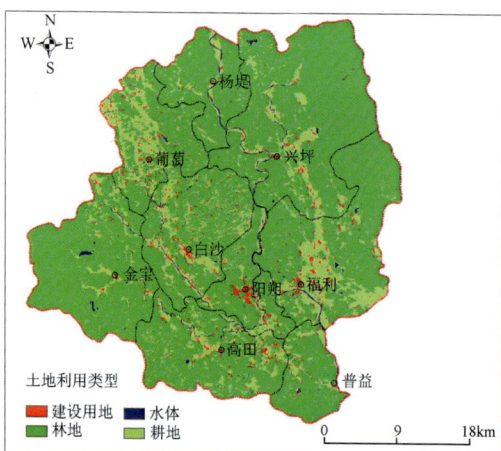

（c）2005年

图 5-2　1993 年、1999 年、2005 年阳朔县土地利用现状示意图

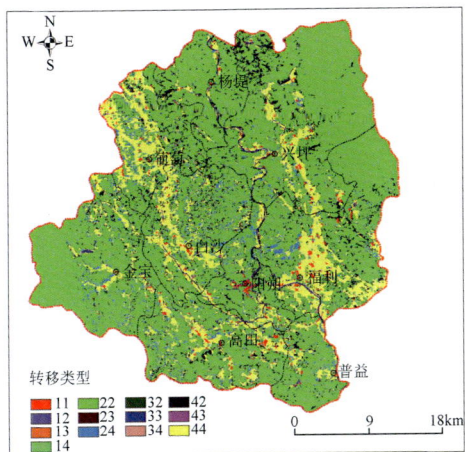
（a）1993～1998年

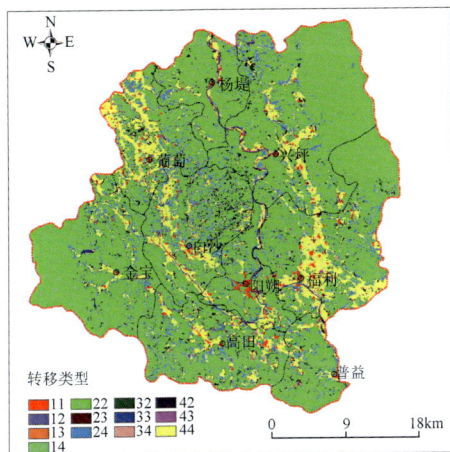
（b）1999～2005年

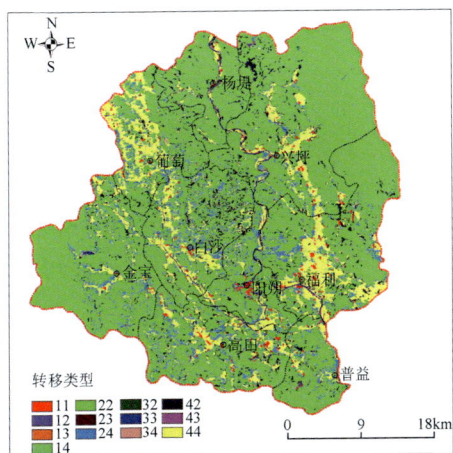
（c）1993～2005年

图 5-3　不同时期阳朔县土地利用类型的转化

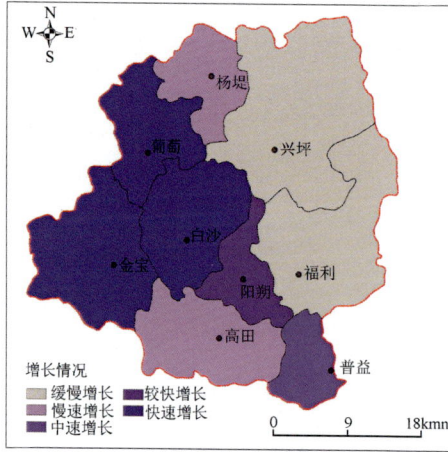

（a）1993～1998年

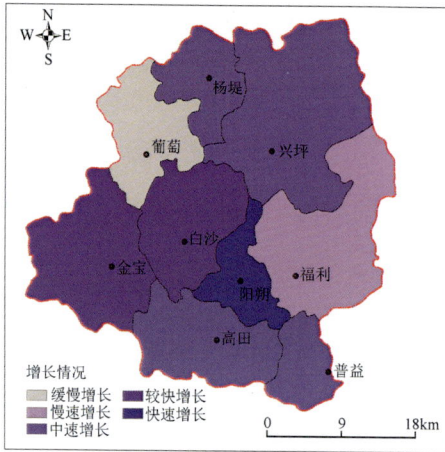

（b）1999～2005年

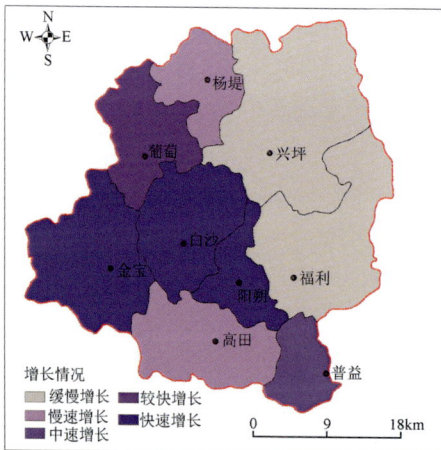

（c）1993～2005年

图 5-4　不同时期阳朔县建设用地增长速率